Chuck Spezzano
Heilung von Schuldgefühlen

Verlag Via Nova

CHUCK
SPEZZANO

Heilung von Schuldgefühlen

Das Geschenk des inneren
Friedens wieder erfahren

Verlag Via Nova

Übersetzung aus dem Englischen:
Ulrike Kraemer

Originaltitel:
Healing Guilt
There are no bad guys – not even you!
Copyright © 2011 by Chuck Spezzano

2. Auflage 2014
Verlag Via Nova, Alte Landstr. 12, 36100 Petersberg
Telefon: (06 61) 6 29 73
Fax: (06 61) 96 79 560
E-Mail: info@verlag-vianova.de
Internet: www.verlag-vianova.de / www.transpersonale.de
Umschlaggestaltung: Guter Punkt, München
Satz: Sebastian Carl
Druck und Verarbeitung: Appel und Klinger, 96277 Schneckenlohe

ISBN 978-3-86616-197-9

Dieses Buch
ist meinem Vater
gewidmet.

Deine einzige Berufung hier ist,
dich mit tatkräftiger Bereitwilligkeit
dem Leugnen der Schuld in allen ihren Formen
zu widmen.

Ein Kurs in Wundern, 12. November 1966, Urtext

Danksagungen

Die Fertigstellung eines Buches ist immer mit der Erkenntnis verbunden, dass ich vielen Menschen großen Dank schulde, und zwar nicht nur denen, die jetzt eine wichtige Rolle in meinem Leben spielen, sondern auch denen, die in der Vergangenheit überaus wichtig für mich waren.

Heute möchte ich meinen Eltern Peter und Katherine, meinen Schwestern Carol und Kathy sowie meinem Bruder Peter danken.

Besonders große Dankbarkeit empfinde ich gegenüber meiner Frau Lency und meinen Kindern Christopher und J'aime, die eine ständige Inspiration der Liebe für mich sind.

Mein Dank gilt meinen Mitarbeitern und Helfern – Charlie, Shawna, Kenny und Harrylyn –, die dafür sorgen, dass im Büro und im Haus alles seinen gewohnten Gang geht, während Lency und ich in der Welt unterwegs sind.

Zutiefst dankbar bin ich auch meinen Lektoren Eric und Celia, die meinen Büchern sprachlich den letzten Schliff geben, und meiner Schreibkraft Sunny, deren tatkräftige Unterstützung für mich besonders wichtig ist.

Ein Kurs in Wundern gilt meine Dankbarkeit dafür, dass er mein Leben unablässig bereichert und bestärkt.

Außerdem möchte ich Dr. Joe Vitale und Dr. Ihaleakala Hew Len für ihr fröhliches Buch *Zero Limits* danken, das uns daran erinnert, worauf es ankommt.

Jeden Tag, jede Stunde, jede Minute, ja sogar jede Sekunde entscheidest du dich zwischen Kreuzigung und Auferstehung, zwischen dem Ego und dem HEILIGEN GEIST. Das Ego ist die Entscheidung für die Schuld, der HEILIGE GEIST ist die Entscheidung für die Schuldlosigkeit. Die Macht der Entscheidung ist alles, was du hast. Wozwischen du entscheiden kannst, ist festgelegt, weil es außer der Wahrheit und der Illusion keine Alternativen gibt. Auch überschneiden sie sich nicht, weil sie Gegensätze sind, die nicht ausgesöhnt und nicht beide wahr sein können. Du bist schuldig oder schuldlos, gebunden oder frei, unglücklich oder glücklich.

Ein Kurs in Wundern, Textbuch, Seite 275

Inhalt

Vorwort

Stelle dir vor, du trügest einen Schatz in dir, der die Antwort auf alle deine Gebete ist. Er würde dir so tiefen Frieden bringen, dass du deine Ganzheit erkennen könntest. Aus ihm heraus würden alle Fülle, aller Reichtum und alles Glück dir gehören. Du wärest vollkommen erfüllt, und es gäbe keinerlei Grund, falsche Ziele erreichen zu wollen. Du bräuchtest nichts außerhalb deiner selbst. Alles würde von innen kommen. Dein Schatz würde dir solche Freude bringen, dass es dein einziger Wunsch wäre, diesen Schatz mit anderen Menschen zu teilen, um ihn zu mehren und ihn in den Augen der Menschen in deiner Umgebung leuchten zu sehen.

Dieser Schatz ist die **Unschuld**, die du in dir trägst, tief vergraben unter falschen Vorstellungen von Schuld. Stelle dir eine Welt der Unschuld vor. Alles ist gut und schön. Es gibt weder Schmerz noch Leiden. Es gibt keine Krankheit und keine Unfälle. Es gibt weder Mangel noch Verlust. Da die Welt den Tod überwunden hat, wird sie vollkommen, und die Welt, in der das Chaos regiert, gibt es nicht mehr. Wenn die uns zugeteilte Zeit auf der Erde vorüber ist, streifen wir unseren Körper ebenso mühelos ab, wie wir unsere Kleidung abstreifen. Wäre Unschuld unsere tiefste Erfahrung der Wirklichkeit, würden wir in einer Welt totaler Verantwortung, aber ohne Schuld leben. Ohne Schuld gibt es keinen Grund für Angriff oder Selbstangriff, und infolgedessen würden alle Probleme verschwinden.

Wie gelangen wir aus der Welt, in der wir jetzt leben, in diese vollkommene Welt? Indem wir uns der Unschuld verpflichten. Du kannst deinen Beitrag dazu leisten, dass es gelingt, indem du die dunklen Gehilfen der Schuld loslässt. Dazu gehört zum Beispiel, dass du das Urteilen aufgibst, das die Wurzel allen Leidens ist. Die Schuldzuweisungen, mit denen wir andere Menschen zu Unrecht anklagen, rühren daher, dass wir uns selbst zu Unrecht angeklagt haben. Unser Ego hat uns eingeredet, dass wir selbst den Dingen entkommen, für die wir andere Menschen angreifen. Das ist natürlich nicht wahr, denn wir ernten, was wir säen. *Ein Kurs in Wundern* drückt es so aus:

Er gibt sich selbst die Folgen,
die er seinem Bruder gegeben zu haben träumt.

Ein Kurs in Wundern, Textbuch, Seite 596

Andere Menschen anzugreifen, damit wir selbst dem Angriff entgehen, führt zu einem Teufelskreis aus Angriff und Selbstangriff, der eine dunkle Wolke der Heimtücke ist. Er ist das Fundament des Egos, und er bringt uns und unsere Welt auf einen Weg, der spiralförmig immer weiter abwärts führt.

Unschuld gibt uns dagegen unsere Verbundenheit zurück, und sie verbindet uns mit allem und mit jedem. Zugehörigkeit ist das Gegenteil von Schuld, und sie macht alle Trennung wett, die wir erschaffen haben. In dem Maße, in dem Zugehörigkeit und Liebe wachsen, wächst auch die Einheit – die Erkenntnis der Vereinigung und des Einsseins – zuerst in unserem Bewusstsein und dann auch in der Welt. Würden wir uns als zutiefst unschuldig erfahren, dann würden wir die Kraft unseres Geistes ganz selbstverständlich in unser wahres Wesen als Kind Gottes und ewigwährender Geist investieren, statt in unser Ego, das ein Körper auf dem Weg zum Tod ist. Unsere Unschuld ist der Schlüssel, der alle guten Dinge bringt. Wir wollen uns ihr als unserer ureigenen Wahrheit deshalb wieder neu verpflichten.

Du siehst das, was du zu sein glaubst. Du schaust nach innen, ehe du nach außen schaust. Du siehst die Welt durch die Augen deiner Überzeugungen. Damit du in einer vollkommenen Welt leben und diesen Schatz in dir entdecken kannst, müsstest du die Welt mit anderen Augen betrachten. Du müsstest erkennen:

Es gibt keine bösen Buben – nicht einmal du bist einer!

Einführung

Dieses Buch soll die Menschen befreien. Der Schlüssel liegt darin, erst uns selbst zu befreien und dann anderen Menschen zu helfen, ebenfalls frei zu werden, wodurch unsere eigene Freiheit weiter wächst. Das Buch bietet Wege an, die Begrenzungen und Probleme unseres Lebens zu transformieren, indem wir die zerstörerische Kraft und die Unwahrheit von Schuld erkennen und uns der Unschuld jedes Menschen verpflichten. Schuld ist eine falsche Entscheidung, die zu Leiden führt, aber weder die Wahrheit noch Gottes Wille für uns ist.

> Gott will, dass niemand leidet. Er will nicht, dass irgendjemand um einer falschen Entscheidung willen leidet, auch du nicht … Falsche Entscheidungen haben keine Macht, weil sie nicht wahr sind. Die Gefangenschaft, die sie zu verursachen scheinen, ist ebenso wenig wahr, wie sie es sind.
>
> *Ein Kurs in Wundern*, Textbuch, Seite 143

Vor etwa zwanzig Jahren habe ich gelesen, dass einer Studie zufolge jeder Mensch durchschnittlich vier Rückschläge im Leben erleidet, die so schwerwiegend sind, dass sie einen Krankenhausaufenthalt erforderlich machen können. Ganz augenscheinlich landen die meisten Menschen in solchen Zeiten nicht im Krankenhaus und ebenso wenig in der Praxis eines Therapeuten, denn ansonsten wären Krankenhäuser und Psychologen dem gewaltigen Ansturm überhaupt nicht gewachsen. Es gibt kaum ausreichend Fachkräfte, um den jetzt bereits vorhandenen dringenden Bedarf zu bewältigen. Wir müssen also einen Weg finden, uns selbst und anderen Menschen zu helfen. Und welcher Weg wäre besser, als uns von Schuld zu befreien und zu lernen, dass niemanden eine Schuld trifft, nicht einmal dich?

Wenn andere Menschen eine Schuld trifft, verlieren wir unser Glücklichsein in dem Maße, in dem wir über sie urteilen, denn im gleichen Maße urteilen wir auch über uns selbst. Wir können einen anderen Menschen nur deshalb beschuldigen, weil wir zuerst uns selbst beschuldigt haben. Unser Ego liebt Schuldzuweisung und Urteil, denn diese Dinge machen es stark.

Das Ego ist das Prinzip der Trennung. Es erschafft nicht nur Trennung zwischen uns und anderen Menschen, sondern spaltet auch unser eigenes Bewusstsein. Es schneidet uns von unserer geistigen Wesensnatur ab und von dem Einssein des Himmels, das wir in uns tragen. Wo wir Schuld in unserem Bewusstsein abgespalten haben und so tun, als sei sie gar nicht da, dort erhebt sich unser Ego und gewinnt durch die Spaltung an Kraft. Das Ego erklärt uns, dass es uns vor unserer Schuld schützen wird und dass wir besser sind, als sie uns glauben machen will. Daher spalten wir die Schuld ab, um unser gutes Selbstbild zu bewahren. Diese Spaltung hat jedoch zur Folge, dass zwei Anteile unseres Bewusstseins in entgegengesetzte Richtungen gehen – ein Anteil fühlt sich schuldig, und einer glaubt, es nicht zu sein. Dieser Konflikt führt zu allen möglichen Problemen, wobei der Mangel an Verpflichtung und die Zwiespältigkeit, die aus einem derartigen Konflikt entstehen, nur eine unserer Sorgen sind.

Ich bin in einer Familie italienischer Katholiken aufgewachsen, weshalb Schuld mir schon sehr früh äußerst vertraut war. Als Junge war ich davon überzeugt, dass ich in die Hölle kommen würde, weil ich völlig grundlos glaubte, sie verdient zu haben. Deshalb hatte ich furchtbare Angst vor dem Tod. Ich versuchte, ein möglichst guter Junge zu sein, um das, was ich über mich selbst glaubte, damit wiedergutzumachen. Später lernte ich, dass sowohl die besonders braven Kinder als auch die „schwarzen Schafe" einer Familie diejenigen sind, die das größte Maß an Schuld empfinden. Die besonders braven Kinder kompensieren ihre Schuld, während die „schwarzen Schafe" sie ausleben. Keiner dieser Rollen gelingt es, die Schuld aufzulösen. Die „schwarzen Schafe" vergrößern die Schuld durch ihre Strategie, sie auszuleben, nur weiter, während die besonders braven Kinder sie zudecken und so tun, als habe es sie nie gegeben.

Zum einen, um meine Schuld zu kompensieren, zum anderen aber auch aus dem tiefen Wunsch heraus, Menschen zu helfen, trat ich im Alter von dreizehn Jahren in ein katholisches Priesterseminar ein. Während dieser Zeit hatte ich so sehr das Gefühl, auf dem richtigen Weg zu sein, dass die Beschränkungen, die uns das Seminar auferlegte, relativ leicht einzuhalten waren. Ich war glücklich dort bis wenige Monate vor meinem einundzwanzigsten Geburtstag. Zu diesem Zeitpunkt trat eine Veränderung ein, und die Bedeutung, die das Priesterseminar für mich hatte, schien verloren zu gehen. Ich hatte nicht mehr das Gefühl, dass meine wahre Bestimmung tatsächlich darin lag, Priester zu werden.

Ich verließ das Priesterseminar im November 1968 und setzte mein Studium mit den Hauptfächern Philosophie und Psychologie fort. Psychologie schien der am besten geeignete Weg zu sein, um meinen Wunsch, anderen Menschen zu helfen, in die Tat umzusetzen. Zwar war ich zur damaligen Zeit selbst in sehr hohem Maße dissoziiert, aber die fortschreitende Zerrüttung meiner Familie brach mir das Herz und trieb mich dazu, Antworten auf solche Situationen zu finden. Erst als ich an der Universität von San Diego meine Dissertation über psychologische Beratung schrieb, begann ich jedoch, ein neues Modell und ein neues Verständnis des menschlichen Bewusstseins zu entwickeln. Dies wurde durch meine Arbeit am Drogenrehabilitationszentrum der Marine auf der Naval Air Station Miramar im kalifornischen San Diego ermöglicht, die mir für mein Bestreben, zu lernen und Menschen zu heilen, eine gute Grundlage vermittelte und hervorragende Trainingsmöglichkeiten bot.

Ich lernte sehr viel von meinen Supervisoren, Dr. Karl Baer und Dr. Rick Wortman. Weil die Zahl der Fälle ständig stieg, die vorgesehene Therapiedauer aber aufgrund von Budgetkürzungen immer weiter begrenzt wurde, waren meine Kollegen und ich zudem gezwungen, innovative und praktische Möglichkeiten zu finden, um die jungen Männer in ihrem Rehabilitationsprozess zu unterstützen. Man konnte hervorragend von ihnen lernen, denn jugendliche Drogenabhängige galten als besonders therapieresistent. Von denen, die am Rehabilitationsprogramm teilnahmen, wollten die meisten so schnell wie nur irgend möglich weg vom Militär, weil sie das Militär für ihr einziges echtes Problem hielten. In dem Maße, in dem es uns gelang, eine dauerhafte Beziehung zu den jungen Männern aufzubauen, konnten wir sie dazu bewegen, ihre verborgenen Motive neu zu überdenken und ihr Leben zu verändern. Ich stellte fest, dass ich, wenn ich nach innen lauschte, inspiriert wurde, wie ich auf jeden Klienten – sowohl in den Therapiegruppen als auch in den Einzelsitzungen – eingehen sollte. Meine Arbeit war nicht konventionell, aber sie war effektiv. Ich stellte fest, dass ich ein gewisses Talent dafür hatte, die jungen Matrosen und Marinesoldaten erkennen zu lassen, welche Kräfte in ihrem Leben und besonders in den schlimmsten traumatischen Ereignissen, die ihnen zugestoßen waren, tatsächlich am Werk waren, und dies auf eine Weise, die den Schmerz und die Schuld, die mit den Ereignissen verbunden waren, auflöste.

Diese ersten Jahre vermittelten mir eine Ahnung davon, wie die Entscheidungen, die wir in der Vergangenheit getroffen, und die Erfahrungen, die wir gemacht haben, unsere jetzigen Lebensumstände herbeiführen. Damals entdeckte ich die Intuitive Methode, die es mir ermöglichte, gemeinsam mit den jungen Männern die Wurzeln ihrer Probleme zu finden und ihnen zu helfen, sie durch Verstehen zu entwirren. Während dieser Zeit stellte ich zunehmend fest, dass meine Klienten anfingen, mir Informationen zunächst über das Unterbewusstsein und später auch über das Unbewusste oder das Seelenbewusstsein zu vermitteln.

Manifest für eine vollkommene Welt

Es gibt keine bösen Buben – nicht einmal du bist einer! Schuld ist ganz einfach ein Fehler, den wir verherrlicht haben. Sie ist eine zerstörerische, überflüssige Illusion. Wir selbst entscheiden darüber, ob wir weiterhin in Schuld und die mit ihr einhergehende Zerstörungskraft investieren oder ob wir in einer Welt leben wollen, die von Liebe und Unschuld geprägt ist. Ohne Schuld hätten wir eine wohlwollende Welt. Wenn wir uns der Unschuld verpflichten, investieren wir in unsere Wesensnatur als Kind Gottes statt in das Ego, das wir zu sein glauben. Liebe und Unschuld verbinden uns untrennbar mit dem Einssein. Schuld trennt uns. Sie führt zu Einsamkeit und Angriff. Wo Unschuld ist, dort ruft das Einssein uns nach Hause zu unserem inneren Licht. Betrachte niemanden als bösen Buben, denn wenn du es tust, wirst du nie der Selbstbestrafung entkommen, die daher rührt, dass du glaubst, selbst ein böser Bube zu sein.

> Wenn du jemandem begegnest, so erinnere dich daran, dass es eine heilige Begegnung ist. Wie du ihn siehst, wirst du dich selber sehen. Wie du ihn behandelst, wirst du dich selbst behandeln. Wie du über ihn denkst, wirst du über dich selbst denken. Vergiss dies nie, denn in IHM wirst du dich selbst finden oder verlieren.
>
> *Ein Kurs in Wundern*, Textbuch, Seite 142

Unsere Trennung erzeugt Schuld, und wir ziehen uns zurück. Daraus entwickelt sich ein Teufelskreis. Schuld erzeugt wiederum Trennung, und wir ziehen uns noch ein wenig weiter zurück. In unserem Rückzug liegen jedoch Konkurrenz und das Bedürfnis, einem anderen Menschen die Schuld zuzuweisen und ihn damit für schuldig zu erklären. Wir sehen andere Menschen durch die Brille unserer eigenen Schuld und nehmen bei ihnen die Negativität wahr, die wir bei uns selbst verdrängt haben. Eine Illusion vergraben heißt zulassen, dass sie schwärt, und so nehmen wir andere Menschen durch die Dunkelheit wahr, die in uns selber herrscht. Nur unsere Unschuld lässt uns eine Welt erkennen, die in neuem, reinem Glanz erstrahlt.

Erkenne, dass alles ein Fehler war, und lasse zu, dass er berichtigt wird. Wenn du deine Schuld ans Licht bringst, kannst du sehen, dass sie ein Fehler war, und sie kann berichtigt werden. Wenn du deine Schuld behältst und versteckst, greifst du dich selbst an und verurteilst andere Menschen dort, wo du statt-dessen hättest helfen können. Du lebst entweder in einer Welt der Schuld oder du strebst danach, jeden dunklen Ort in dir zu finden und zu heilen, damit du deine eigene Unschuld und die Unschuld anderer Menschen erkennen kannst. Damit du frei sein kannst, darf niemand ein böser Bube sein, nicht einmal du selbst.

Prinzipien der Schuldlosigkeit

1. Schuld ist ein Fehler, und Fehler können berichtigt werden.
2. Schuld bedeutet, dass du die damit verbundene Lektion nicht gelernt hast. Dunkle Lektionen halten dich zurück und werden zu selbstschädigenden Mustern. Sie sind nicht gleichbedeutend damit, dass du die Lektion lernst.
3. Schmerz, Krankheit und Probleme rühren immer von Schuld her.
4. Wo es Schuld gibt, dort gibt es auch Selbstbestrafung. Selbstbestrafung führt zu Projektion, Urteil und Angriff. Das Ego benutzt alle diese Dinge, um seine eigene Stellung zu festigen.
5. Schuld ist eine Form von emotionaler Unreife. Wir glauben fälschlicherweise, sie sei vollkommen natürlich, weil jeder Schuldgefühle hat. Schuld ist eine Form der Vermeidung. Wir gehen uns selbst, unserer Lebensaufgabe, unserer Partnerschaft und Gott aus dem Weg.
6. Schuld bewirkt, dass wir in der Vergangenheit leben und der Gegenwart aus dem Weg gehen. In dem Maße, in dem wir Schuld fühlen, die aus der Vergangenheit herrührt, fürchten wir uns vor der Zukunft und gehen der Gegenwart aus dem Weg.
7. Jede negative Emotion, die wir fühlen, lässt zugleich Schuld entstehen. Das sorgt dafür, dass die Emotion in uns steckenbleibt, statt auf natürliche Weise erfahren und losgelassen zu werden.
8. Manchmal benutzen wir Schuld, die wir in Bezug auf einen Menschen oder eine Beziehung empfinden, um an dem betreffenden Menschen oder an der Beziehung festzuhalten.
9. Schuld bedeutet automatischen Rückzug. Das macht alles, was wir tun, zu harter Arbeit und Aufopferung und verhindert, dass wir die damit verbundene natürliche Belohnung empfangen und genießen können.
10. Die Abwehrmaßnahmen gegen Schuld, derer sich das Ego am liebsten bedient – angeblich zu unserem Nutzen, in Wahrheit, um sie tief in uns zu verankern –, sind Projektion, Aufopferung, Rollen, Groll, Urteil, Dissoziation, Spaltung, Verdrängung und Trennung. Sie befreien dich nicht von der Schuld, sondern verbergen sie nur, wodurch es noch schwieriger wird, sie zu heilen.

11. Schuld wurde nicht von Gott erschaffen. Was selbst VOLLKOMMEN ist, erschafft auch nur Dinge, die vollkommen sind. Gott ist vollkommene UN-SCHULD und hat uns als vollkommen und unschuldig erschaffen. Alles andere war unsere Idee und eine schlechte Idee noch dazu, weil wir in unser Ego – das Prinzip der Trennung – investiert und eine illusionäre Welt erschaffen haben.

12. Alle Schuld – auch religiöse Schuld – ist nicht mehr als ein Versuch, Menschen zu kontrollieren. Schuld ist eine Waffe, die wir auf einen anderen Menschen richten, um unseren Willen durchzusetzen und unserer eigenen Schuld aus dem Weg zu gehen. Schuld ist ein Versuch, uns selbst zu kontrollieren. Schuld als eine Form der Kontrolle funktioniert aber noch nicht einmal bei uns selbst besonders gut. Schuld erzeugt Groll, bis schließlich eine Rebellion gegen die Kontrolle stattfindet. Schuld mag zwar eine Schlacht um die Kontrolle gewinnen, verliert letztendlich aber den Krieg.

13. Schuld entsteht, wenn wir die Verbundenheit verlieren, und hinzu kommt, dass wir Schmerz, Angst, Illusion, Widerstand und Bedürfnisse fühlen. Das hat zur Folge, dass wir uns im Hinblick auf unsere Bedürfnisse schuldig fühlen, was wiederum dazu führt, dass sie nicht erfüllt werden. Dies ist ein kleiner Trick, den unser Ego benutzt, um seinen Fortbestand zu sichern, indem es uns daran hindert, unsere Verbundenheit zurückzuerlangen.

14. Schuld erzeugt Unwürdigkeit, Gefühle des Versagens, Wertlosigkeit und Selbsthass. Alle diese Gefühle stärken das Ego und bewirken, dass wir einen Weg einschlagen, der uns in Richtung Tod führt.

15. Schuld bewirkt, dass wir steckenbleiben. Sie mauert uns in der Vergangenheit ein und verbirgt unsere Angst vor Veränderung. Sie dient uns als Ausrede, damit wir uns nicht zeigen oder unsere Lebensaufgabe nicht erfüllen müssen.

16. Es gibt sechs Hauptebenen der Schuld. Die bewusste Ebene nimmt den kleinsten Raum ein. Die Wurzel all dieser Ebenen – oder Schichten – ist der Glaube, dass wir uns von Gott getrennt haben. Er bewirkt, dass wir uns vor Gott fürchten, und das ist die Wurzel aller Angst.

17. Es gibt keine Angst oder Schwäche, deren Wurzel nicht Schuld ist.

18. Wenn Vorstellungen von Sünde oder Karma an Schuld gebunden sind, wird sie zu einer der zerstörerischsten Vorstellungen, die es gibt. *Karma* ist ein Wort aus dem Sanskrit und bedeutet „Handlung". Wir haben ein Muster in Gang gesetzt, das uns dorthin zurückbringt, wo wir begonnen haben. Die Lektion kann jedoch mühelos gelernt, Sühne kann geleistet und das Muster

kann einfach und ohne Nachspiel transformiert werden. Sünde bedeutet Schuld und Selbstbestrafung anstelle von Berichtigung.

19. Schuld blockiert Erfolg und Nähe, verhindert echte Partnerschaft und verstärkt die zerstörerische Kraft von Konkurrenz.

20. Schuld lenkt die Aufmerksamkeit auf ein Problem und verstärkt damit genau die Sache, deretwegen wir uns schuldig fühlen.

21. Ohne Schuld würden wir in einer wunderbaren, wohlwollenden Welt leben, die frei wäre von Problemen oder Krankheiten.

22. Wir verurteilen einen anderen Menschen für genau die Dinge, deretwegen wir uns selbst schuldig fühlen. Wie wir einen anderen Menschen sehen, so sehen wir uns selbst. Was wir einem anderen Menschen wünschen, das wünschen wir uns selbst. Nur wer schuldig ist, würde einen anderen Menschen verurteilen.

23. Die Negativität, die wir in der Welt sehen und spüren, ist unsere eigene projizierte Schuld.

Heilung bedeutet nichts anderes, als andere Menschen von Schuld zu befreien.

Du trägst so viel ******* in dir

Die Überschrift lässt zwar etwas anderes vermuten, aber in diesem Kapitel geht es trotzdem nicht um den Inhalt eines bestimmten Verdauungsorgans, sondern um das, was wir unserem Geist und damit unserem Leben antun.

Wenn ich dir sagen würde, dass du ein giftiges Gebräu trinkst, während du ganz gemächlich das Drehbuch für einen schmerzhaften Abgang von dieser irdischen Bühne schreibst, würdest du dann damit aufhören? Ich glaube schon. Spitze also deine Ohren, mein Freund.

Zunächst ist es wichtig zu wissen, dass dieses Gift so weit verbreitet ist, dass jeder es aufnimmt. In früheren Zeiten, bevor diese Dinge gesetzlich geregelt wurden, leiteten die Stahlwerke und Fabriken von Pittsburgh ihre gesamten giftigen Abwässer in den Monongahela River. Die Kinder, die im Fluss badeten, warnten sich gegenseitig, indem sie laut „Achtung, Schlamm!" schrien, wenn sie sahen, dass eine riesige Schwade den Fluss hinab auf sie zukam, und alle verließen vorschriftsmäßig das Wasser. Mittlerweile ist dieser Zustand aber so weit verbreitet, dass niemand mehr etwas Außergewöhnliches bemerkt, wenn eine Schwade aus giftigem Schlamm flussabwärts auf ihn zukommt. Ja, er ist unangenehm, aber wir betrachten ihn als eine Grundtatsache des Lebens, an die wir uns gewöhnt haben, und **schließlich sind wir ja alle voll davon!** Ich rufe an dieser Stelle jedoch laut: *„Achtung, Schlamm!"*

Dieser alles durchdringende Schlamm ist *Schuld.* Schuld ist eine der Wurzeln aller Probleme und giftig noch dazu. Höre auf, dieses Gift zu trinken. Höre auf, dich zu opfern, damit die Krokodile sich an dir gütlich tun können.

Es gibt kein negatives Ereignis und keine unglückliche Situation in unserem Leben, die nicht eine Folge der irrigen Vorstellung sind, dass wir uns selbst bestrafen müssen, um uns von Schuld zu befreien. Die Sache, deretwegen wir uns schuldig fühlen, ist nur ein Fehler, und Fehler können wir berichtigen. Schuld verstärkt den Fehler dagegen und führt dazu, dass wir uns seinetwegen angreifen. Schuld macht den Fehler real. Sie macht dich zu einem schlechten Menschen und zu einem Sünder. Sie gibt dir das Selbstkonzept eines Versagers und eine Identität, die dafür sorgt, dass du dich ständig weiter selbst bestrafst. Unabhängig davon, wie sehr du dich auch bemühst, gut zu sein, glaubst du dennoch, dass du ein schlechter Mensch bist. Die Strafe dafür fügst du dir von eigener Hand zu, obwohl du andere Menschen und sogar die Kraft der Natur als Puppe benutzt, in der deine Hand steckt. Du trägst so viel ******* in dir, weil du dich für etwas bestrafst, das letztlich eine Illusion ist. Gib sie auf. Sie bringt dich um.

Höre auf, an Schuld zu glauben. Investiere stattdessen in Unschuld. Mache es dir zum Prinzip, alle heimlichen Glaubenssätze über Schuld aufzuspüren. Du fürchtest dich davor, die Orte zu finden, an denen du dich verurteilt hast, weil du glaubst, sie seien real. Doch du hast nicht nur dich selbst, sondern auch andere Menschen für schuldig erklärt. Liebe dich selbst. Berichtige deine Fehler. Schuld sorgt dafür, dass du nichts dergleichen tust. Schuld führt dazu, dass du leidest. Schuld bewirkt Trennung. Schuld führt zu Angriff und Selbstangriff, der das Fundament ist, aus dem das Ego seine Stärke bezieht. Schuld erzeugt Konflikte auf einer Reihe von Ebenen. Zuerst schneidet sie uns glaubensmäßig – und damit auch erfahrungsmäßig – von unserer geistigen Wesensnatur ab. Dann decken wir die Schuld mit Wunschdenken zu, weil wir sie nicht ertragen können. Wir werden zu selbstgerechten Moralisten. Wir verschreiben uns der Religion als Schutzmaßnahme gegen unsere Schuld. Wir opfern uns auf und werden selbst Opfer, weil wir unbewusst beweisen wollen, dass wir ein guter Mensch sind und dass es in Wahrheit die anderen Menschen sind, die es verdient haben, von Gott bestraft zu werden. Gott teilt jedoch keine Strafen aus. Wie könnte die höchste Liebe urteilen? Das funktioniert weder aus logischer noch aus psychologischer Sicht. Und wenn es aus psychologischer Sicht nicht funktioniert, dann kann es aus spiritueller Sicht nicht wahr sein. Der Glaube, dass Gott ein strafender Gott ist, ist schlicht eine Projektion des Urteils, das wir über uns selbst gefällt haben.

Wir können Schuld nicht ertragen. Sie ist vergleichbar mit dem „Heiße-Kartoffel-Spiel", das wir als Kinder immer gespielt haben. Dabei haben wir so getan, als sei ein Gegenstand zu heiß, um ihn länger in der Hand zu halten, und haben ihn uns gegenseitig immer wieder zugeworfen. Schuld ist leider ein Spiel, bei dem es todernst zugeht, und wir versuchen, uns ihrer in Form von Schuldzuweisungen zu entledigen. In ihrem Buch *Boundless Love* schreibt Miranda Holden, Groll sei ein Gift, das man selber trinkt in der Erwartung, dass jemand anderer daran stirbt. ***Schuldzuweisung, Urteil und Groll sind allesamt Projektionen und Kompensationen für unsere eigene Schuld.***

Ich weiß, dass dem so ist, denn bei meiner Arbeit in einem Heilberuf gehört es zu meinen Aufgaben, Menschen von Illusionen zu befreien. Schuld ist eine der bösartigsten Illusionen, die es gibt. Die gute Nachricht lautet, dass alle Menschen unschuldig sind. Die schlechte Nachricht lautet, dass sie es nicht glauben, weil sie so viel ******* in sich tragen.

Ich arbeite jetzt seit vierzig Jahren in einem Heilberuf – als Berater, Psychologe, Therapeut und heute als Seminarleiter und Coach. Es gibt keine chronischen Probleme und vor allem keine chronischen Krankheiten, die nicht einen fehlgeleiteten Glauben an Schuld und Sünde in sich tragen. Alle ernsthaft erkrankten Menschen, mit denen ich es jemals zu tun hatte, habe ich auf diese Ebene tief vergrabener religiöser Schuld aus ihrer Kindheit begleitet. Hinzu kommt natürlich noch ihre verborgene Familienschuld. Auf einer bestimmten Ebene helfe ich den Menschen lediglich dabei, ihre ursprüngliche Unschuld zurückzuerlangen, denn ohne Unschuld ist ihnen ein Krokodil auf den Fersen, das sich an ihnen gütlich tun will.

Eine Tatsache ist auch, dass es kein unglückliches Ereignis gibt, an dem wir nicht einem anderen Menschen die Schuld geben. Das bedeutet, dass jedes Problem einen Groll verbirgt, unter dem der Glaube an unsere persönliche Schuld verborgen liegt. Der giftige Schlamm ist allgegenwärtig, und wir haben uns alle daran gewöhnt. Die Dinge, von denen du bewusst glaubst, dass du sie falsch gemacht hast, sind nur die Spitze des Eisbergs. Darunter liegen noch weit mehr Dinge, die du falsch gemacht zu haben glaubst. Die gute Nachricht lautet, dass nichts von dem, was du diesbezüglich glaubst, wirklich wahr ist. Schuld bedeutet, dass du die Situation nicht voll und ganz verstehst. Ich habe noch nie erlebt, dass eine Situation, die mit Schuld oder Schuldzuweisungen zu tun hatte, umfassender Erkenntnis widerstanden hätte. Trotzdem glauben wir oft, unsere Schuld sei so wahr wie das Amen in der Kirche.

Neben unserer bewussten Schuld haben wir unterbewusste Schuldgefühle, die sich fast immer um Beziehungen und Familie drehen. Darüber hinaus gibt es Schuld auf der Ahnen- und der Seelenebene. Noch tiefer im Unbewussten angesiedelt sind kollektive und astralische Schuld, und zu guter Letzt gibt es noch die uranfängliche Schuld des so genannten „Sündenfalls", des ursprünglichen Glaubens daran, dass wir vom Einssein getrennt sind.

Schau dir dein Leben an. Für jedes Trauma, das dir widerfahren ist, hast du einem anderen Menschen die Schuld gegeben. Doch es war deine Schuld, die es herbeigeführt hat, und deine heimliche Schuld dafür, dass du die Situation hättest entschärfen können, ehe sie eintrat. Schau dir die Welt an. Jedes Urteil, das du über einen anderen Menschen fällst, ist ein Urteil, das du auf einer viel tieferen Ebene über dich selbst fällst, und dafür bestrafst du dich selbst, auch wenn du vorher vielleicht versuchst, anderen Menschen die Schuld daran zu geben und auch sie zu bestrafen.

Achtung, Schlamm!
Schnell raus aus dem Wasser!!

Mache es dir zu einer Lebenseinstellung, dir selbst, allen und jedem zu vergeben. Es wird dir helfen, den dunklen Glanz der Schuld aufzugeben, der deine Angst nährt. Du bist nicht das, was du zu sein glaubst. Du bist Licht. Du bist Liebe. Lasse deine zahllosen dunklen Überzeugungen los. Gib das Gift der Schuld auf, und sieh um Himmels willen zu, dass du aus dem Wasser herauskommst, sobald du jemanden rufen hörst: **„Achtung, Schlamm!"**

Keine Schuld

Ich glaube aus einer Reihe von Gründen nicht an Schuld. Der wichtigste Grund ist der, dass die Schuld verschwindet, sobald Heilung geschieht. Diese Erfahrung habe ich unzählige Male gemacht, und sie gilt für *alle* negativen Emotionen. Wenn eine Situation umfassend geheilt wird, ist die negative Emotion fort. Es kann passieren, dass das, was der Heilung bedarf, in Schichten zutage tritt. Die Heilung, die stattfindet, wenn sich das Problem zum ersten Mal zeigt, bewirkt jedoch, dass alle nachfolgenden Heilungsprozesse viel müheloser geschehen können.

Zweitens macht Schuld keinen Sinn. Sie ist der bittere Tropfen im Kelch, das Haar in der Suppe, der Sand im Getriebe. Sie nährt die Prinzipien des Chaos und die damit verbundene Begleiterscheinung: das Gefühl, festzustecken und nicht weiterzukommen. Schuld scheint keine Schöpfung eines liebenden Gottes zu sein. Auch die Aufopferung, das Leiden, die Schuldzuweisungen, die Urteile und die Kreuzigung, die mit der Schuld verbunden sind, rühren nicht von einem liebenden Gott her.

Schuld bringt uns dazu, dass wir entweder glauben, es gäbe keinen Gott oder er sei kein liebender Gott, oder dass wir die theologische Lehre so verdrehen, dass Gott ein urteilender Gott ist. Für mich klingt das absurd. Aus logischer und psychologischer Sicht nicht absurd ist für mich, dass wir unser Unbewusstes auf Gott projiziert haben und ihm deshalb Verhaltensweisen zuschreiben, die ungöttlich sind, aber zu unseren heimlichen Schuldzuweisungen und unserer verborgenen Schuld passen. Gott die Schuld an dieser Welt zu geben würde bedeuten, dass Gott unvollkommen ist, denn was wir erschaffen, ist eine Erweiterung unserer selbst. Gott die Schuld an dieser Welt zu geben bedeutet gleichzeitig, dass wir die Macht unseres eigenen Geistes sowohl zur Schöpfung als auch zur Fehlschöpfung leugnen. Gott kann schon definitionsgemäß nicht fehlschöpfen, denn dann wäre er nicht Gott. Wenn er nicht Gott wäre, dann gäbe es nicht nur den Urgrund des Seins nicht, sondern auch alle Existenz, die er trägt. Alles existiert, wie es erschaffen wurde, als Liebe und Licht, und Gott ist noch immer Gott. Alles, was über Licht und Liebe hinaus existiert, ist das, was wir selbst hinzugefügt haben, und es verschwindet ebenso wie die Schuld, wenn sich die Illusion eines Problems aufgelöst hat. Was wir verlassen haben, ist ein ursprünglicherer Zustand, der unschuldig ist. Damit steht fest, dass Schuld die Illusion und Schuldlosigkeit die Wahrheit ist.

Ein Kurs in Wundern sagt über die Illusion der Schuld:

> Das Wunder bringt die Wirkungen, die NUR Schuldlosigkeit mit sich bringen KANN, und begründet damit die Tatsache, dass es Schuldlosigkeit GEBEN MUSS.

Ein Kurs in Wundern, 12. November 1966, Urtext

Tu dir das nicht an

Als Knirps von zwei oder drei Jahren entwickelte ich großes Interesse an meinen Zehennägeln. Ich rupfte und riss so lange am Nagel meines rechten kleinen Zehs herum, bis es wehtat. Da hatte ich ihn allerdings schon halb herausgerissen. Sofort wandte ich mich dem kleinen Zeh meines linken Fußes zu, um herauszufinden, ob ich seinen Nagel entfernen konnte, ehe es anfing, wehzutun. Hier war ganz offensichtlich ein zukünftiger Wissenschaftler am Werk. Nachdem ich etwa genauso weit gekommen war wie bei dem anderen Zeh, tat es jedoch wieder weh, und ich ließ es sein. Den sichtbaren Beweis für mein erstes Experiment trage ich bis heute mit mir herum.

Unseren Wunsch nach Trennung sehe ich auf eine ganz ähnliche Weise wie mein kleines Experiment. Zunächst scheint alles in Ordnung zu sein, weil es Belohnungen gibt, die unser Ego befriedigen. Dann kommen der Schmerz, die Angst und die Schuld zum Vorschein. Weil es sich wegen des mit der Trennung einhergehenden Schmerzes keinen schlechten Ruf einhandeln will, dissoziiert unser Ego ihn, während es gleichzeitig einem anderen Menschen die Schuld gibt, dass die Situation ein schlechtes Ende genommen hat. Derjenige, dem wir die Schuld zuweisen, ist in Wirklichkeit jemand, der unsere Hilfe gebraucht hätte. Vor dem traumatischen Ereignis hätten wir vortreten können, um die Gnade und die Gaben, die uns zur Verfügung stehen, anzunehmen. Es waren genau die Dinge, die für die Situation und die daran beteiligten Menschen gebraucht wurden. Die Schuld, die wir empfinden, weil wir darin versagt und die Situation stattdessen benutzt haben, um uns zu trennen, können wir nicht ertragen. Also projizieren wir diese Schuld nach außen und benutzen die schmerzhafte Situation als eine Ausrede. Der Verlust der Verbundenheit und die Schuld, die diesen Verlust verstärkt, setzen ein negatives Muster in Gang. Wenn du genügend dieser negativen Muster zusammen hast, entsteht daraus ein Thema. Das Ego labt sich an diesen Fehlern.

Jeder Ort, an dem wir einen „bösen Buben" haben, liefert uns eine Ausrede, etwas tun zu können, das wir tun wollen, oder etwas nicht tun zu müssen, das wir nicht tun wollen. Unser Goll zeigt, wo wir uns vor unserer Lebensaufgabe, unserer Bestimmung und den damit verbundenen Gaben verstecken.

Ende der siebziger Jahre galt ich am Drogenrehabilitationszentrum als Experte für Traumarbeit und setzte eine ganze Reihe von Traumtherapien ein. Anfang der achtziger Jahre stellte ich fest, dass alle diese Therapieformen auch geeignet waren, um mit dem Wachtraum unseres Alltags zu arbeiten. In der Traumarbeit der Gestaltpraxis wird jede Person und jeder Gegenstand im Traum als ein Teil von uns betrachtet, ein Selbstkonzept auf tieferen Ebenen unseres Bewusstseins. In Traumata, die normalerweise Bestandteil von Seelenmustern sind, steht jede Person, jede Emotion und jeder Gegenstand in der Situation für abgespaltene und verdrängte Selbstkonzepte. Von diesen Selbstkonzepten getrennt sind wir durch Urteil und Schuld. Wenn Vergebung und Integration im Prozess der Heilung geschehen, lösen Schmerz und Schuld sich auf, und die Situation sowie die daran beteiligten Menschen verlieren ihre Bedrohlichkeit. Die Geschichte, die wir über unsere Vergangenheit erzählen, verändert sich, und wir erlangen ein höheres Maß an Selbstbestimmung.

Somit sind alle Menschen und alle Dinge in der Welt genau das, was wir über uns selbst denken. Heilung bedeutet nichts anderes, als den Selbstkonzepten zu vergeben, die wir abgespalten, vergraben und dann nach außen projiziert haben. Die Welt spiegelt sie uns nun wieder zurück. Zwischen uns und allem, was wir in der Welt sehen, steht ein Urteil. Auf einer bestimmten Ebene sagen wir: „Das bin ich nicht, denn ich bin anders. Ich bin besser." Das lässt natürlich Dualität entstehen. Wir mögen zwar glauben, dass wir besser als einige Menschen sind, glauben aber ebenso, schlechter als andere Menschen zu sein.

Schuld verbunden mit Angst und Schmerz ist das, was uns und andere Menschen trennt. Trennung und Urteil verbunden mit Konkurrenz sind Garant für Schmerz. Angst, Schmerz und Schuld kommen zum Vorschein, sobald wir einem Menschen – oder einer Sache wie Gesundheit oder Erfolg – näher kommen. Liebe und Vergebung können die schlechten Gefühle durchschneiden, was zu einem unmittelbaren Gefühl des Friedens und der Freude führt. Unsere Welt der Getrenntheit ist der zerbrochene Spiegel, der unseren eigenen Geist widerspiegelt. In dem Maße, in dem wir diese zerbrochenen Teile – nicht nur Stück für Stück, sondern Schicht um Schicht – wieder integrieren, wird die Welt zu einem glücklicheren Ort und werden wir selbst in höherem Maße ganz. Das bringt uns größere Gesundheit und größeren Erfolg.

Wir haben eine Welt erträumt, die – wie unsere Schlafträume – unsere Projektion ist. Wir sind für diese Welt verantwortlich, denn sie ist genau das, was wir von uns selbst glauben.

Eine Möglichkeit, den Konflikt sowie den Schmerz zu heilen, der immer mit diesen Bewusstseinsspaltungen einhergeht, ist Integration. Die Spaltung unseres Bewusstseins sorgt dafür, dass wir eine getrennte Welt wahrnehmen, die gleichsam die Wahrheit des Einsseins überlagert. Integration und andere Formen der Heilung bewirken ein höheres Maß an Ganzheit und bringen uns auf unserem Weg zum Einssein einen großen Schritt voran.

Wir sehen im Leben stets die Dinge, denen wir einen Wert beimessen, und auch wenn wir glauben, dass wir in Schuld keinen Wert sehen, behalten wir sie lieber als den Teufel, den wir kennen, statt sie gegen das Glücklichsein einzutauschen, das wir offenbar vergessen haben.

Mitte der neunziger Jahre habe ich während eines zehntägigen Seminars einmal fast vierzig verschiedene Formen der Integration vorgestellt. Eine dieser Übungen gefällt mir besonders gut, weil sie sowohl schnell als auch effektiv ist. Wenn du sie durchführst, ist es hilfreich, mit einem großen Problem zu beginnen. Mache dir zuerst bewusst, dass dein Körper ein Sinnbild deines Geistes ist. Das gibt dir die Möglichkeit, deine Hände auf verschiedene Bereiche deines Körpers zu legen, um die Bereiche zu symbolisieren, die du integrieren und heilen möchtest. Lege eine Hand auf das Problem und die andere Hand auf alle Glaubenssysteme, die zu dem Problem geführt haben. Bewege die Hände zusammen mit den Energien des Problems und der Glaubenssysteme, die es am Leben erhalten, über deinen Körper dorthin, wo deine Hände und die Energien sich verbinden wollen. Lege die Hände übereinander und verschmilz die Energien zu neuer, positiver Ganzheit. *Achte darauf, dass deine Hände nie den Kontakt zum Körper verlieren*, weil die Übung dadurch stark und lebendig bleibt. Wenn nach der Integration eine negative Emotion hochkommt, so ist das ein Hinweis darauf, dass unter dem Konflikt bestimmte Emotionen verborgen lagen. Lege deine Hand einfach auf die Stelle, an der das schlechte Gefühl sich konzentriert, und führe sie mit der anderen Hand zusammen, die sich dort befindet, wo die vorherige Integration stattgefunden hat. Manchmal liegen die negative Emotion und das, was bereits integriert wurde, auch an derselben Stelle, in diesem Fall aber nebeneinander statt übereinander, wie es der Fall wäre, wenn sie integriert worden wären.

Jede Integration lässt ein höheres Maß an Frieden und Verbundenheit entstehen. Du kannst anschließend alle unterbewussten, Seelen-, Ahnen-, kollektiven und astralen Muster integrieren, die zu diesem Problem geführt haben. Du brauchst nicht zu wissen, um welche Muster es sich handelt. Es reicht aus, wenn du die Elemente integrierst. Auf diese Weise kannst du ein enorm hohes Maß an Schuld heilen. Das bringt dir größere Zuversicht und mehr Erfolg, während es gleichzeitig die Konflikte deiner verbleibenden Selbstkonzepte verringert. Der Frieden, den Integration bringt, hat eine erfrischende, verjüngende Wirkung.

Natürlich gibt es nicht nur in unserem persönlichen Leben, sondern auch in der Welt so viele Dinge, die der Heilung bedürfen, dass wir diese Übung fast ununterbrochen weiterführen könnten. Damit du dir deine Kräfte einteilen kannst, schlage ich aber vor, dass du sie mindestens zweimal täglich mit unterschiedlichen Problemen, Themen oder problematischen Menschen durchführst. Kehre im Abstand von einigen Tagen nochmals zu den vorherigen Problemen zurück, mit denen du dich befasst hast, da neue Schichten zum Vorschein kommen können. Statt unter den vielen Spaltungen deines Bewusstseins zu leiden, kannst du dann allmählich die Wirkungen umkehren, die daher rühren, dass du dir dein Leben lang die Zehennägel ausgerissen hast.

Unterschreibe den Vertrag
der Schuldlosigkeit

Verpflichte dich der Unschuld. Tue es jetzt. Entscheide dich für sie. Akzeptiere sie. Verpflichte dich ihr. Nimm sie von ganzem Herzen an. Integriere sie. Liebe sie. Sie wird deine gesamte Schuld nicht gleich endgültig klären, dich aber auf einen Weg schicken, der zur Unschuld, zum Leben und zum Himmel führt. Das bedeutet im Umkehrschluss, dass du den Weg verlässt, der zur Schuld, zum Tod und zur Hölle führt. Es bewirkt, dass du dich selbst – und, was das angeht, auch alle anderen Menschen – viel besser leiden kannst. Der Vertrag kostet dich nichts, sondern zahlt sich aus. Der eingeschlagene Weg stellt Schritt für Schritt deine Bewusstheit, deine Liebe und deine Kreativität wieder her, und zu guter Letzt wird er auch deine Macht und deine Erleuchtung wiederherstellen. Wenn dir deine Unschuld zurückgegeben wird, erkennst du dich selbst als Kind Gottes, das alle guten Dinge verdient hat. Mit Gott als Vater lautet dein Nachname Gott, und dein Erbe wird dir im wahrsten Sinne des Wortes den Verstand rauben, sodass du dich als sorgenfreier Geist in den Sphären des Lichts, als ein Lichtfunke in den Wellen des Lichts erkennst.

Wenn du den Vertrag der Schuldlosigkeit unterschreibst, machst du Vergebung und Liebe zu einer Lebenseinstellung und erntest die Belohnung des Friedens: Liebe, Freude, Fülle und Kreativität. Nur eine unschuldige Welt kann eine friedvolle Welt herbeiführen, weil es die einzige Welt ist, in der es keinen Konflikt in uns selbst oder zwischen uns und anderen Menschen gibt.

Dein Vertrag wird immer wieder auf die Probe gestellt werden, wenn du ärgerlich auf jemanden bist oder einen anderen Menschen für einen bösen Buben hältst. Jedes Zeichen von Angst oder Schwäche verbirgt einen Glauben an deine Schuld. Es ist eine Investition in dein Ego. Wenn du dich schuldig fühlst, fängst du bezeichnenderweise an, dich anzugreifen. Dann ist die Zeit gekommen, deinen Vertrag der Schuldlosigkeit noch einmal zu lesen. Erinnere dich an die Wahrheit, die darin enthalten ist. Investiere erneut in deine Unschuld. Tue es zu deinem eigenen Wohl und zum Wohl der Menschen, die du liebst. Denke daran, dass Schuld und Angriff zusammengehören. Dort, wo du Schuld empfindest, greifst du an. *Ein Kurs in Wundern* zufolge ist Schuld aber nie vereinzelt. Wenn du dich selbst angreifst, greifst du immer auch alle Menschen an, die du liebst, ob du dir dessen bewusst bist oder nicht.

Wenn du einen Vertrag unterschreibst, dann entscheide dich für den Vertrag, der am wenigsten kostet und am meisten bringt. Der Vertrag der Schuldlosigkeit kostet dich nichts und gibt dir alles. Du wirst jedoch deine Loyalität gegenüber dem Ego aufgeben müssen, weil Schuld und Schuldzuweisung eine Investition in das Ego sind. Warum willst du so hart für etwas arbeiten, das eine Illusion ist? Dein Ego liebt dich nicht nur nicht, sondern glaubt sogar, es sei besser als du. Eine Investition in dein Ego ist eine Investition in deine Identität als Körper und nicht in deine geistige Wesensnatur. Das hat zur Folge, dass du den Tod als möglichen Ausweg aus der Misere, die dein Ego erschaffen hat, um seine eigene Macht zu stärken, zwar fürchtest, dich gleichzeitig aber von ihm angezogen fühlst.

Wenn du den Vertrag der Schuldlosigkeit unterschreibst, willigst du ein, Mitglied im Team des Himmels zu werden. Wolltest du nicht immer schon in einem Meisterteam spielen? Und vergiss die tollen Gratifikationen nicht! Du brauchst nur den Vertrag der Schuldlosigkeit zu unterschreiben, den der Himmel dir anbietet. Allein kannst du diesen Vertrag nicht eingehen, aber sobald du anerkennst, dass es auf dich allein gestellt nicht möglich ist, steht der Himmel bereit, um dir zu helfen. *Ein Kurs in Wundern* fasst es wie folgt in Worte:

> Wie kannst du, der du so fest an Schuld gebunden bist und dich verpflichtet hast, es weiterhin zu bleiben, deine Schuldlosigkeit FÜR DICH begründen? Das ist unmöglich. Aber sei dir sicher, dass du gewillt bist anzuerkennen, dass es unmöglich IST.
>
> *Ein Kurs in Wundern*, 12. November 1966, Urtext

Das gibt dem Himmel die Möglichkeit, dir zu helfen. Jesus sagte: „Das Himmelreich ist inwendig." An diesem Ort reicht der Himmel aus der Zeitlosigkeit in diese Welt, in der wir alle „unsere Zeit absitzen", um uns zu zeigen, wie wir unsere Strafe durch einen Vertrag der Schuldlosigkeit abkürzen können.

Jenseits von Gut und Böse

Das Wissen um den Unterschied zwischen richtig und falsch ist ein Kennzeichen geistiger Gesundheit. Wir leben jedoch in einer geistesgestörten Welt, in der Menschen im Laufe der Jahrhunderte millionenfach umgebracht wurden im Namen von Politik und Religion, von Gier, Wollust und Hass ganz zu schweigen.

Die meisten Menschen führen aus ihrer eigenen Sicht ein moralisches Leben, aber das Bewusstsein birgt natürlich viele Schichten, die unsere laxe Einstellung und unsere Fehlschläge verbergen. Während wir eine Schicht erfolgreich heilen, kommt die nächste Schicht hervor, um geheilt zu werden. Die Ausnahmen, in denen unsere Integrität nicht makellos bleibt, bestätigen – zumindest für uns – die Regel. Wenn man einmal genauer nachfragt, gestehen die meisten Menschen jedoch Fehltritte ein. Schuld bleibt so lange bestehen, bis wir selbst oder jemand, dessen Autorität wir anerkennen, uns vergibt. Wir tun alles, was in unserer Macht steht, um sie zu verbergen, aber die Schuld nagt immer weiter an uns. Unsere Selbstbestrafung wird erst dann aufhören, wenn sich Unschuld und Verbundenheit einstellen.

Jedem System, das zwischen Gut und Böse unterscheidet, liegt die Überzeugung zugrunde, dass du böse bist, auch wenn dein Handeln noch so sehr zeigen soll, dass du ein guter Mensch bist. So funktionieren Dualität und Verstand. Indem wir versuchen, gut zu sein, verstärken wir den Glauben an „Schlechtigkeit", auch wenn wir fast immer der Meinung sind, es seien die anderen, die schlecht sind. Das nährt selbstschädigende Muster, Krankheit und Mangel in dem vergeblichen Bemühen, den Glauben an unsere Schlechtigkeit zu sühnen.

Wenn du über das Glaubenssystem von Gut und Böse nicht hinausgelangst, steckst du für alle Zeit in Angriff und Selbstangriff fest, die durch Schuld genährt werden. Wir verurteilen und greifen die Menschen an, von denen wir glauben, sie seien böse, und wir greifen uns selbst an, wenn wir von uns selbst glauben, dass wir böse sind. Sowohl Angriff als auch Selbstangriff sind Abwehrmaßnahmen, die Schuld verbergen sollen, und diese Abwehrmaßnahmen sind die Grundlage des Egos, die im Wunsch nach Trennung besteht.

Über Konzepte von Gut und Böse hinauszugelangen heißt, ein höheres ethisches Verständnis und größere Einfühlsamkeit dir selbst und anderen Menschen gegenüber zu entwickeln. Über Gut und Böse hinauszugelangen heißt, nicht mehr länger nach Regeln, sondern vielmehr nach Prinzipien zu leben. Nach Regeln zu leben heißt, Dinge aus Angst vor Bestrafung zu tun, und das ist die niedrigste Form von Ethik. Etwas zu tun, weil es von Wahrheit und Liebe geprägt ist, stellt dagegen die höchste Form von Ethik dar. Wir fürchten uns vor Schuld und werden doch von ihr angezogen, weil sie uns einen dunklen Glanz verleiht. Unsere Angst macht Schuld attraktiv, aber es gibt auch Zeiten, in denen es uns gefällt, „schlecht" zu sein oder uns zumindest vorzustellen, dass wir schlecht sind. Alles, wovor wir uns fürchten, zieht uns gleichzeitig an, wie es bei Schuld der Fall ist. Das ist in Ordnung für das Ego, aber weniger gut für das, was wir uns im Hinblick auf Liebe und Erfolg wünschen.

Unser Ego will, dass wir uns schuldig fühlen. Das Ego besteht aus Schuld. Es benutzt unsere Schuld, um uns zu kontrollieren. Es will uns einschränken und glauben machen, dass wir es brauchen, um zu überleben. Wenn wir das Ego tatsächlich kennen würden, wüssten wir jedoch, dass es gerade in diesem Augenblick unseren Tod plant. Sofern wir uns also nicht mit unserem höheren Bewusstsein identifizieren, das sich als Liebe und Vergebung zeigt, glauben wir, dass wir schlecht sind, und bestrafen uns entsprechend. Wenn wir leugnen oder faul sind, bringen wir manchmal auch andere Menschen oder die Welt dazu, uns zu bestrafen.

Uns kann nichts zustoßen, ohne dass unsere Schuld zuvor die Bestrafung verlangt hätte, die zu diesem Ereignis geführt hat. Wäre dem nicht so, gäbe es keine Probleme und kein Bedürfnis nach Schwierigkeiten. Das Ego besteht aus Schuld, benutzt unsere Bestrafung aber auch, um seine Macht zusätzlich auf anderen Wegen zu vergrößern, die Nebenwirkungen unserer eigenen Schuld sind. Dazu gehören dunkler Glanz, Beachtung und sogar Besonderheit, weil unser Handeln zeigt, dass wir ein schlechter Mensch sind. Das Ego nutzt jeden kleinen Rest von Negativität, der vorhanden ist, weil sogar das Ego recycelt.

Willst du dich also deinem Ego oder deiner Unschuld verpflichten? Willst du ein hartes Leben führen und ein Selbstbild stärken, das auf Schuld aufgebaut ist, die nicht einmal wahr ist, oder willst du dein wahres Selbst erkennen? Dich von deiner Schuld zu befreien heißt, den zu verlieren, der du zu sein glaubst, und mehr der zu sein, der du wirklich bist, mehr so zu sein, wie du wirklich erschaffen wurdest. Die höchste Liebe hat dich als Liebe erschaffen. Das kann dir nicht genommen, sondern nur überdeckt werden. Genau das hat das Ego getan. Es hat uns in Selbstkonzepte verpackt, die von Trennung herrühren und Schuld erzeugen. Weil wir die Schuld nicht ertragen können, erschaffen wir daraufhin Selbstkonzepte, die lieb und nett, in Wahrheit aber nur Kompensationen sind. Wir wehren die Schuld ab, indem wir uns genau entgegengesetzt verhalten, um sie zu kompensieren. Es kann jedoch auch sein, dass wir – noch schlimmer – genau die Dinge tun, deretwegen wir uns schuldig fühlen, um uns von der alten Schuld zu befreien. Das funktioniert natürlich nicht, sondern lässt einen Teufelskreis entstehen, der zu den liebsten Tricks des Egos gehört. Dieselbe Tat – zum Beispiel einen Mord – noch einmal zu begehen, um uns von der Schuld eines früheren Mordes zu befreien, deckt diese Schuld nur vorübergehend zu. Schon bald nach dem zweiten Mord schlägt das Ego vor, die Tat erneut zu wiederholen, um uns auch von unserer jüngsten Schuld freizumachen, und so häufen wir Schuld auf Schuld. Schon das Sprichwort sagt: „Der erste Mord fällt immer am schwersten."

Unter dem Vorwand, uns helfen zu wollen, spaltet das Ego unsere augenblickliche Erfahrung von Schuld immer wieder ab, und diese Abspaltung vergrößert nicht nur das Ego und unsere Trennung, sondern lässt außerdem eine geheime Kammer entstehen, die mit Schuld gefüllt ist. Das Ego befreit uns nicht von unserer Schuld, sondern vergräbt sie lediglich. Die Schuld ist nach wie vor da, aber wir haben sie dissoziiert. Infolgedessen wird unser Leben zunehmend schwieriger, obwohl wir hart arbeiten und rechtschaffen sind, und das geht so lange so weiter, bis wir schließlich das Todesurteil akzeptieren, das uns das Ego ausgestellt hat.

Die Alternative, die du hast, besteht darin, jeden und alles zu lieben und immer wieder zu vergeben, weil Vergebung praktische Liebe ist. Dadurch werden die verlorene Verbundenheit und die damit einhergehende Leichtigkeit und Freude allmählich wieder hergestellt. Du investierst entweder in deine eigene Unschuld und in die Unschuld aller Menschen, oder du investierst in deine eigene Schuld und in die Schuld aller Menschen. Es ist an der Zeit, dass du über den Glauben an Gut und Böse hinausgelangst und dir den Glauben an Gut und Unwissend aneignest. „Vater, vergib ihnen, denn sie wissen nicht, was sie tun." Du kannst auch zu einem Glaubenssystem wechseln, das zwischen Gut und einem Hilferuf unterscheidet. Das sind die Investitionen, die dich und die Menschen in deiner Umgebung segnen. Es sind Prinzipien, die Unschuld fördern und keine Gedanken an Schuld hegen. Sie werden für dich arbeiten und dich auf einen Weg bringen, der zu Liebe und Erfolg führt. Das Maß an Glück in deinem Leben gibt dir einen Anhaltspunkt dafür, welchen Weg du bevorzugst. Wenn die Richtung, in die du gerade gehst, dir nicht gefällt, kannst du eine neue Entscheidung treffen.

Unschuld

Unschuld ist Ganzheit. Unschuld bedeutet, dass der Geist rein ist. Es gibt keine Spaltungen, keine Konflikte. Wir sagen nicht das eine und tun etwas ganz anderes. Es besteht keine Notwendigkeit zur Täuschung. Unschuld bedeutet, dass wir jeden und alles durch die Augen der Liebe betrachten. Unsere Wahrnehmung ist von Einheit geprägt. Wir erkennen, dass alles verbunden ist. Ohne Schuld gibt es kein Urteil, und ohne Urteil gibt es kein Leiden. Unschuld bedeutet, dass wir in einer vollkommenen Welt leben. Wir erkennen nur Liebe oder den Schrei nach Liebe. Wenn wir unschuldig sind, ist die Welt unser Freund, weil wir ein Freund der Welt sind. Unschuld bedeutet, dass wir Angriff und Selbstangriff aufgegeben haben. Wir erkennen Gott als unseren höchsten Freund und Geliebten.

Wenn die ganze Welt unschuldig wäre, gäbe es weder Krankheit noch Unfälle, denn es gäbe keinen Grund, uns selbst zu bestrafen. Es gäbe weder Krieg noch Gewalt, denn es gäbe keinen Grund, andere Menschen zu bestrafen, wenn wir uns selbst für unschuldig halten. Die Angst wäre fort, denn Angst ist auf zukünftige Ereignisse gerichtet. Sie wird durch Schuld und die von ihr erzeugte Negativität aus einer Vergangenheit erschaffen, die wir dann auf die Zukunft projizieren. Daraus folgt, dass die Zukunft ähnlich dunkel sein wird wie die Vergangenheit, und wir bekommen Angst vor ihr. Unschuld existiert dagegen in der Gegenwart, und sie erlaubt uns zu empfangen. Ohne Schuld, die uns in der Vergangenheit festhält und die Zukunft als eine Möglichkeit sieht, die Vergangenheit wiedergutzumachen, könnten wir vollkommen offen sein und die Gegenwart genießen. Vollkommen präsent zu sein heißt, über Schuld und dunkle Emotionen hinausgelangt zu sein. Unschuld weiß, dass die Vergangenheit vorüber ist, sobald der Moment endet, sofern wir sie nicht am Leben erhalten, weil sie einem heimlichen Plan des Egos dient. Dieser Plan kann uns niemals glücklich machen. Unser Ego will nicht, dass wir glücklich sind, weil es sich auflöst, sobald Glück gegenwärtig ist.

Wenn die ganze Welt unschuldig wäre, wäre sie ein Ort großer Fülle und Liebe. Es gäbe nicht nur eine Ethik der Partnerschaft und der Zusammenarbeit, sondern auch eine Ethik der Einheit. Die Evolution der Welt würde viel schneller voranschreiten, weil wir füreinander arbeiten und unsere Ressourcen miteinander teilen würden. Wir würden in einer Welt leben, die von enger Freundschaft geprägt ist. Da Unschuld die Basis unseres Lebens wäre, wären Gnade und Wunder an der Tagesordnung. Alle Trennung würde sich auflösen, und wir würden den Himmel auf Erden erleben. Die Liebe wäre grenzenlos, und wir würden von neuem unser *Sein* erfahren, die Grenzenlosigkeit, in der wir erschaffen wurden. Auf diese Weise gelangt das Bewusstsein ganz natürlich auf eine höhere Ebene. Tut es dies nicht, ist das ein Zeichen dafür, dass wir in unterschiedlichen Kombinationen von Bedürfnis, Rebellion und Märtyrertum gefangen sind. Das sind die drei Hauptrollen, die infolge eines Traumas oder durch den Verlust von Verbundenheit entstehen. Das Ego stärkt seine Position durch den Teufelskreis, den diese drei Rollen in Gang setzen. Doch es geschieht auf unsere Kosten. Diese Rollen sind eine Kompensation für Gefühle des Versagens und des Verlustes. Die Rolle der **Bedürftigkeit** birgt außerdem den Teufelskreis von Opfer und Täter. Die Rolle des **Rebellen** geht mit dem Teufelskreis aus Schmerz und Dissoziation einher, und die **Märtyrer**rolle birgt den Teufelskreis aus Unwürdigkeit und Konkurrenz. Sie alle sind imstande, unser Leben in Leblosigkeit oder Drama gefangen zu halten.

Unschuld verbindet uns auf ganz natürliche Weise, und sie beendet die Trennung, den Rückzug und die Aggression, die Schuld erzeugt. Unschuld ist nicht naiv. Naiv ist die Leugnung, die durch das Verstecken von Bedürfnissen, durch Nehmen, Nichtannahme und Schuld entsteht. Unschuld verurteilt nicht, sondern ist erkenntnisfähig. Urteil kann nur aus Schuld heraus entstehen.

Mystiker und Quantenphysiker werden dir sagen, dass die Welt nicht so ist, wie wir sie wahrnehmen. Wir nehmen die Welt durch die Brille unserer Überzeugungen wahr. Alle Überzeugungen sind alte Entscheidungen in Bezug auf uns selbst, und sie stellen die Begrenzungen des Egos dar. Natürlich sind positive Überzeugungen besser als negative Überzeugungen, denn dann nehmen wir eine glücklichere Welt wahr, aber auch sie ist begrenzt. Jede Spaltung, die eine Grenze setzt, birgt Schuld. In dem Maße, in dem wir über die Unwahrheit der Schuld hinausgelangen, wächst aber auch unsere Macht. Wir erleben nicht nur eine glücklichere Welt, die von einem höheren Maß an Einheit geprägt ist, sondern machen auch zunehmend lichtvolle Erfahrungen. Diese Welt birgt ein weit höheres Maß an Liebe, und sie geht unserer Entwicklung voran, in der wir wieder zum Einssein gelangen.

Es ist mir manchmal gelungen, bei Menschen einen Ort des Lichts zu erreichen, an dem sie sich vollkommen unschuldig fühlten. Dieser Ort schien mir der uranfänglichste Bereich ihres Bewusstseins zu sein. Es war ihr *Seinszustand*, ihre geistige Wesensnatur. Sie befanden sich in einem Zustand der Freude und der Verbindung, aber früher oder später strömten die Glaubenssysteme ihres Egos wieder zurück. Man könnte es damit vergleichen, dass man Wasser in einem Schwimmbecken säulenförmig bis zum Boden des Beckens absaugt. Die Säule bewahrt einen kurzen Moment lang ihre Form, ehe das restliche Wasser wieder zurückströmt. Danach ist zwar weniger Wasser im Becken, aber es ist noch lange nicht leer.

Meine Frau und ich haben Menschen getröstet, die wochen-, monate- oder sogar jahrelang in diesem hohen, verbundenen Zustand gelebt und ihn dann wieder verloren haben. Als sie herausfielen, waren sie untröstlich. Für sie war es äußerst wichtig, sowohl ihren Verlust als auch die Anhaftung an diesen hohen Bewusstseinszustand loszulassen, damit sie wieder offen dafür wurden, ihren *Seinszustand* zu erfahren.

Eine unschuldige Welt ist eine glückliche Welt. In dieser Welt gibt es keine „bösen Buben", aber es gibt Menschen, die Hilfe benötigen. Es gibt Menschen, die aufgrund falscher Vorstellungen in die falsche Richtung gehen.

Unschuld ist die Wahrheit. Sie gibt uns unser wahres Selbst sowie die Macht und Herrlichkeit zurück, die jedem Geist innewohnen. Wir alle wollen diese Werte, die wir verloren haben, wiederfinden, und es kann uns gelingen, indem wir nach der Wahrheit streben, die der Unschuld innewohnt.

J'aime

Seit sie laufen konnte, war unsere Tochter J'aime immer keck, furchtlos und von einem überschäumenden Spieltrieb erfüllt. Sobald sie sah, dass ich Liegestütze machte, sprang sie sofort auf meinen Rücken, um „das Pferdchen" zu reiten, während ich weiter Liegestütze machte, so gut es eben ging. Ihr absolutes Lieblingsspiel konnte sie immer dann spielen, wenn ich auf dem Sofa saß und die Zeitung las. Dann „tauchte" sie durch die Zeitung hindurch, landete auf meinem Schoß und wälzte sich laut lachend in den Papierschwaden. Obwohl ich mich im ersten Moment erschreckte, wenn meine Zeitung urplötzlich und aus dem Nichts heraus „explodierte", bekam ich trotzdem immer einen Lachanfall, wenn ich diese ausgelassene Lebensfreude in Form eines unwiderstehlichen kleinen Mädchens sah, das einen Heidenspaß daran hatte, durch die Zeitung ihres Papas hindurch zu tauchen und darin zu schwimmen.

Während eines unserer häufigen Aufenthalte in Vancouver, wo wir viele Seminare gaben, wohnten wir bei Dr. Charles Campbell, einem guten Freund der Familie. Charles war zwar Junggeselle, hatte seine Wohnung aber dennoch mit viel Nippes und etlichen Kunstwerken dekoriert. Wir verbrachten einen sehr angenehmen Abend zusammen, an dem wir den Geburtstag einer gemeinsamen Freundin feierten. Charles hatte eine ganze Reihe von Duftkerzen auf einem Glastisch aufgestellt und angezündet. Ich hatte es mir auf dem Boden bequem gemacht und war gerade dabei, unserer Freundin die Karten zu legen, als urplötzlich ein wirbelnder Blitz durch den Raum gefegt kam und auf meinem Rücken landete. J'aime dachte wohl, ich sei Freiwild, während ich da so auf dem Boden lag. Der Schwung, mit dem sie sich auf mich gestürzt hatte, führte dazu, dass ich gegen den Tisch stieß, der sich daraufhin gefährlich zur Seite neigte. Auf der glatten Glasfläche rutschten die Kerzen sofort nach unten. Das flüssige Wachs löschte glücklicherweise die Kerzenflammen aus, aber innerhalb von Sekundenbruchteilen war eine große Menge Wachs auf den Teppich getropft, wo es langsam erstarrte. Uns allen stockte der Atem, und wir wandten uns zu unserem Gastgeber um, der ziemlich schockiert wirkte. Genau in diesem Moment hob J'aime den Kopf, grinste frech, sah uns der Reihe nach an und krähte laut: „Ich bin unschuldig!"

Schon nach kurzer Zeit lachten wir wieder und hatten unsere fröhliche Stimmung zurückgewonnen. Weil ich früher als Ministrant gedient hatte, wusste ich, wie man mit Hilfe einer braunen Papiertüte und eines heißen Bügeleisens das Wachs wieder aus dem Teppich entfernen konnte. Da kein Schaden entstanden war, gab es auch kein Problem, und im Laufe der Jahre hat diese Geschichte uns immer wieder daran erinnert, dass wir alle unschuldig sind.

Die Geschichte von J'aimes sprühender Lebensfreude und ihrer Erklärung „Ich bin unschuldig!" wird in unserer Familie noch heute immer wieder gerne erzählt. J'aime hat uns damals an eine wichtige Wahrheit erinnert, die bis zum heutigen Tag sehr lehrreich für uns ist.

Befreiung

Schuld und Aggression bilden einen Teufelskreis. Deshalb müssen wir, um uns von unserer Schuld befreien zu können, jede Form von Aggression uns selbst und anderen Menschen gegenüber aufgeben. Damit entscheiden wir uns für die Harmlosigkeit, die unsere Unschuld auf natürliche Weise bewahrt. Um selbst unschuldig zu sein, müssen wir endlich erkennen, dass es keine bösen Buben gibt, denn wenn es böse Buben gibt, tragen wir noch Schuld und die damit verbundenen Abwehrmaßnahmen in uns, die in Urteil, Groll und Schuldzuweisung bestehen. Andere Ausdrucksformen von Schuld sind Unwürdigkeit, Wertlosigkeit, Aufopferung und Rollen. Auch Probleme, Opferrollen und Selbstkreuzigung sind eine Folge von Schuld. Ohne Schuld könnte es alle diese Dinge nicht geben. Schuld ist eine der zerstörerischsten Illusionen, in die wir die Kraft unseres Geistes investiert haben.

Wenn wir uns von dem Opfer in uns selbst befreien wollen, müssen wir uns auch von der Vorstellung befreien, dass es böse Buben gibt, weil zwischen diesen beiden ein Teufelskreis besteht. Wir können nur dann frei sein, wenn wir erklären, dass sowohl wir selbst als auch alle anderen Menschen unschuldig sind. Da das Ego diese Eingebung als Blasphemie betrachtet, greift es die Idee und uns selbst sofort und mit aller Bösartigkeit an, derer es fähig ist. Unschuld für alle Menschen ist jedoch der einzige Weg, der es uns ermöglicht, endlich unsere Freiheit zu erlangen, und wir erlangen sie nicht nur für uns selbst, sondern für alle Menschen. Wenn wir einen einzigen Menschen ausschließen und ihm unser Mitgefühl verweigern, ist das ein Hinweis darauf, dass es in unserem Geist noch einen dunklen Fleck der Schuld gibt, der uns in der Angst festhält und uns daran hindert, die umfassende Liebe zu erfahren. Er verhindert, dass wir das Bewusstsein des Einsseins erfahren, zu dem wir Zugang haben, das aber ausnahmslos alle Kinder Gottes einschließen muss.

Damit wir glücklich sein können, darf es keine bösen Buben geben. Anderenfalls bestrafen wir uns selbst und versuchen, auch die zu bestrafen, die wir für böse Buben halten. Entweder sind alle unschuldig, oder alle sind schuldig. Dazwischen gibt es nichts. Auf welcher Seite möchtest du stehen?

Schuld

Schuld ist eine Emotion und wie alle negativen Emotionen ein Hinweis darauf, dass etwas nicht stimmt. Ihre Negativität kann jedoch transformiert werden, indem unsere Denkweise und unsere Wahrnehmung berichtigt werden. Das ist Heilung, und es befreit uns von dem Schmerz, der uns dazu bringt, auf eine Weise zu handeln, die uns Schmerz verursacht, oder dafür zu sorgen, dass wir dunkle Erfahrungen machen. Schuld ist eines der Hauptwerkzeuge, die das Ego benutzt, um seine Position zu stärken, und es benutzt sie nicht nur, um uns von anderen Menschen zu trennen, sondern auch, um uns von uns selbst und von unserer wahren Identität getrennt zu halten. Schuld verleiht uns eine Identität, der zufolge wir ein Ego in der Welt und nicht ein geistiges Wesen im Zustand des Einsseins sind.

Schuld führt zu Angriff

Während ich an meiner Magisterarbeit schrieb, las ich unter anderem etwas über die Verbindung von Schuld und Aggression. Im Laufe der Zeit habe ich herausgefunden, dass Schuld und Angriff einen Teufelskreis bilden. Schuld führt dazu, dass wir uns selbst und andere Menschen angreifen. Das ist das Vermächtnis des Egos, und weil wir uns auf seine Seite stellen, investieren wir in seine Glaubenssysteme. Das Ego glaubt, dass der beste Weg, uns vor Schuld zu bewahren, darin besteht, andere Menschen anzugreifen, um unsere eigene Schuld zu lindern, was natürlich absurd ist. Da wir das Ego als Berater haben, kann es auch passieren, dass wir uns direkt oder indirekt angreifen, indem wir destruktive Ereignisse herbeiführen. Wir spalten die Schuld in unserem eigenen Geist ab und sehen sie dann in anderen Menschen. Das befreit uns aber nicht von der Schuld. Es verbirgt sie nur. In dem Maße, in dem wir uns selbst oder andere Menschen angreifen, wächst unser Gefühl der Schuld, was in der Abwärtsspirale eines Teufelskreises nur zu mehr Selbstangriff und Angriff auf andere Menschen führt. Schuld ist die destruktivste Kraft, die es auf der Welt gibt.

Der finsterste Eckstein

Der finsterste Eckstein des Egos, sein wahres Fundament, birgt Angriff auf andere Menschen und auf uns selbst. Er erhält unsere Schuld aufrecht. Zuerst versuchen wir, den Angriff vor uns selbst zu verstecken. In dem vorgetäuschten Versuch, uns zu helfen, schlägt das Ego vor, die Schuld abzuspalten, zu dissoziieren und nach außen auf einen anderen Menschen zu projizieren. Damit ist sichergestellt, dass die Schuld in unserem Geist verankert wird, obwohl sie scheinbar verschwunden ist. Das Ego erklärt uns, dass der Versuch, über den Eckstein von Angriff und Schuld hinauszugelangen, unseren Tod bedeuten würde. Dabei ist es das Ego, das sterben würde, denn jenseits des Ecksteins liegt die Freude, die das Ego schmelzen lässt. Dies ist die unaufhaltsame Anziehung von Gottes Liebe, und unser Geist wird unwiderstehlich zu Gott hingezogen.

Die beste Beschreibung dieser Ebene des Egos, die mit Schuld und Angriff zu tun hat, findet sich meiner Meinung nach im Urtext von *Ein Kurs in Wundern*:

> Der finsterste deiner verborgenen Ecksteine hält deinen Glauben an die Schuld aus deinem eigenen Bewusstsein fern. An diesem finsteren und geheimen Ort liegt nämlich die Erkenntnis, dass du Gottes Sohn verraten hast, indem du ihn zum Tod verurteilt hast. Du VERMUTEST nicht einmal, dass diese mörderische, aber wahnsinnige Idee dort versteckt liegt. Der Zerstörungsdrang des Egos ist nämlich so stark, dass nichts weniger als die Kreuzigung des Gottessohnes es letzten Endes zufrieden stellen kann.
>
> Schuld steht deiner Erinnerung an Gott nämlich im Weg, dessen Anziehung so stark ist, dass DU ihr nicht widerstehen kannst. In dieser Frage findet dann die tiefste aller Spaltungen statt, denn wenn du die Schuld BEIBEHALTEN willst, worauf das Ego beharrt, dann KANNST DU NICHT DU SEIN. Nur indem das Ego dich davon überzeugt hat, dass ES du ist, konnte es dich überhaupt dazu bringen, Schuld zu PROJIZIEREN und sie dadurch in deinem Geist zu bewahren.
>
> *Ein Kurs in Wundern*, 4. Oktober 1966, Urtext

49

Was Schuld abwehrt

Das erste, was ich über Schuld gelernt habe, war, dass man sie durch Verstehen und Vergebung heilen kann. Das zweite, was ich über Schuld gelernt habe, war, dass wir sie als Abwehrmaßnahme benutzen, um unsere Angst vor dem nächsten Schritt im Leben zu verbergen. Erste Erfahrungen damit machte ich bei einem Matrosen namens Ashley, mit dem ich 1975 am Drogenrehabilitationszentrum arbeitete. Ashley war gleich mehrfach drogenabhängig und wirkte so, als ob er eher früher als später zum Alkoholiker werden würde. Ashley war meist schüchtern und verschlossen, konnte manchmal aber auch laut und unverfroren sein.

Eines Tages hatten wir unsere erste, sehr intensive Einzelsitzung. Einzelsitzungen dienten als Ergänzung zur Gruppentherapie, die wir am Drogenrehabilitationszentrum durchführten. Schon nach kurzer Zeit erklärte Ashley mir, dass ein Fluch auf ihm laste und er vom Pech verfolgt sei. Als ich ihn fragte, was ihn zu diesem Glauben veranlasste, erzählte er mir, dass er als siebenjähriger Junge ein Gewehr seines Vaters hervorgeholt hatte, dessen Kolben beschädigt gewesen war, damit im Haus herumgerannt war und Cowboy und Indianer gespielt hatte. Er hatte ein Ziel anvisiert und abgedrückt. Er hatte auf die Decke, den Boden, die Lampe und ein Bild an der Wand gezielt und abgedrückt. Dann hatte er auf seinen kleinen Bruder, der schlafend in seiner Wiege lag, gezielt und den Abzug betätigt. In diesem Moment hatte sich eine Kugel gelöst, die in der Kammer steckengeblieben war. Sie hatte seinen Bruder getötet.

Ashley erklärte, dass er sich das nie verziehen hatte und es auch nie tun würde. Ich erklärte ihm, dass dieser Vorfall sein ganzes Leben lähmte. Er benutzte ihn, um nicht weitergehen zu müssen, weil er sich nie dafür verziehen hatte und nie darüber hinweggekommen war. Alles, was ich sagte, änderte nichts daran, dass Ashley sich entschlossen weigerte, seinen Standpunkt zu verlassen oder sich selbst zu vergeben. Er lehnte es ab, die Dinge aus einem anderen Blickwinkel zu betrachten als dem, dass er schuldig war. Dann aber geschah etwas Erstaunliches. Ich konnte eine „Präsenz" im Raum spüren, die Ashleys Bruder zu sein schien. Ich fragte Ashley, ob auch er diese Präsenz spüren könne, und er sagte: „Ja, aber ich habe sie immer ignoriert."

Ich fragte Ashley, ob diese Präsenz versuchte, mit ihm zu kommunizieren, und er spürte, wie sein Arm gedrückt wurde. Ich fragte ihn, ob die Präsenz versuchte, auf diese Weise mit ihm Kontakt aufzunehmen, und er spürte wieder, wie sein Arm an derselben Stelle gedrückt wurde. So etwas war mir in einer Therapiesitzung noch nie passiert, aber ich vertraute dem Prozess und meiner Eingebung. Ich fragte Ashley, ob die Präsenz sein Bruder sei, und der Druck auf seinen Arm verstärkte sich deutlich. Ashley machte diese Erfahrung zuerst ziemlich große Angst, aber als er merkte, dass die Präsenz sein Bruder war, brach er in Tränen aus.

Ich fragte: „Hat dein Bruder versucht, mit dir zu kommunizieren?" Wieder wurde sein Arm gedrückt.

Ich fragte: „Hat er versucht, dir zu sagen, dass du unschuldig bist und dass er dir keine Schuld gibt?"

In diesem Augenblick war die Präsenz im Raum sehr stark zu spüren, und Ashley fühlte wieder einen starken Druck auf seinem Arm.

„Hat dein Bruder vor, dir zu helfen?" Der Arm wurde gedrückt.

„Will dein Bruder in diesem Leben dein Ratgeber sein?" Wieder wurde der Arm gedrückt.

„Bist du bereit, deine Schuld in die Hände deines Bruders zu legen, damit er dich von ihr befreien kann? Er weiß, dass sie nicht die Wahrheit ist." In diesem Augenblick spürte Ashley einen so starken Druck, der seinen Arm hinauf- und hinabwanderte, dass er von seinem Stuhl aufsprang und ausrief: „Wow, ich schätze, er will wirklich, dass ich sie ihm gebe!" Der Druck verstärkte sich.

Daraufhin sagte Ashley: „Ich will sie ihm aber nicht geben. Sie könnte ihm Schaden zufügen."

Ich sagte: „Von seinem Standpunkt aus weiß er, dass sie eine Illusion ist, und sie wird ihm ganz bestimmt nicht schaden." Ashleys Arm wurde gedrückt, um das, was ich gesagt hatte, zu bestätigen.

Ich sagte: „Bist du bereit, die Schuld, die du in dir trägst, in die Schale deiner Hände zu legen und zuzulassen, dass dein Bruder sie dir fortnimmt?"

Genau das tat Ashley. Als sein Bruder ihm die Schuld nahm, spürte er ein Gefühl großer Erleichterung. „Ich fühle mich sauber wie der Frühling", sagte er.

Ich fragte ihn: „Kannst du sehen, dass dein Bruder noch lebt, obwohl er keinen Körper hat?"

„Ja, das kann ich", sagte Ashley. „Ich hätte nie gedacht, dass so etwas passieren könnte."

„Wird dein Bruder für den Rest deines Lebens bei dir sein?"

„Ja!" Ashleys Stimme ertönte klar und voll. Jeder Anflug der früheren Dreistigkeit und Zögerlichkeit war verschwunden.

„Seid ihr hier, um Partner im Leben zu sein?"

„Ja", rief Ashley aus.

Ich war ebenso erstaunt wie Ashley über die Erfahrung, die wir in unserer Sitzung gemacht hatten. Als ich Ashley am folgenden Tag sah, wirkte er so, als sei er über Nacht mindestens fünf Zentimeter gewachsen. Und er hatte noch etwas hinzugewonnen, was ihm bisher gefehlt hatte. Ashley sah aus, als sei er endlich zum Mann geworden. Er ging und redete mit großer Zuversicht und nicht mehr mit der verschwommenen oder lauten Stimme eines zukünftigen Alkoholikers. Ashley brauchte seine Schuld nicht länger, um seine Angst vor dem nächsten Schritt im Leben zu verstecken. Er hatte angefangen, sein Leben wieder mit Leidenschaft zu erfüllen.

Dies war die erste in einer Reihe von Erfahrungen, die ich mit Menschen machte, die einen nahestehenden Menschen verloren hatten. Es passierte nicht immer, dass der verstorbene Mensch präsent war, aber wenn es geschah, konnte ich die Präsenz immer spüren und mir wurde eingegeben, wie ich vorgehen sollte.

Dieser Vorfall ereignete sich 1975. Es dauerte bis 1979, bis mir endlich alles klar wurde und ich erkannte, wie ich selbst Schuld benutzt hatte, um mich meiner Angst vor dem nächsten Schritt in meinem Leben nicht stellen zu müssen. Als ich später das letzte Stadium der Unabhängigkeit – die tote Zone – erforschte, erkannte ich, dass die Phase der Leblosigkeit eine Tarnung für Schuld ist, die in Wirklichkeit nicht nur Angst vor dem nächsten Schritt im Leben, sondern auch Angst vor Erfolg, Partnerschaft und unserer Lebensaufgabe verbirgt. Damals dämmerte mir endlich, dass wir Schuld auch benutzen, um bestimmte Gaben zu verstecken, vor denen wir uns fürchten. Je eingehender ich der Sache nachging, umso klarer erkannte ich, dass jedes Problem eine Abwehrmaßnahme ist, die eine Gabe verstecken soll, vor der wir Angst haben.

Was Schuld und Probleme uns geben, ist Kontrolle. Wir brauchen uns dann nicht den Gefühlen der Unzulänglichkeit und des Kontrollverlustes zu stellen, von denen das Ego felsenfest behauptet, dass wir sie erleben werden, wenn wir eine Gabe von ganzem Herzen annehmen. Seit ich vor über zwanzig Jahren diese Entdeckung gemacht habe, ist das Annehmen der Gabe, die unsere Schuld oder ein Problem verbirgt, nach wie vor einer der mühelosesten Wege, das Problem oder die Schuld aufzulösen.

Das Gegenteil von Schuld

Unschuld ist das Gegenteil von Schuld. Unschuld erneuert unsere Zugehörigkeit, verleiht uns Ganzheit, lässt uns empfangen, stellt unsere Verdienstwürdigkeit wieder her und erzeugt Fluss. Unschuld bringt das Licht und schickt die Dunkelheit des Egos fort. Unschuld öffnet Türen, gibt uns unseren inneren Frieden wieder und ermöglicht Liebe und Fülle. Zu guter Letzt gibt Unschuld uns auch unser *Sein* und die Erinnerung zurück, dass wir im tiefsten Wesen reiner Geist und ein Kind Gottes sind. Unschuld beschützt uns. Sie lässt nicht zu, dass uns etwas zustößt.

Die Welt spiegelt das Elend unseres Egos wider, obwohl sie auch ein Spiegel der Freude und der Sicherheit sein könnte, die von Unschuld herrühren. Unschuld in einer Welt der Schuld ist wie Wasser für die verdorrte Kehle eines Menschen, der sich in der Wüste verirrt hat. Unschuld macht uns frei, obwohl ein genauer Blick auf die Welt, wie wir sie wahrnehmen, uns zeigt, dass die meisten Menschen sich vor Freiheit fürchten. Unschuld beseitigt Trennung und bringt Verstehen. Daraus erwachsen Einfühlungsgabe und Mitgefühl, was den natürlichen Wunsch zur Folge hat, anderen Menschen zu helfen. Unschuld lässt Zugehörigkeit entstehen, und Zugehörigkeit lässt Unschuld entstehen. Das Maß unserer Zugehörigkeit entspricht dem Maß, in dem wir glücklich sind. Somit wird eine positive Spirale erzeugt, eine aufwärts gerichtete Bewegung des Bewusstseins, bis das Bewusstsein selbst zu guter Letzt in der Erkenntnis des Einsseins überschritten wird.

Unschuld bedeutet, dass wir aufhören, uns und andere Menschen zu bestrafen. Unschuld bedeutet, dass es kein Urteil gibt, und deshalb gibt es kein Leiden. Unschuld stellt Partnerschaft, Freundschaft und Liebe wieder her. Unschuld bedeutet, dass nichts zwischen uns und andere Menschen tritt, und deshalb gibt es nur die Verständigung, die von Zugehörigkeit herrührt, und die Gemeinschaft, die durch Verbindung entsteht. Je größer die Unschuld ist, desto glücklicher sind wir und umso größer ist unser Gefühl inneren Friedens. Unschuld bedeutet, dass die Fülle der Ernte und die Süße des Lebens uns gehören. Schwierigkeiten lösen sich auf. Die Liebe wächst, weil es nichts gibt, was uns getrennt halten könnte. Erfolg stellt sich mühelos ein. Im Fluss zu sein und Gnade und Wunder zu empfangen wird zu einer natürlichen, alltäglichen Erscheinung. In dem Maße, in dem Zugehörigkeit wächst, wachsen auch Ekstase und die tiefe Verzückung der Transzendenz. Jeder glückliche Traum im Leben steht uns auf dem kurzen Weg hin zum Erwachen offen, wenn Unschuld unsere einzige Realität wird.

Unschuld bedeutet, dass die unaufhaltsame Anziehungskraft der höchsten Liebe beginnt, ihre Wirkung auszuüben, und dass die Erfahrung des Himmels auf die Erde übertragen wird.

Zugehörigkeit

Zugehörigkeit ist der Weg, der uns zur Ganzheit – und damit nach Hause – führt. In dem Maße, in dem unsere Zugehörigkeit wächst, wächst auch unsere Unschuld, und in dem Maße, in dem unsere Unschuld wächst, wachsen unsere Zugehörigkeit und das Maß an Liebe und Verbundenheit, das wir erfahren. Je mehr wir mit anderen Menschen verbunden sind, umso mehr sind wir mit uns selbst und mit Gott verbunden. Das stärkt unsere mentale, emotionale und geistige Bewusstheit. Unsere Zugehörigkeit und unsere Unschuld wachsen, und wir können dieses Wachstum daran messen, wie sehr wir von Freude erfüllt sind. Es zeigt sich auch daran, wie gesund, erfolgreich und liebevoll wir sind. Zugehörigkeit ist unsere Fähigkeit, kreativ und frei zu sein. Es ist paradox, dass wir uns umso freier fühlen, je größer unsere Zugehörigkeit ist. Das hat zur Folge, dass wir uns selbst in höherem Maße einbeziehen und auch von anderen Menschen in höherem Maße einbezogen werden.

Zugehörigkeit ist die Verbundenheit von Licht und Liebe. Es werden keine Geiseln genommen, und es gibt auch keinen Versuch, sich zu verstecken oder klein zu machen. Je größer unsere Verbundenheit ist, umso geringer ist der Druck, dem wir in unserem Leben ausgesetzt sind. Alles, was Zugehörigkeit fördert, fördert auch die Liebe, und das wiederum fördert sowohl uns persönlich als auch die Evolution der Welt auf unserem Weg zurück zur Freude des Himmels. Jede Heilung bewirkt, dass unsere Zugehörigkeit und das Gefühl inneren Friedens wachsen. Sie erzeugt Fülle, Freude und ein goldenes Leben. Zugehörigkeit ist der Weg, der uns zum Einssein – zur Erfahrung des Himmels – zurückführt.

Zugehörigkeit sühnt auf natürliche Weise für das hohe Maß an Trennung, das wir herbeigeführt haben. In dem Maße, in dem unsere Zugehörigkeit wächst, löst sich die in unserem Unterbewusstsein und in unserem Unbewussten vergrabene Schuld auf, und Karma wird beseitigt. Das führt dazu, dass unser Leben mit Süße und Freude gesegnet wird. Es ist das genaue Gegenteil der „besonderen" Beziehung, in der sich alles immer nur um uns drehen muss. Alles, was eine heilende Wirkung hat – von Vergebung bis hin zu Wundern –, lässt unsere Zugehörigkeit wachsen, indem es sowohl Schmerz als auch Schuld beseitigt und uns Schritt für Schritt mit sich immer weiter ausdehnender Liebe zum Licht führt.

Die Beseitigung von Schuld eint unseren Geist, verringert unsere Konflikte und lässt uns in höherem Maße wir selbst sein.

Der Trugschluss und der Zweck
von Schuld

Schuld ist ein Fehler, und als Fehler kann sie berichtigt werden. Unsere negative Einstellung zu uns selbst und der damit verbundene Selbstangriff können unterbrochen und transformiert werden, wenn wir erkennen, dass Schuld nicht nur unwahr, sondern eine äußerst zerstörerische Vorstellung ist. Wenn wir sie nicht loslassen, gärt und frisst sie ständig an uns. Die Erkenntnis, dass Schuld schon allein aufgrund ihrer Natur dafür sorgt, dass wir uns selbst verurteilen und uns vor uns selbst, anderen Menschen und dem Leben zurückziehen, kann uns dazu bewegen, sie loszulassen. Die Erkenntnis, dass Schuld dazu führt, dass wir uns selbst angreifen, die Schuld aber gleichzeitig auf andere Menschen projizieren und dann sie verurteilen und angreifen, kann uns dazu bewegen, nicht länger in sie zu investieren. Schuld ist eine Sackgasse. Sobald wir uns verpflichten, alle Schuld und den Groll, der sie verbirgt, loszulassen, zeigt sich die heimliche Schuld, die wir in uns tragen, damit wir sie freigeben können. Das ist gut so, denn wir müssen uns von aller Schuld befreien, damit wir frei sein können, weil jede Kammer der Schuld ihre eigenen Probleme erzeugt.

Das Ego stärkt seine Position mit Hilfe von Schuld, und das hat zur Folge, dass es Trennung erzeugt. Es verbirgt unsere Schuld unter der Kompensation guten Verhaltens, aber das dient nur dazu, sie zu verstecken und an ihr festzuhalten. Vielleicht hilft uns das Ego sogar, uns von einem geringen Maß an Schuld zu befreien, um unser Vertrauen zu gewinnen, aber es kann niemals viel sein, weil das Ego selbst aus Schuld besteht. Das Ego benutzt Dissoziation nicht nur, um unsere Schuld zu verbergen, sondern auch, um sie aufrechtzuerhalten. Durch Projektion können wir uns nur scheinbar von ihr befreien, denn Projektion ist die Formel, derer sich das Ego bedient, um unsere Schuld behalten zu können, damit es seine eigene Stellung ausbauen kann, während es uns gleichzeitig verspricht, uns davon zu befreien.

Wir benutzen Schuld hauptsächlich, um uns mit ihrer Hilfe vor Angst zu schützen. Statt den nächsten Schritt zu gehen, um uns dem zu stellen, wovor wir uns fürchten, bleiben wir im „Superkleber" der Schuld hängen. Wir gehen nicht weiter. Wir lernen die Lektion nicht, die das Ego zum Schmelzen bringen und es uns ermöglichen würde, in den Fluss zurückzugelangen. Das Ego bietet uns ein wunderbares Versteck an, wenn wir bereit sind, einen geringen Preis zu zahlen, der in Schmerz und Schuld besteht. Das Ego benutzt Schuld so, dass wir unser Verhalten nicht ändern müssen. Es reicht völlig aus, wenn wir uns schlecht fühlen.

Schuld gibt uns die Möglichkeit, trotz aller negativen Dinge, die wir tun oder getan haben, unser positives Selbstbild zu bewahren. Wir brauchen dafür lediglich den Preis der Schuld zu zahlen. Wir benutzen die Schuld, um negative Dinge, die wir getan haben, von unserem positiven Selbstbild zu trennen. Da wir uns vor der Schuld fürchten, wollen wir sie nicht in unser Selbstbild integrieren. Wir glauben, dass es unserer Meinung von uns selbst schaden würde, und erkennen nicht, dass Integration die Negativität auflösen und die Energie der Dinge, die negativ waren, benutzen würde, um ein höheres Maß an Ganzheit, Gleichgewicht und positivem Fluss zu erzeugen.

Wir benutzen Schuld als Ausrede, um uns nicht zeigen zu müssen. Schuld erzeugt Unwürdigkeit, und das Gefühl, unwürdig zu sein, gibt uns die Ausrede, die wir brauchen, um uns verstecken zu können.

Wir benutzen Schuld, um uns zu schützen. Zumindest glauben wir das. Das Selbst, das wir mit der Zeit aufgebaut haben, wird durch unsere Schuld verteidigt. Gleichzeitig bestrafen wir uns für diese Schuld.

Eine weitere Belohnung, die Schuld uns ermöglicht, ist der dunkle Glanz unserer Besonderheit, die daher rührt, dass wir schlecht sind und so viel Schuld auf uns geladen haben. Schuld hält uns in der Vergangenheit und in der Angst gefangen, dass die Zukunft genauso sein wird. Das lähmt sowohl unser Leben als auch die Art und Weise, in der wir die Welt wahrnehmen. Es schützt aber unsere Angst vor der Veränderung, von der das Ego uns glauben macht, dass sie schlimmer als die Gegenwart ist und eine Zukunft birgt, mit der wir nicht werden umgehen können.

Wenn wir schuldig sind, bekommen wir Recht in Bezug darauf, wie eine Situation war. Dies ist eine Kompensation, und wenn wir die Schuld kompensieren, werden wir selbstgerecht und starrsinnig.

Wir benutzen Schuld, um etwas über uns selbst, das Leben oder andere Menschen zu beweisen, und verstärken damit unsere Glaubenssätze und Selbstkonzepte. Sie bilden unser Ego, das als Rechtfertigung dafür, wie es ist, auf die Dinge verweist, an denen es anderen Menschen die Schuld gegeben hat.

Unsere Herzensbrüche sind mit Schuld verbunden. Wir geben anderen Menschen die Schuld an unserem Schmerz und benutzen ihn, um uns zu rächen. Schuld erhält das Opfer-Rache-Muster am Leben und verbirgt, dass unsere heimliche Zurückweisung des betreffenden Menschen unseren Schmerz verursacht hat. Wir handeln so, weil es uns die Möglichkeit gibt, unabhängig zu werden, und weil wir uns vor einer höheren Stufe von Erfolg, Nähe und Verbundenheit fürchten.

Wir setzen Schuld auch ein, um in Konkurrenz zu anderen Menschen zu treten, indem wir ein Verlierer-Gewinner-Spiel spielen, dabei aber auf dem hohen Ross sitzen und zeigen, dass wir moralisch überlegen sind. In Wirklichkeit setzt unsere Schuld einen Teufelskreis aus Überlegenheit und Unterlegenheit in Gang.

Schuld verbirgt unsere Ängste, vor allem die Angst vor Erfolg, Nähe, Verpflichtung, Veränderung, unserer Lebensaufgabe oder dem Sprung auf eine neue Ebene und, nicht zuletzt, unsere ursprünglichste Angst – die Angst vor Gott.

Wir benutzen Schuld, um uns selbst oder andere Menschen zu kontrollieren. Die Schuldgefühle, die wir anderen Menschen auferlegen, sorgen dafür, dass Verbitterung und Groll bei ihnen wachsen, bis sie schließlich nicht mehr bereit sind, sich noch länger kontrollieren zu lassen.

Schuld gibt uns die Möglichkeit, Dinge zu tun, die wir tun wollen, oder Dinge nicht tun zu müssen, die wir nicht tun wollen. Sie dient den Zwecken unseres Egos und passt insofern in seine Pläne, als dass sie durch Trennung gedeiht und verhindert, dass wir uns an den Himmel, die Erkenntnis des Einsseins, erinnern.

In letzter Konsequenz benutzen wir chronische Schuld, um gegen Gott zu kämpfen und zu beweisen, dass er uns falsch eingeschätzt hat. Das gibt uns die Möglichkeit, die Trennung aufrechtzuerhalten und unseren eigenen Weg zu gehen. Die Selbstbestrafung, der Mangel und die schlechten Zeiten, die von Schuld herrühren, sollen beweisen, dass „Gott ein schlechter Gott ist und deshalb nicht Gott sein sollte. Ich sollte Gott sein." Wir geben Gott die Schuld an dem, was wir getan haben, denn Gott hätte uns diese Dinge niemals antun und trotzdem Gott bleiben können.

Schuld und Verantwortung

Schuld erweckt den Eindruck, dass sie Verantwortung übernimmt, ist in Wahrheit aber sehr gewieft darin, ihr aus dem Weg zu gehen. Sie setzt Selbstvorwürfe an die Stelle von Verantwortung. Sie setzt Schuld an die Stelle von Verantwortung, was zur Folge hat, dass wir uns schlecht fühlen, steckenbleiben und von Reue erfüllt sind. Das bedeutet, dass wir nicht weiterkommen, und unser Ego ist glücklich. Diese Form von Selbstangriff verdrängt unsere Fähigkeit, auf andere Menschen einzugehen, und unsere Bereitschaft, etwas zu lernen, uns zu verändern und den richtigen Weg zu finden. Verantwortung ist die Fähigkeit zu antworten.[1] Sie geht ganz natürlich auf andere Menschen ein. Schuld „antwortet nicht", weil sie ihr Augenmerk auf die falsche Sache richtet, nämlich auf uns selbst. Insgeheim nährt Schuld den dunklen Glanz und unseren Wunsch danach, etwas Besonderes zu sein. Schuld drückt uns nieder und erlegt uns eine Bürde auf. Das ist mit Sicherheit wenig hilfreich, wenn es darum geht, auf einen anderen Menschen oder auf eine Situation einzugehen. Schuld beeinträchtigt unsere Lernfähigkeit und setzt dunkle Lektionen an die Stelle unserer Lernbereitschaft. Schuld macht unsere Motivation, etwas zu lernen, zunichte, weil wir die Antwort bereits kennen und es deshalb nichts Neues zu entdecken gibt. Unsere Antwort ist Selbstverurteilung. Das hebt die Wahrheit auf und zerstört die echte Beziehung zu uns selbst und anderen Menschen. Außerdem sorgt es dafür, dass wir Problemsituationen hilflos gegenüberstehen. Die unechte psychologische Reaktion, die auf Schuld beruht, hat zur Folge, dass wir entweder zu stark oder nicht stark genug reagieren. Schuld blockiert Eingebung, wenn es darum geht, Antworten zu finden, investiert in Illusionen und trübt unseren Verstand. Weil wir in unserem Geist unwahre Verbindungen hergestellt haben, sorgt sie dafür, dass wir Zeit verschwenden, statt den Weg zu finden, der hindurchführt.

---

1 Anm. der Übersetzerin: Verantwortung (engl. „responsibility") ist die Fähigkeit zu antworten (engl. „response-ability").

Daniels Geschichte

Daniel war ein emotionales Wrack und rief hartnäckig immer wieder bei meinen Mitarbeitern an, um meine Hilfe einzufordern. Also nahm ich in meinem vollgepackten Terminkalender einige Änderungen vor, damit ich ihn einschieben konnte. Im Laufe der Jahre hatte ich etliche Telefonsitzungen mit ihm absolviert und war ihm auch mehrmals persönlich begegnet, wenn er an einem Workshop teilnahm, den meine Frau und ich leiteten. Er schien ständig vor irgendwelchen unmöglichen oder chronischen Problemen zu stehen, die er bewältigen musste. Im Moment steckte Daniel mitten in einer äußerst unerfreulichen Scheidungsgeschichte. Er hatte sich wegen seiner vergangenen sexuellen Fehltritte so schuldig gefühlt, dass er nicht damit hatte umgehen können, als seine Frau Janice in die unabhängige Rolle schlüpfte und ihrerseits eine Affäre hatte. Sie hatte die Kinder verlassen und war zu ihrem Freund gezogen. Daraufhin war Daniel wieder in das gemeinsame Haus eingezogen und hatte glücklich und zufrieden die Mutterrolle für die Kinder übernommen.

Janices Affäre dauerte nicht lange. Sie zog wieder in das gemeinsame Haus ein, woraufhin Daniel wieder auszog. Nach außen hin schien Daniel die ganze Sache nichts auszumachen. Er wollte ihr das Haus überlassen und die Scheidungsvereinbarung, die sie vor Gericht eingefordert hatte, nicht anfechten. Weil er sich schuldig fühlte, erklärte er, dass er Janice und den Kindern die Sache so einfach wie nur möglich machen wolle. Daniel unterrichtete Weltreligion an einer Universität. Er betrachtete sich als spirituellen Menschen und hatte bereits mehrere Jahre mit dem Prinzip der Eigenverantwortlichkeit gearbeitet.

Daniel selbst war immer noch dabei, die Trennung von seiner letzten Freundin zu verarbeiten. Er hatte bereits mehrere Male an seinen zerbrochenen Beziehungsträumen und an seiner Unfähigkeit, Dinge loszulassen, gearbeitet. Nachdem diese Themen nun weitgehend hinter ihm lagen, wollte Daniel an dem Thema arbeiten, das Francine, seine neunjährige Tochter, betraf. Francine lag in einem ständigen Kampf mit ihrer Mutter. Das ging sogar so weit, dass seine Frau mehrmals das Jugendamt eingeschaltet hatte, das nun seinerseits damit drohte, ihr Francine beim nächsten Mal wegzunehmen. Trotzdem weigerte sich Janice, sie bei ihrem Vater leben zu lassen. Janice reagierte zunehmend irrational und gab sowohl Daniel als auch Francine die Schuld an allen ihren Problemen. Die beiden älteren Kinder schien die ganze Sache weniger zu berühren, aber Francine reagierte entweder mit Verbalattacken auf ihre Mutter oder bettelte regelrecht um ihre Liebe. Beide Verhaltensweisen veranlassten Janice dazu, Francine von sich fortzustoßen. Ihr Kampf wurde immer erbitterter, und Daniel fühlte sich hilflos und verzweifelt. Also rief er immer wieder an, um eine Sitzung zu vereinbaren, bis ich endlich die Zeit fand, ihn zu sehen.

Nachdem Daniel mir kurz berichtet hatte, was in der Zwischenzeit mit seiner Frau und seiner Tochter passiert war, stiegen wir gleich ein. Ich fragte ihn, wenn er es wüsste, welche unterbewusste Botschaft er dann seiner Frau vermittelte, indem er dafür sorgte, dass seine Tochter sie angriff. Ohne einen Moment zu zögern, erwiderte Daniel: „Du bist eine geistesgestörte, miese Schlampe."

„Wow", sagte er daraufhin, „eine so klare intuitive Antwort habe ich ja noch nie bekommen."

Trotz des gutmütigen „Ich-tue-alles-was-du-willst"-Verhaltens, das Daniel an den Tag legte, waren seine Schuldgefühle also mit einem extrem hohen Maß an versteckter Aggression verbunden.

Ich erklärte Daniel daraufhin noch einmal eingehend, dass jeder Machtkampf eine große zerstörerische Wirkung auf eine Familie ausübt und dass er, wenn er tatsächlich an einer Lösung interessiert war, seine unterbewusste Geisteshaltung seiner bewussten Einstellung anpassen musste. Daniel wusste das alles schon und lachte hin und wieder hämisch, als ihm bewusst wurde, dass er seine Frau durch das Verhalten seiner Tochter unmittelbar bestrafte und ihr damit klar machte, was für eine schlechte Mutter sie war. Im Laufe des Gespräches erkannte Daniel, dass sein Verhalten eine Abwehrmaßnahme war, die seine Schuld überdecken sollte, weil er glaubte, in den ersten Jahren ihrer Ehe ein schlechter Vater gewesen zu sein.

Daniel und ich führten daraufhin eine Zentrierungsübung durch, die die gesamte Familie einschloss, denn nachdem ich ihm erklärt hatte, dass alles, was er gegen seine Ex-Frau unternahm, sich automatisch auch gegen seine Kinder und ihn selbst richtete, war Daniel nun wieder vorbehaltlos bereit, ihr zu helfen. Umgekehrt galt natürlich, dass alles, was er tat, um seiner Ex-Frau zu helfen, automatisch auch seinen Kindern und ihm selbst zugutekam.

Das war für Daniel eine große Motivation, die Sache in Ordnung zu bringen. Die Übung der Zentrierung, die wir durchführten, klappte reibungslos und klärte mehrere Schichten aus Schuld und Angriff. Auf der unterbewussten Ebene schien die Sache damit abgeschlossen, aber auf einer tieferen Ebene schien es noch etwas zu geben, das sich ebenfalls auf die Situation auswirkte.

Als wir der Sache auf den Grund gingen, stellte sich heraus, dass Daniel auf der tiefsten Ebene des Bewusstseins wieder einmal in einen Kampf mit Gott verstrickt war. Er gab Gott die Schuld an dem, was er – Daniel – selbst getan hatte. Er entdeckte, dass die schmerzliche Situation für ihn eine Möglichkeit darstellte, Gott zu bekämpfen. Daniel benutzte seine eigene Schuld und die Tragik der Situation, um Liebe zurückzuweisen. Es überraschte ihn nicht, eine neuerliche Schicht seines Kampfes mit Gott zu entdecken, weil dies seit Jahren ein wiederkehrendes Thema war. Was ihn aber sehr überraschte, war die Tatsache, dass er den Mangel, der zeitweilig in seinem Leben herrschte und der Geld, seinen inneren Frieden und neuerdings auch Liebe und Sex betraf, benutzt hatte, um zu beweisen, dass Gott ein schlechter Gott war.

Daniel war – noch mehr als die meisten Männer – besessen von Frauen und Sex. Er erkannte, dass die Suche nach dem „perfekten Gegenstück" ihn dazu gebracht hatte, so viele Affären einzugehen, und zwar als alleinstehender wie als verheirateter Mann. Im weiteren Verlauf unseres Gesprächs wurde ihm klar, dass er geglaubt hatte, seine letzte Freundin – die ihn gezwungen hatte, sich seinen zerstörten Beziehungsträumen zu stellen – sei „die Eine" und seine Suche habe endlich ein Ende. Ich zeigte ihm, dass die Beziehung durch seine obsessive Suche und durch die Tatsache, dass er seine letzte Freundin auf einen so hohen Sockel gestellt und so viele Bedürfnisse und Erwartungen mit ihr verbunden hatte, zum Scheitern verurteilt gewesen war. Das verstand er sofort und erkannte, dass auf einer tieferen Ebene sein Festhalten an einer früheren Freundin die Beziehung zu seiner letzten Freundin sabotiert hatte. Er erkannte auch, dass er Gott die Schuld an seiner verlorenen Liebe und an seinem Mangel an Befriedigung gegeben hatte. Ich wies ihn darauf hin, dass Gott von seinem Wesen her allen alles gibt und dass es deshalb daran liegen musste, dass er mit Gott kämpfte und Gott die Schuld an dem gab, was er – Daniel – nicht bereit war zu empfangen.

Nachdem Daniel diese Erkenntnis eine Weile auf sich hatte wirken lassen, konnte er Gott auf einer ganz neuen Ebene vergeben und auch die Tür zu der Liebe öffnen, die er gesucht, insgeheim aber fortgestoßen hatte.

Am Ende der Sitzung erklärte Daniel, er fühle sich offen und spüre ein nie zuvor gekanntes Gefühl des Friedens. Er machte sich Gedanken darüber, wie er Francine und Janice helfen konnte, und er war zuversichtlich, dass die Situation innerhalb der Familie bald in Ordnung kommen würde.

Die Heilung innerhalb der Familie geschah tatsächlich sehr schnell. Sechs Monate später war Daniel mit „der Frau seiner Träume" verlobt, und im Gegensatz zu seiner unglücklichen und dysfunktionalen Situation der vorherigen Jahre schien sich das Blatt des Erfolges, der Fülle und des Glücks für ihn nun gewendet zu haben. Bald darauf war er verheiratet, und ein weiteres Kind war unterwegs. Zum ersten Mal war Daniels Glück nicht nur vorübergehend, sondern von Dauer.

Der Teufelskreis der Schuld

Schuld bildet einen eigenen Teufelskreis. Bei allem, was einen eigenen Teufelskreis bildet, handelt es sich um eine ursprüngliche negative Emotion. Wenn du dich schuldig fühlst, hast du eine negative Einstellung zu dir selbst. Deine Schuld und die schlechten Gefühle bauen sich auf, bis du glaubst, dich selbst bestrafen zu müssen, um ein wenig Erleichterung zu erlangen. Die Erlösung ist jedoch nur vorübergehend, denn sowohl die Tatsache, dass du dich schlecht fühlst, als auch die Selbstbestrafung führen automatisch dazu, dass du dich noch schlechter fühlst. Deine Situation hat sich also verschlechtert, und du hast eine noch negativere Einstellung zu dir selbst. Das bewirkt, dass du glaubst, dich noch härter bestrafen zu müssen. Gefühle der Unwürdigkeit, des Versagens und der Wertlosigkeit kommen hinzu. Das führt in einer abwärts gerichteten Negativspirale hin zu einem immer ausgeprägteren selbstzerstörerischen Verhalten, hervorgerufen durch deine Schuld.

Weil Schuld sich mit anderen negativen Emotionen zusammenschließt, erzeugt sie nicht nur einen Teufelskreis, sondern einen regelrechten Brandungsrückstrom, der sich zu einer Abwärtsspirale entwickelt, die Schmerz aufrechterhält und die Position des Egos stärkt. Wenn du dich schuldig fühlst und dich angreifst, dann ist dieser Angriff nicht nur nach innen gerichtet, weil – um es mit den Worten von *Ein Kurs in Wundern* zu sagen – Angriff nicht vereinzelt ist. Wenn wir uns selbst angreifen, ist dieser Angriff immer auch auf die Menschen in unserer Umgebung gerichtet. Rückzug wird durch Schuld erzeugt, ist aber auch eine Form von Ärger. Sowohl „Kampf" als auch „Flucht" sorgen dafür, dass die Angst wächst. Wenn die Angst wächst, fühlen wir uns schlecht, weil wir im gleichen Maße schrumpfen, und deshalb setzt sich die Abwärtsspirale fort und wir sind in einem Teufelskreis gefangen, ohne unsere Erfahrung jemals zu hinterfragen oder zu bewerten. Wir erkennen nicht, dass unsere Verwicklung in einen derartigen Teufelskreis nicht nur unnötig, sondern auch eine Verschwendung von Zeit und Energie ist, gar nicht zu reden von dem Leiden, das Schuld erzeugt. Wenn die tiefe innere Angst zu groß wird, ordnen wir eine noch weitergehende Bestrafung für uns selbst an in dem Versuch, den Schmerz zu lindern. Dabei erreichen wir aber nur, dass er sich weiter verstärkt. Wir dissoziieren und projizieren, aber dadurch wird nicht die Schuld selbst verringert, sondern lediglich unsere Wahrnehmung der Schuld.

Ein ganz einfacher Weg, einem anderen Menschen zu vergeben und so die Bürde deiner Schuld zu verringern, besteht darin, ihn anzuschauen und die Entscheidung zu treffen, dich nicht für das zu verurteilen, was du in ihm siehst.

Wann Schuld entsteht

Schuld beginnt in der Regel im Mutterleib oder sogar bereits bei der Empfängnis. Wo immer wir unsere Verbundenheit verlieren, ist Schuld nicht weit. Im Mutterleib und bei der Empfängnis nehmen wir alle Gefühle unserer Eltern wahr. Diese Erfahrung habe ich Mitte der siebziger Jahre zum ersten Mal gemacht, nachdem ich begonnen hatte, die Intuitive Methode einzusetzen, und sie hat sich im Laufe der Jahre bei vielen Klienten immer wieder bestätigt.

Vor einiger Zeit habe ich mit einer Frau namens Martha gearbeitet, die sich zum Zeitpunkt ihrer Empfängnis ungewollt fühlte. Weil ihre Mutter sich ungeliebt fühlte und ihr Vater unglücklich war, bezog Martha diese Emotionen auf sich und schloss daraus, dass sie nicht gewollt war. Außerdem glaubte sie, dass sie die Schuld an allen späteren Problemen der Familie trug, einschließlich der Gewalttätigkeiten ihres Vaters gegenüber ihrer Mutter und ihren Geschwistern. Sie versuchte, ein möglichst braves Mädchen zu sein, weil sie hoffte, dass die Gewalttätigkeiten ihres Vaters dann aufhören würden. Sie ging diesbezüglich sogar einen Handel mit Gott ein, der aber nicht erfolgreich war. Die gewalttätigen Übergriffe des Vaters betrafen niemals sie selbst, sondern immer nur den Rest der Familie. Sie wurden im Laufe der Jahre zwar weniger, hörten aber nie ganz auf. Martha begann schließlich ein religiöses Leben als buddhistische Nonne und versuchte, ein möglichst reines Leben zu führen, um ihrer Familie zu helfen. Das kompensierte ihre Schuldgefühle, konnte sie aber nicht lindern. In einem Workshop wurde sie schließlich als Fokusperson ausgelost und konnte endlich über dieses Problem und ihre Gefühle der Wertlosigkeit sprechen.

Mit Hilfe der Intuitiven Methode führte ich sie zum Zeitpunkt ihrer Empfängnis zurück, und sie konnte erkennen, dass die Beziehung ihrer Eltern vollkommen aus dem Gleichgewicht geraten war, was zur Folge hatte, dass ihre Mutter sich ungeliebt und ihr Vater sich unbefriedigt fühlte. Sie erkannte, dass sie das Gefühl der Zurückweisung, das ihre Mutter empfand, auf sich selbst bezogen und geglaubt hatte, ihre Mutter lehne sie ab. Als sie erkannte, dass ihre Mutter sie in Wirklichkeit nicht ablehnte, sondern selbst das Gefühl hatte, nicht geliebt zu werden, fiel es Martha leicht, ihrerseits zu erkennen, dass sie diejenige war, die ihre Mutter zurückgewiesen hatte. Als Martha klar wurde, dass alles ein Missverständnis gewesen war, öffnete sie die Tür zur Liebe ihrer Mutter und zu ihrer eigenen „Liebenswürdigkeit", die sie ihr ganzes Leben lang vermisst hatte. Daraufhin konnte sie erkennen, dass sie entgegen ihrer bisherigen Auffassung nicht das Leben ihrer Eltern ruiniert hatte, sondern in Wirklichkeit tief in ihrem Inneren glaubte, *dass ihre Eltern ihr Leben ruiniert hatten*. Sie konnte erkennen, dass der ursprüngliche Fehler darin bestand, dass sie das Ungleichgewicht in der Beziehung ihrer Eltern falsch verstanden hatte und dass sie in Wirklichkeit die Gaben der Liebenswürdigkeit und der Gleichheit in dieses Leben mitgebracht hatte, um ihren Eltern zu helfen, ihre Beziehung zu transformieren. Dann stellte sie sich vor, wie sie als Kind diese Gaben mit ihren Eltern teilte.

Anschließend rief Martha sich eine der entsetzlichsten Situationen in ihrem Leben in Erinnerung. Als Säugling hatte man sie oben auf dem Kühlschrank abgelegt, während ihr Vater ihre Mutter, ihre Schwestern und ihren Bruder verprügelte. Martha fühlte sich hilflos, wertlos und als Versagerin, was zur Folge hatte, dass sie beschloss, ihr eigenes Leben aufzugeben, um ihre Familie zu retten. Dies war einer der Gründe dafür, warum Martha beschlossen hatte, Nonne zu werden.

Ich wollte eine Zentrierungsübung durchführen und bat Martha daher, aus dem Kreis der Teilnehmer des Workshops die Personen auszusuchen, die in der Aufstellung die Rolle ihrer Familienmitglieder spielen sollten. Martha stellte sie in einer räumlichen Entfernung zueinander auf, die ihrer damaligen emotionalen Distanz entsprach. Danach forderte ich Martha auf, jemanden auszuwählen, der die Rolle des Buddha übernehmen sollte, und bat sie, sich gemeinsam mit „Buddha" in der Mitte des Raumes aufzustellen. Jedes Mal, wenn Buddha den Familienmitgliedern ein Zeichen gab, traten sie von dort, wo sie standen, einen Schritt auf die Mitte des Raumes zu. Als die Familienmitglieder näher kamen und sich damit zunehmend weiter von der Trennung entfernten, die das Trauma erzeugt hatte, brachen einige von ihnen in Tränen aus. Schließlich gab Buddha allen ein Zeichen, die letzten Schritte zu gehen, um in ihre Mitte zurückzugelangen, was die Verbundenheit aller Familienmitglieder wiederherstellte. Marthas Familie umarmte einander unter Tränen der Freude, und viele Teilnehmer des Workshops, die Zeugen der Heilung wurden, brachen spontan in Tränen aus, während die heilenden Energien auch die Horrorszenen ihrer eigenen Kindheit befreiten.

Nachdem ich die Intuitive Methode entdeckt hatte, mit deren Hilfe ich Zugang zum Unterbewusstsein erlangte, erlebte ich immer wieder, dass traumatische Situationen im Mutterleib oder während der Kindheit negative Muster in Gang gesetzt hatten, die einen Menschen für den Rest seines Lebens belasten konnten. Sobald das Missverständnis, das der Wurzel des Musters zugrunde lag, transformiert war, löste sich das gesamte Muster der Schuld und der Selbstschädigung jedoch auf und verwandelte sich in ein Muster des Erfolges.

Schuld und deine Lebensaufgabe

Der Schlüssel zum Glück liegt darin, dass wir unsere Lebensaufgabe leben. Schuld ist der Schlüssel zum Unglücklichsein, weshalb beide in krassem Gegensatz zueinander stehen. Das Maß, in dem wir unsere Lebensaufgabe leben, können wir daran erkennen, wie erfüllt unser Leben ist. Alles andere ist Schuld und eine Ausrede, damit wir uns nicht zeigen müssen, weil wir uns vor unserer Lebensaufgabe fürchten. Das Ego macht eine große Sache aus unserer Lebensaufgabe. Es erzählt uns, wie gewaltig sie ist und wie viel harte Arbeit mit ihr verbunden ist. Es erklärt uns, dass es uns deshalb niemals gelingen wird, sie zu erfüllen. Dann bietet es uns Möglichkeiten an, davonzulaufen und uns zu verstecken. Alle diese Möglichkeiten haben Schuldzuweisungen und Schuld zur Folge, und keine davon macht uns glücklich. Manche haben mit der Suche nach Vergnügen und mit Schwelgen zu tun. Von anderen behauptet das Ego, dass sie Schmerz verhindern sollen, weil sie aber die Verbundenheit zerstören, ist es tatsächlich so, dass sie Schmerz erzeugen. Sie benutzen Angst, um Angst zu beseitigen, und erzeugen weitere Schuld, um sich durch Selbstbestrafung, Projektion und Schuldzuweisung von ihr zu befreien. Alle diese Methoden erschaffen Schuld. Je größer unsere Schuld ist, umso mehr wenden wir uns von unserer Lebensaufgabe ab, die darin besteht, dass wir glücklich sind oder das tun, was uns glücklich macht.

Unsere Lebensaufgabe zeigt uns, was der Heilung bedarf, damit wir glücklich sein können. Zudem ist sie unser heiliges Versprechen in Bezug auf den Beitrag, den wir im Leben anderer Menschen leisten wollten. Unsere Lebensaufgabe ist das, was zu tun wir versprochen haben und was nur wir allein tun können. Wenn wir es nicht tun, bleibt es ungetan. Nicht zuletzt besteht ein Teil unserer Lebensaufgabe darin, die Welt zu retten. Das geschieht, indem wir aus dem Traum erwachen. Die Vorstufe dazu ist das Erwachen aus unserer Schuld, die eine Welt der Illusion als real aufrechterhält. Wenn unser Leben in dieser Welt ein Alptraum ist, dann scheint uns die Welt sehr real. Unser Mangel an Erfolg – ganz gleich, in welchem Lebensbereich – ist eine Folge unserer Schuld, und das Maß an Schuld, das wir haben, entspricht dem Maß, in dem wir unserer

Lebensaufgabe aus dem Weg gehen. Unsere Lebensaufgabe zu erfüllen ist das wichtigste Prinzip, wenn es darum geht, ein glückliches und kreatives Leben zu führen. Danach kommen unsere Beziehungen und unsere Familie.

Unsere Lebensaufgabe ist unsere Berufung. Sie kann uns Angst machen, uns aber gleichzeitig auch fesseln. Unsere Angst zeigt uns, in welchem Maße wir uns auf die Seite des Egos gestellt haben. Alle Traumata und dunklen Geschichten unseres Lebens zeigen uns, wie sehr wir vor unserer Lebensaufgabe davonlaufen. Sie zeigen uns auch, wie sehr wir der Geschichte unseres Egos glauben, *dass wir unsere Lebensaufgabe aus eigener Kraft vollbringen müssen*. Das zeigt einen Mangel an Verbundenheit und Partnerschaft mit anderen Menschen und mit dem Himmel. Es zeigt auch, wie groß der Stress ist, den wir uns selbst bereiten, indem wir alles auf unsere Schultern laden und dafür sorgen, dass alles sich darum dreht, dass *wir* es tun. Ohne Gnade wäre unsere Lebensaufgabe mit zu viel Arbeit verbunden und viel zu groß, als dass wir sie vollbringen könnten. Mit Gnade brauchen wir uns nur zu zeigen, bereit zu sein und zuzulassen, dass sie durch uns vollbracht wird. Das hat zur Folge, dass wir uns von unserer besten Seite zeigen. In dem Maße, in dem wir zulassen, dass der Himmel unsere Lebensaufgabe durch uns vollbringt, werden wir transzendent, sorgenfrei, vergnügt und unbekümmert.

Schuld führt zu Selbstzentriertheit und sorgt dafür, dass alles mit möglichst großen Schwierigkeiten verbunden ist. Unterdessen bekommen wir den besten Kamerawinkel für unser Profil, während wir versuchen, es allen Widrigkeiten zum Trotz doch noch zu schaffen.

Die Zahl der Probleme, die wir im Leben haben, entspricht dem Maß, in dem wir vor unserer Lebensaufgabe davonlaufen. Das Maß, in dem wir anderen Menschen die Schuld an unseren Problemen geben, zeigt, in welchem Maße wir Schutz vor unserer Lebensaufgabe suchen. Unsere eigene Unschuld und die Unschuld anderer Menschen schenken uns die notwendige geistige Ruhe, die wir brauchen, um die Führung und die Inspiration wahrnehmen zu können, die es uns ermöglichen, unsere Lebensaufgabe zu erfüllen.

Die Geschichte deines Lebens

Du erzählst eine Geschichte über dein Leben. Sie ist dein Meisterwerk, in dem du die Rolle des guten Buben spielst. Du bist der Held, der allen Widerständen und jedem Angriff zum Trotz überlebt hat. Es gibt böse Buben, die dich – unschuldig, wie du bist – zum Opfer gemacht haben. Alle Schuld liegt ausschließlich bei anderen Menschen und bei den verletzenden Dingen, die dir angetan wurden. Du bist ein guter Mensch, und du beweist es immer wieder, indem du das unschuldige Opfer bist. Die Konflikte, in denen du dich befindest, und die vielen Kämpfe, die du zu bestehen hast, zeugen von deiner leidgeprüften Herzensgüte. Deine Eltern sind vermutlich die Hauptkandidaten, wenn es darum geht, die Menschen in deinem Leben aufzuzählen, die Fehler gemacht und dir Unrecht getan und damit die perfekte Opfergeschichte in Gang gesetzt haben. Sie haben dich nicht verstanden oder dich nicht hundertprozentig akzeptiert. Sie haben dich nicht so geliebt, wie du es verdient hattest, und dich nicht so getröstet, wie du es gebraucht hättest. Du führst eine Liste der bösen Buben, die es in deinem Leben *ständig* gegeben hat: Lehrer, Beziehungen, Vorgesetzte und so weiter. Sie alle sind deine „Verfolger", die bösen Buben in deinem Leben. In deiner Opfergeschichte gibt es aber immer auch eine Konstellation aus Angst, Schuld und Geschichten der Rache. Du hast alles getan, was in deiner Macht stand, um zu beweisen, dass du nicht schuldig bist, aber alles, was du zu beweisen versuchst, glaubst du in Wirklichkeit selbst nicht. Wenn du es tätest, warum müsstest du dann versuchen, es zu beweisen?

Deine Geschichte ist eine Geschichte der Schuld, und du leidest nicht nur infolge der Geschichte selbst, sondern auch, weil du versuchst, sie zu widerlegen. Geschichten sind davon abhängig, dass du sie glaubst. Sie fallen in dem Augenblick fort, in dem du beschließt, dass sie nicht der Wahrheit entsprechen und du deshalb nicht länger in sie investieren möchtest. Blicke zurück auf dein Leben und auf den Schmerz, die ungerechte Behandlung und das Leiden, von denen es geprägt war. Übernimm die Verantwortung für deinen Jammer und den Schmerz, an dem du anderen Menschen die Schuld gegeben hast. Erkenne, dass es dumm war, deine Schuld auf sie zu projizieren und zu versuchen, ihre Schlechtigkeit zu beweisen, indem du selbst leidest.

Ziehe die Projektion der Schuld von ihnen zurück und vergib ihnen dafür, dass sie dem Drehbuch gefolgt sind, das du für sie geschrieben hattest. Nimm die Schuld wahr, die daher rührt, dass du alle Menschen in deinem Leben benutzt hast, um die Geschichte deines unschuldigen Opferdaseins zu erzählen. Vergib dir anschließend für diesen Fehler, denn wenn du es nicht tust, setzt du die dunklen Geschichten durch deine Geschichten der Schuld und der Schuldzuweisung fort. Unter allen diesen Dingen verborgen lag deine Geschichte der Angst davor, wirklich so großartig und unvergleichlich zu sein, wie du es in diesem Leben sein wolltest. Du brauchst nicht mehr länger vor deiner Lebensaufgabe und deiner Bestimmung davonzulaufen. Die Welt braucht dich. Die Menschen, die du als „böse Buben" benutzt hast, sind diejenigen, denen du versprochen hattest, dass du sie vor sich selbst retten würdest. Sie haben dir einen idealen Vorwand geliefert, dich zu verstecken. Sobald du die Wahrheit über deine Lebensgeschichte kennst, kannst du dich und andere Menschen nicht mehr täuschen. Du bist hier, um zu erkennen, dass du das Licht bist. Du bist hier, um das Licht zu bringen. Alles andere war eine Geschichte und eine falsche Geschichte noch dazu. Lasse sie los und sei der, der du in diesem Leben sein wolltest. Nichts anderes kann dich wirklich befriedigen. Du bist hier, um Liebe und Unschuld zu bringen. Du bist hier, um die Wahrheit und die Vergebung zu bringen, die dich selbst und alle Menschen in deiner Umgebung befreien.

Wenn es in deinem Leben
eine gläserne Decke zu geben scheint

Wenn es in deinem Leben eine gläserne Decke zu geben scheint, eine unsichtbare Barriere, die dein Vorwärtskommen behindert, dann ist vergrabene Schuld der Grund. In diesem Fall ist es besonders wichtig, dich von der Schuld zu befreien, die du angehäuft hast, damit du den nächsten Schritt gehen kannst. Es ist weder dein wahrer Wille noch der Wille des Himmels, dass du feststeckst, sondern lediglich der Wille deines Egos. Dir selbst und anderen Menschen zu vergeben kann in besonderem Maße dazu beitragen, dass du dich lösen kannst. Verpflichtung und das Loslassen von Anhaftungen, heimlichen Bedürfnissen, Traurigkeit und Schuld bringen dich ebenfalls voran. Verpflichtung bringt dich besonders schnell voran, weil du dich selbst voll und ganz einbringst, was zur Folge hat, dass die Schuld schmilzt, die dich festgehalten hat. Du kannst auch darauf achten, welche Schattenfiguren es in deiner Welt gibt. Wen hasst du? Welche Art von Menschen hasst du? Welche Charaktereigenschaften hasst du? Sie alle zeigen dir deine heimlichen Glaubenssätze über dich selbst, die du loslassen oder mit deinem höheren Bewusstsein integrieren kannst.

Bill

Ich arbeitete mit Bill, einem Freund aus Taiwan, der Mitinhaber einer Firma war. Er hatte Probleme mit der Frau, die das Unternehmen gegründet und das Kapital dafür aufgebracht hatte. Doch auch Bill hatte kontinuierlich seinen Beitrag geleistet, der vor allem darin bestand, dass er der Firma neue Kunden zugeführt hatte, sodass sie auf das Zehnfache ihrer ursprünglichen Größe gewachsen war. Was die geschäftliche Beziehung kompliziert machte, war die Tatsache, dass Bill und seine Geschäftspartnerin vorher über zehn Jahre lang ein Liebespaar gewesen waren. Die Frau war inzwischen verheiratet und hatte zwei Kinder, empfand aber immer noch etwas für meinen Klienten. Außerdem war sie so gestresst, dass sie oft in Wut geriet und immer häufiger streitsüchtig als freundlich war.

Bill war Buddhist und stellte sich in meinem Beisein laut die Frage, was er seiner Partnerin in einem gemeinsamen früheren Leben wohl angetan hatte, um in die jetzige Situation zu geraten. Hinzu kam noch, dass Bill in seiner Jugend ein schlechtes Verhältnis zu seiner Mutter gehabt hatte, was das gegenwärtige Problem weiter verschärfte. Seine Mutter war auf Männer nicht gut zu sprechen gewesen und hatte sie schlecht gemacht. Wir kehrten in Bills Kindheit zurück, und er erkannte schnell, dass das Verhalten seiner Mutter von ihrer eigenen Unsicherheit herrührte. Diese Erkenntnis befähigte Bill, seiner Mutter die Gaben der Zuversicht und der Macht zu geben, wodurch ihr Gleichgewicht wiederhergestellt wurde.

Anschließend kehrten wir in das wichtigste gemeinsame frühere Leben von Bill und seiner Partnerin zurück, das in Indien stattgefunden hatte. Er fand heraus, dass er sie umgebracht hatte, damit er sich eine andere Frau nehmen konnte. Wir benutzten drei unterschiedliche Methoden, um dieses Leben zu heilen und damit das Karma und das Seelenmuster für beide zu verändern.

Als nächstes führte ich Bill mit Hilfe seiner Intuition noch weiter zurück in die Zeit, in der sie zwei Hälften derselben Seele gewesen waren. In diesem Leben hatte Bill sich in einem so großen Konflikt befunden, dass sie im nächsten Leben als zwei getrennte Menschen wiedergeboren worden waren. Als ich ihn fragte, wo der Ursprung lag, der zu diesem von einem so tiefen Konflikt geprägten Leben geführt hatte, berichtete Bill von einem weiteren Leben in Indien, in dem er eine Prüfung auf Meisterschaftsebene nicht bestanden hatte, was dazu führte, dass seine Gemeinde überrannt und alle Mitglieder gefoltert worden waren. Als wir in dieses Leben zurückkehrten, erkannte Bill vor seinem geistigen Auge, dass er alles versucht hatte, um seine Gemeinde zu retten, außer den Himmel um Hilfe zu bitten.

Es ist unmöglich, eine Prüfung auf Meisterschaftsebene ohne Gnade zu bestehen. Außerdem fanden wir heraus, dass Bill sich davor gefürchtet hatte, vorzutreten, seine Bestimmung anzunehmen und sein Licht auf einer Ebene der Meisterschaft leuchten zu lassen. Während wir dieses frühere Leben klärten, dachte ich über ein eigenes wichtiges früheres Leben nach, von dem mir ein vedischer Meister berichtet hatte. In diesem Leben war ich Wächter in einer Stadt im Altertum gewesen. Eines Nachts, während ich meine Flöte spielte, hatte meine Wachsamkeit nachgelassen, was zur Folge hatte, dass Feinde in die Stadt eindrangen.

Während ich mit Bill arbeitete, sah ich meine eigenen Dynamiken, die in diesem Leben am Werk gewesen waren, und entschied mich dafür, an meiner eigenen Heilung zu arbeiten, während Bill seine Heilung vollendete. Gleichzeitig mit ihm trat ich vor und traf die Entscheidung, meinen ursprünglichen Fehler zu korrigieren, für den ich mich so viele Leben lang bestraft hatte. Das gab sowohl mir als auch Bill die Möglichkeit, unsere Vorsicht loszulassen und auf eine neue Ebene sorgenfreien Erfolges sowohl in unserem Leben als auch in unseren Beziehungen zu gelangen. Bill fühlte sich wie neugeboren, und ich hatte das Gefühl, dass ich mich von einer großen Bürde befreit hatte, von der mir gar nicht bewusst gewesen war, dass ich sie trug.

Die Stadien der Opferhaltung

Es gibt eine ganze Reihe von Stadien, in denen wir eine Opferhaltung einnehmen. Alle diese Stadien sind gleichzeitig aktiv. Wenn wir in einem Stadium feststecken, dann stecken wir auch in allen anderen Stadien fest. Es gibt unter diesen zahllosen Fallstricken jedoch eine zentrale Falle, die uns am stärksten zurückhält, obwohl die Triebkräfte der anderen Fallen natürlich ebenfalls ständig aktiv sind. Die Befreiung von dieser zentralen Dynamik bringt uns einen großen Schritt voran.

Die Ebene der Abhängigkeit

Das Verlierer-Verlierer-Stadium

Immer wenn es ein Problem gibt, sind wir in diesem Stadium gefangen. Wenn wir Verbundenheit aufgeben, einen Verlust erleiden oder verlassen werden, einem anderen Menschen die Schuld an etwas geben oder zum Opfer gemacht werden, dann liegt die Ursache dafür in unserer abhängigen Seite, auf der wir versuchen, ein Bedürfnis erfüllt zu bekommen und trotzdem unabhängig zu bleiben. Dies ist ein Aspekt des Verlierer-Verlierer-Stadiums, in dem es entscheidend ist, dass man uns Beachtung schenkt und dass unsere Bedürfnisse erfüllt werden, ganz gleich, welchen Preis wir dafür bezahlen müssen. Also werden wir krank oder erleiden einen Unfall, um ein Bedürfnis erfüllt zu bekommen, das in einer frühen Phase unseres Lebens nicht erfüllt wurde. Das Bedürfnis ist entstanden, weil wir von unseren Eltern etwas nicht bekommen haben, das sie uns nicht geben konnten, weil sie es selbst nicht hatten. In Wahrheit haben wir diese Gabe in uns getragen.

Das Gewinner-Verlierer-Stadium

In diesem Stadium, das von Herzensbruch und Niederlagen geprägt ist, versuchen wir mit aller Macht, unsere Bedürfnisse erfüllt zu bekommen, auch wenn es auf Kosten der Menschen in unserer Umgebung geschieht. Für uns ist das selbstverständlich, und wenn diejenigen, auf deren Kosten wir unsere Bedürfnisse erfüllen, unser Partner oder unsere Eltern sind, dann glauben wir, dass es ihre Aufgabe ist, sich in dieser Weise um uns zu kümmern. Wir haben einen großen blinden Fleck, der uns nicht erkennen lässt, wie wir andere Menschen benutzen, und deshalb erleiden wir sowohl Niederlagen als auch Herzensbrüche. Wir erkennen nicht, dass wir sie in eine Verliererposition bringen. Wir sind von Konkurrenzdenken geprägt, aber blind dafür. Wir sind eher extrovertiert, und wir wollen etwas von der Welt bekommen. Wir streben nach Aufmerksamkeit und Anerkennung durch das, was wir geben oder tun.

Das Verlierer-Gewinner-Stadium

Dies ist ein Stadium, in dem wir Schuld tilgen und uns unwürdig fühlen, obwohl wir glauben, den Menschen im Gewinner-Verlierer-Stadium moralisch überlegen zu sein. Wir haben uns noch nicht für die Fehler vergeben, die wir selbst im Gewinner-Verlierer-Stadium gemacht haben. Wir sind stärker introvertiert und denken analytisch. Unsere Schuld kann zu Fundamentalismus und Unbeugsamkeit führen, die wir durch religiösen oder politischen Idealismus kompensieren. Obwohl wir in diesem Stadium überwiegend verschlossen und in Selbstangriff gefangen sind, können wir sehr aggressiv und urteilend sein. Es ist auch möglich, dass wir hart arbeiten oder uns aufopfern, um diese Schuld zu kompensieren.

Die Ebene der Unabhängigkeit

Auf dieser Ebene wollen wir meist unsere verwundete, abhängige Seite schützen und kompensieren. Wir treten in das Stadium des übertriebenen, unechten Männlichen ein, um unserer verwundeten weiblichen Seite auszuweichen.

Das Gewinner-Gewinner-Stadium der Erwartungen

In diesem Stadium lernen wir, alte Anhaftungen, Erwartungen und Forderungen loszulassen. Unsere Erwartungen und unser Perfektionismus sind eine Kompensation für Angst, Bedürfnisse und Gefühle der Unzulänglichkeit. Wir treiben uns selbst und andere Menschen an, aber es ist einfach nie genug. Dies ist ein extrem unabhängiges Stadium, das sowohl unsere Beziehungen als auch unseren Körper auf eine harte Probe stellt. Wir sind entweder extrem beschäftigt und gestresst, oder aber wir geben auf. Dann steigen wir aus, aber der Stress bleibt.

Das Gewinner-Gewinner-Stadium der Kontrolle

In diesem Stadium wollen wir, dass alle *auf unsere Art* gewinnen. Die Kontrolle, die wir ausüben, ist zwar oft gut gemeint, aber dennoch blind dafür, wie wir auf andere Menschen wirken. Das verwickelt uns über kurz oder lang natürlich in Konkurrenz und Machtkampf. Wir kompensieren alte Herzensbrüche und Niederlagen, versuchen alle vor Schaden zu bewahren und wollen gleichzeitig erfolgreich sein, aber alles genau so, wie wir es uns vorstellen. In diesem Stadium neigen wir dazu, Menschen zu polarisieren. Das zeigt sich unter anderem an unseren Schattenfiguren, bei denen es sich um Aspekte unserer selbst handelt, die wir verurteilt, abgespalten, verdrängt und projiziert haben. Es sind Anteile unserer selbst, die wir hassen und angreifen, weil sie sich außerhalb von uns selbst zeigen.

Das Gewinner-Gewinner-Stadium der Leblosigkeit

Dies ist das tiefste Stadium der Unabhängigkeit. Unser Verlangen, dass alles nach unserem Willen laufen soll, ist hier am stärksten ausgeprägt. Wir sind in der Leblosigkeit unserer Rollen gefangen, in der wir Dinge rein mechanisch tun, weil wir sie tun „sollten". Dies ist eine Form von Aufopferung, die dem Zweck dient, Schuld und alte Gefühle des Versagens zu kompensieren. Darüber hinaus arbeiten wir uns durch ödipale Muster und Konkurrenz hindurch. Dieses Stadium ist erfüllt von Schuld aus der Vergangenheit und Angst vor größerem Erfolg und größerer Nähe, weil wir glauben, dass ein noch höheres Maß an Aufopferung damit verbunden ist.

Die Ebene der wechselseitigen Abhängigkeit

Das Gewinner-Gewinner-Stadium der Freundschaft und der Führerschaft

In diesem Stadium halten uns Selbstzentriertheit und Selbstangriff zurück. Unsere Selbstkonzepte, unser Schwelgen, Rebellion, Aufopferung und das Selbstbild, in dem wir uns als Opfer sehen, sorgen dafür, dass das Leben sich nur um uns und um unsere eigene Besonderheit dreht.

Das Gewinner-Gewinner-Stadium der Vision

In diesem Stadium arbeiten wir mit den Polaritäten in unserem Geist, befassen uns mit den vielen ursprünglichen Spaltungen, die wir auf einer unbewussten Ebene haben. Dazu gehören uralter Schmerz und die Herzensbrüche nicht bestandener schamanischer Prüfungen, die die „Anlagen" beziehungsweise Seelenmuster in unserem Geist in Gang gesetzt haben. Dies kann sich in den Auseinandersetzungen unserer Eltern zeigen, aber auch in unseren Auseinandersetzungen mit einem Partner oder dadurch, dass äußere Gegner die alten Spaltungen in unserem Bewusstsein ausleben.

Das Gewinner-Gewinner-Stadium der Meisterschaft

In diesem Stadium heilen wir die Wertlosigkeit, die uns in der Trennung festhält. Wir heilen die uralten Schattenfiguren des Versagers, des verlorenen Kindes, des Diebs, des Mörders und des Verräters. Wir lernen, dass Tun eine Kompensation für alte Schuld ist. In diesem Stadium tun wir nur das, was wir tun wollen oder wozu wir uns berufen fühlen. Hier lernen wir, dass alles durch Frieden, Harmlosigkeit und Gnade vollbracht werden kann.

Die Ebene radikaler oder spiritueller Abhängigkeit

Das Stadium der Einheit

In diesem Stadium geben wir chronische Probleme sowie das Elend und die tiefe Verzweiflung auf, unter denen sich unsere Wutanfälle, unsere falsche Einstellung und unser tiefster Widerstand verbergen. Es handelt sich um uralte Seelenmuster, die die Menschheit in Form von kollektiven Problemen peinigen. Sobald wir sie bei uns selbst berichtigt haben, einen wir unseren Geist und verhelfen damit auch der Menschheit zu größerer Einheit.

Das Stadium der Vereinigung

Unter unserer schier unerträglichen Qual verbirgt sich der Rebell. Wir gehen durch unseren Kampf mit Gott hindurch. Das öffnet uns für die tiefe Liebe der Gemeinschaft mit anderen Menschen.

Alle Stadien

In jedem Stadium gehen wir durch die vielen Schichten der Schuld hindurch, die ein Teil aller Getrenntheit und allen Widerstandes gegen die Liebe, Gott und das Einssein sind. In dem Maße, in dem wir durch jedes Problem und jedes Stadium voranschreiten, wachsen unsere Unschuld, unsere Macht, unsere Hilfsbereitschaft, unser Glücklichsein und unsere Ganzheit. Unsere Probleme, einschließlich der Menschen, die ein Problem für uns darstellen, sind die Anteile unseres eigenen Geistes, die wir aus unterbewussten und unbewussten Ebenen projiziert haben. Kampf, Urteil und Angriff nehmen in dem Maße ab, in dem wir das, was wir nach außen projiziert haben, heilen, vergeben und integrieren. Wir sind in stärkerem Maße im Fluss und werden immer leistungsfähiger, bis wir zu guter Letzt eine Ebene der Leistungsfähigkeit erreichen, die mit zunehmender Entwicklung sogar ans Wundersame grenzen kann. Wir kehren in unsere Mitte und zu unserer Unschuld zurück.

Es ist wichtig, uns daran zu erinnern, dass für unsere Seele ein Lehrplan aufgestellt wurde, der auf unserem Weg größere und kleinere Lektionen für uns bereithält. In dem Maße, in dem wir jede Lektion lernen, berichtigen wir Seelenmuster und nehmen die Welt als unschuldig wahr. Wir erkennen, dass sie schlicht Hilfe braucht, die wir mit Hilfe der Gnade des Himmels leisten können.

Schuld und Opfer

Aus dem Schmerz meiner Kindheit heraus gelobte ich, alles zu tun, was in meiner Macht stand, um Menschen von ihrem Schmerz zu befreien. Dieses Gelöbnis gilt heute, viele Jahrzehnte später, noch immer. Meine eigenen Lern- und Heilungsprozesse wurden zum wichtigsten Aspekt für den Prozess, in dem ich lernte, wie ich anderen Menschen helfen konnte. Schon sehr früh entdeckte ich eine recht seltsame Forschungsmethode. Ich tappte in eine Falle und suchte dann nach einer Möglichkeit, mich wieder daraus zu befreien. Empfehlen kann ich diese Art der Forschung nicht, da sie äußerst schmerzhaft ist. Das Lehrgeld, das ich zahlte, war jedoch Teil der allumfassenden Falle, aus der das Stadium der Leblosigkeit besteht. Meine Aufgabe war es, den Weg hindurch zu finden. Sobald es mir gelang, eine Falle zu überwinden, stellte ich fest, dass meine Lösung auch bei anderen Menschen funktionierte. In diesem Moment wusste ich, dass ich für alle Menschen einen Weg gefunden hatte, der durch die Falle hindurchführt. Ich stellte fest, dass ich selbst stets die härteste Nuss war, die es zu knacken galt, wenn es darum ging, eine Lösung zu finden. Sobald ich eine Falle überwunden hatte, gelangten alle anderen Menschen relativ mühelos hindurch.

Was ich über das Opferdasein entdeckte, war überraschend, mental befriedigend, beunruhigend und letztendlich befreiend zugleich. Es war deshalb überraschend, weil es den verborgenen Anteil meines eigenen Geistes zum Vorschein brachte. Es war mental befriedigend, weil viele Teile des Puzzles über die Funktionsweise der Realität, an dem ich bereits seit einer Reihe von Jahren arbeitete, sich endlich zusammenfügten. Es war beunruhigend, weil es ein vollkommen anderes Weltbild zeichnete als das, mit dem ich aufgewachsen war und auf das ich vertraute. Es war ermächtigend und befreiend, weil es mich in die Lage versetzte, viele der Fußangeln, in die ich bislang so unbekümmert getappt war, zu meiden und alle Fallen, in denen ich gefangen war, zu transformieren. Auch die Qualität meiner Arbeit verbesserte sich enorm aufgrund der neuen Tiefe, mit der ich daran arbeiten konnte, Menschen zu befreien.

Was 1974 begann, als ich eine Ausbildung in Hypnose machte, verstärkte sich, als ich meine eigene so genannte Intuitive Methode entwickelte. 1975 stellte ich fest, dass ich mühelos ins Unterbewusstsein und Unbewusste vordringen konnte. Ein vollkommen neues Bild der Welt ergab sich für mich jedoch, als ich 1977 zum ersten Mal etwas vom Prinzip der Eigenverantwortlichkeit hörte. Dies ist ein Prinzip vollkommener Unschuld, in dem wir die vollkommene Verantwortung für alles übernehmen, was in unserem Leben jemals geschehen ist.

Ein Grundstein, der es mir ermöglichte, das Prinzip der Eigenverantwortlichkeit zu verstehen, wurde in einer Therapiegruppe gelegt, die ich am Drogenrehabilitationszentrum leitete. Seit drei Wochen beklagte sich ein Matrose darüber, dass er von seiner Freundin einen Abschiedsbrief bekommen hatte, mit dem sie ihre Liebesbeziehung beendete, während er sich auf einer sechsmonatigen Dienstfahrt befunden hatte. Die gesamte Gruppe war mittlerweile ziemlich genervt, weil sein Gejammer in diesen drei Wochen so manche Gruppensitzung beherrscht hatte.

Eines Morgens, nachdem er seine übliche Schimpftirade beendet hatte, folgte ich einer plötzlichen Eingebung und fragte ihn: „Du beschwerst dich hier, dabei wolltest du sie in Wirklichkeit doch gar nicht mehr. Warum also?" Der Matrose stutzte, als ihn die Erkenntnis traf, verzog den Mund zu einem „Jetzt-hast-du-mich-erwischt"-Lächeln und erwiderte: „Weil sie andere Dinge wollte als ich."

Wir fielen mit Fragen über ihn her und fanden heraus, dass er vorgehabt hatte, die Beziehung zu beenden, ehe er die Dienstfahrt antrat, sich dann in letzter Minute aber anders entschieden hatte. Ein Teil von ihm war gekränkt und stocksauer, weil sie mit ihm Schluss gemacht hatte, ehe er mit ihr Schluss machen konnte. Er hatte sowohl seinen Wunsch, mit ihr Schluss zu machen, als auch die Tatsache, dass er bekommen hatte, was er wollte, als sie mit ihm Schluss machte, aus seinem Bewusstsein verbannt. Er hatte die Trennung als Ausrede für seinen Drogenkonsum auf dem Schiff benutzt und sich dann freiwillig für das Rehabilitationsprogramm gemeldet, damit er die Dienstfahrt nicht beenden musste.

Alle in der Gruppe waren erleichtert, dass sie sein Gestöhne nicht länger ertragen mussten, und unser Matrose war endlich in der Lage, seine Ex-Freundin loszulassen und sein normales Leben wieder aufzunehmen. Dazu gehörte unter anderem, dass er sich zum College-Unterricht anmeldete. Die neuerliche Erkenntnis, dass seine Ex-Freundin nur auf Spaß und Vergnügen aus war, während er die Absicht hatte, mit seinem Leben wirklich etwas anzufangen, gab ihm die Möglichkeit, sein Leben mit neuer Leidenschaft anzugehen.

Auf Menschen eingehen, die zum Opfer gemacht wurden

Die Opferrolle ist in erster Linie ein Ruf nach Liebe. Sie ist das komplexe Auftreten einer ganzen Reihe psychologischer Triebkräfte, die alle gleichzeitig am Werk sind. Wenn das Buch dich nichts anderes zu lehren vermag, dann lerne zumindest dies: Jedes Opfer braucht deine Hilfe. Wenn du helfen *willst*, wirst du die Hilferufe hören. In dem Maße, in dem dein Wunsch zu helfen sich vertieft, wirst du die Hilferufe bereits hören, bevor eine Situation zu einer Opfersituation entartet ist.

Wir alle waren schon einmal Opfer, und angesichts dessen, was bei uns allen noch der Heilung bedarf, ist es auch sehr wahrscheinlich, dass wir erneut zum Opfer gemacht werden. Eigenverantwortung zu lernen und richtig anzuwenden verleiht uns jedoch die Macht, Situationen zu verändern, und zwar manchmal bereits, bevor sie eintreten, oft aber auch noch danach, wenn wir das überwältigende Gefühl der Hilflosigkeit spüren, das die meisten Opfer empfinden.

Der einzig richtige Weg, auf einen Menschen einzugehen, der zum Opfer gemacht wurde, besteht darin, ihm rückhaltlos unsere Liebe und Hilfe zuteilwerden zu lassen, denn genau diese Antwort würden wir uns auch wünschen, wenn wir in einer solchen Situation wären. Es ist die Antwort, die auch uns am ehesten helfen würde. Selbst wenn der betreffende Mensch bereit ist, sich seiner Eigenverantwortung zu stellen, ist es das mitfühlende Eingehen auf jemanden, der einen Verlust erlitten hat. Ohne Mitgefühl für andere Menschen sind wir auch nicht mitfühlend mit uns selbst. Das ist beispielsweise dann der Fall, wenn wir dissoziiert sind.

Schuld und Opfer gehen Hand in Hand. Wir empfinden nicht nur Schuld dafür, **dass** wir zum Opfer gemacht werden, sondern haben uns bereits schuldig gefühlt, **bevor** wir zum Opfer gemacht wurden. Das Ereignis oder das Problem, durch das wir zum Opfer gemacht wurden, war ein Versuch, Schuld zu tilgen, indem wir dafür gesorgt haben, dass wir bestraft werden.

Es gibt noch eine weitere Dynamik, die mit Schuld und Opfer zu tun hat. Opfer zu sein ist auch immer der Versuch, jemand anderem Schuldgefühle aufzuerlegen. Opfer zu sein ist eine Möglichkeit zu leiden, um einem anderen Menschen – mehr oder weniger raffiniert – die Schuld daran zuweisen zu können. Es ist ein Finger der Anklage, der auf einen oder mehrere wichtige Menschen in unserem Leben gerichtet ist. Er ist auch auf Gott und den Täter gerichtet. Wenn wir als Opfer mit dieser Schicht der unterbewussten oder unbewussten Dynamik in Berührung kommen, neigen wir in der Regel dazu, uns selbst anzugreifen, weil wir entdeckt haben, was wir tun. Das ist genau das, was das Ego will. Wir sollen die Erkenntnis und die Motivation zur Veränderung aufgeben, während es uns dazu bringt, den Opfer-Schuld-Zyklus fortzusetzen, indem wir uns selbst und nicht jemand anderem die Schuld geben.

Wenn wir die tieferen Ebenen des Geistes erforschen, ist es gut, dies mit Humor zu tun und uns selbst nicht zu ernst zu nehmen. Wenn wir in einer Opfersituation gefangen sind, kann es sehr hilfreich sein, behutsam mit uns umzugehen und Freunde um uns zu haben, die uns daran erinnern, dass wir liebenswürdig und unschuldig sind. Die Dinge zu erkennen, die wir getan und vor uns selbst verborgen haben, und uns nicht dafür zu verurteilen ist der erste Schritt auf dem Weg, das, was wir tun, aufzugeben und gegen einen besseren Weg einzutauschen.

Wir benutzen alle Ereignisse, in denen wir zum Opfer gemacht werden, um unsere Angst vor dem nächsten Schritt zu verbergen. Das Ereignis und der damit verbundene Schmerz liefern uns eine ideale Ausrede dafür, uns unserem Schmerz nicht stellen und den nächsten Schritt in unserem Leben nicht gehen zu müssen. Wir haben Angst davor, den nächsten Schritt nicht bewältigen zu können, weil er zu groß oder zu schrecklich ist. Jede Angst ist eine Angst vor Unzulänglichkeit.

Opfer zu sein heißt, eine äußere Ursache als Hauptgrund für das zu sehen, was in unserem Leben geschieht. Wir glauben, dass andere Menschen und die Welt der Grund für unsere Probleme sind. Das hat zur Folge, dass wir anderen Menschen die Schuld an dem geben, was uns zustößt, und uns damit in eine Position bringen, die weder Macht noch Frieden kennt. Auch wenn es stimmen würde, dass nicht wir selbst, sondern eine äußere Situation der Hauptgrund für das ist, was in unserem Leben geschieht, bestünde der Ausweg dennoch darin, Eigenverantwortung für unser Leben zu übernehmen. Die Alternative ist eine Opferhaltung, die uns genau dann hilflos macht, wenn wir der Hilfe am ehesten bedürfen. Totale Verantwortung lässt zu, dass wir vergeben, loslassen und weitergehen. Wenn wir uns von dem, was geschehen ist, nicht aufhalten lassen, weil wir es annehmen, dann verwandelt sich unser Schmerz in Macht und unser Ego verliert an Einfluss über unser Leben, statt ihn zu vergrößern. Je kleiner das Ego ist, umso mehr ist unser Leben von Liebe, Erfolg und Zuversicht anstelle der von Dominanz, Opferhaltung und Kontrolle geprägten Reaktionen des Egos erfüllt.

Als ich 1975 anfing, die von mir entwickelte Intuitive Methode einzusetzen, um Menschen zu helfen, die Antworten auf das, was in ihrem Leben geschah, in sich selbst zu finden, gelang es mir, bis zu den Wurzeln ihrer Probleme zurückzukehren. Dadurch, dass ich die Wurzeldynamik heilte, half ich ihnen, das negative Muster aufzulösen, das sich in der Gegenwart als aktuelles Problem zeigte. In den drei darauffolgenden Jahren verschlug es mir ungezählte Male die Sprache angesichts der Antworten, die Menschen auf meine Fragen gaben. Ich erkannte allmählich, dass wir zwar alle zum Opfer gemacht worden waren, dass wir aber das Prinzip der Eigenverantwortung benutzen konnten, um uns daraus zu befreien.

Liebe heilt Angst und ist daher ein wichtiges und notwendiges Mittel im Umgang mit Menschen, die zum Opfer gemacht wurden, angefangen bei uns selbst. Mitgefühl mit uns selbst und mit anderen Menschen – liebevoll auf andere Menschen einzugehen und ihnen Trost zu spenden – ist alles, was erforderlich ist, wenn wir emotionales Leid erfahren.

Opfer zu sein heißt, dass – wenn auch vielleicht unterbewusst oder unbewusst – eine falsche Entscheidung getroffen wurde. Wenn wir einem Opfer helfen wollen, über sein Opfermuster hinauszugelangen, müssen wir ihm zuerst helfen, seinen Schmerz zu überwinden. Danach müssen wir es darin unterstützen, die Verantwortung für das zu übernehmen, was geschehen ist, damit es falsche Entscheidungen berichtigen und die heimlichen Belohnungen, die das Ego ihm anbietet, aufgeben kann. Heilung veranlasst uns, keine weitere Spaltung unseres Bewusstseins mehr zuzulassen und die Trennung von den Menschen, die uns wichtig sind, zu beenden. Die Verpflichtung, den nächsten Schritt zu gehen, kann uns auf einen Weg der Heilung bringen, der den Verstand, der das Ereignis, das uns zum Opfer gemacht hat, nicht wollte, mit dem Unterbewusstsein integriert, das es herbeigeführt hat.

Opfer zu sein ist die schwächste Position, die wir einnehmen können. Es ist eine Verlierer-Verlierer-Situation oder eine Gewinner-Verlierer-Situation, in der nicht nur wir, sondern auch die Menschen in unserer Umgebung verlieren. Es vergeudet Ressourcen, die wir bereits aufgebaut hatten. Ereignisse, die uns oder andere Menschen zum Opfer machen, können von einer unterbewussten Ebene herrühren, was bedeutet, dass es ein Muster gibt, das mit Beziehungen oder Familie zu tun hat. Sie können jedoch auch von einer unbewussten Ebene herrühren, was bedeutet, dass es sich um Muster der Ahnen- oder der Seelenschuld handelt. Menschen, die auf einer sehr hohen Bewusstseinsstufe stehen, können das Karma des kollektiven Unbewussten übernehmen. Sie können auch in das persönliche oder kollektive Karma großer Gruppen von Menschen, die von einer Katastrophe betroffen sind, verwickelt werden. Auf dieser Ebene des kollektiven Feldes ist die Dynamik wie das Wetter, nämlich ein Versuch der Natur, sich auszugleichen und wieder ins Gleichgewicht zu gelangen, indem sie die Vergangenheit heilt. Das kollektive Feld versucht, karmische Muster der Menschheit auszugleichen, zu denen Krieg, Mord, Vergewaltigung und Chaos gehören. Ich habe erlebt, wie Gruppen, die sich der Aufgabe verschrieben hatten, der Erde zu helfen, mit Hilfe psychologischer, schamanischer und spiritueller Methoden kollektive Themen zu transzendieren vermochten, und ich kenne Menschen auf einer sehr hohen spirituellen Bewusstseinsstufe, die dies durch Gebete und Wunder erreichen.

Die nächste Ebene ist die Ebene der Astralschuld. Die astrale Ebene steht für alle Trennung, die wir nach der ursprünglichen Trennung erschaffen haben. Aus ihr sind die unzähligen Welten in den vielen Dimensionen dieser Traum-„Realität" hervorgegangen. Es gibt Himmelswelten und Höllenwelten. Wir leben irgendwo dazwischen in einer Welt des Todes, in der wir uns bemühen, unser Bewusstsein auf eine höhere Stufe zu heben, um dann schließlich zu erwachen. Die astrale Ebene steht für Urebenen des Geistes, die mitunter bis in die Zeit zurückreichen, in der wir erstmals einen Körper angenommen haben. Diese Bereiche des Geistes sind – wenn auch weit weniger als die Welt, in der wir leben – von den Polaritäten hell-dunkel, gut-böse und Leben-Tod geprägt. Sie gehören zu den tiefsten unbewussten Ebenen des Geistes, die aufgrund der voranschreitenden Bewusstseinsentwicklung immer häufiger ans Licht kommen.

Wir werden von der Astralebene in dem Maße angegriffen, in dem wir entweder selbst astrale Schuld angehäuft haben oder in dem wir unser Licht leuchten lassen. Die astrale Ebene enthält die Schuld, die von unserem Schwelgen und von unseren Süchten herrührt. Sie entspricht dem Maß, in dem das uralte kollektive und fragmentierte Ego (Teufel und Dämonen) uns angreift. Heute stelle ich allerdings immer häufiger fest, dass der Angriff erfolgt, weil diese Teufel und Dämonen die heimliche Hoffnung hegen, erlöst zu werden. Genau an dieser Stelle geben wir unseren letzten Pakt mit dem Teufel (Ego) und unsere Rebellion auf und schlagen den Weg zum Licht ein. Diese Heilung geschieht meist durch eine moderne Form von Exorzismus.

Zu guter Letzt kann die Dynamik der Schuld auch von der ursprünglichen Ebene herrühren, die mit unserer Beziehung zu Gott und mit dem ursprünglichen Glauben an Trennung zu tun hat. Dies ist die größte und zugleich am tiefsten verborgene Kammer der Schuld. Die tiefste Ebene der Schuld schließt fast immer auch die anderen, weniger tief verborgenen Ebenen ein. Wenn du eine Ebene umfassend klärst, erlangst du den Frieden zurück, der Heilung bringt, obwohl es sein kann, dass das äußere Spiegelbild des Problems in der Welt erst geklärt wird, nachdem alle Ebenen geheilt sind.

Schuld und böse Buben

Ein Opfer kann es nur dann geben, wenn es auch einen „bösen Buben" gibt. Du musst glauben, dass **du** ein böser Bube bist, denn sonst hättest du nicht dafür gesorgt, dass du in eine Situation gerätst, in der du zum Opfer gemacht wirst. Du hast dich selbst so behandelt, als wärest du ein böser Bube, der Bestrafung verdient. Natürlich war auch der Mensch „böse", der dich zum Opfer gemacht hat. Auch dann, wenn wir Opfer einer Krankheit, eines Unfalls oder der schlechten wirtschaftlichen Situation werden, verbirgt sich dahinter jemand aus unserer Vergangenheit oder Gegenwart, dem wir die Schuld an diesem Ereignis geben. Vor uns selbst verheimlichen wir diese Dinge natürlich, aber wir bräuchten nur unsere Intuition einzusetzen, um zu erkennen, dass es offenkundig so ist. Die Antwort, die wir wirklich wissen wollen, kann nicht vor uns verborgen bleiben. Unsere Intuition kann alle Abwehrmaßnahmen des Egos durchdringen und uns sowohl ins Unterbewusstsein als auch ins Unbewusste führen.

Wenn wir einem anderen Menschen die Schuld an Situationen geben, in denen wir zum Opfer gemacht wurden, dann weist das auf einen Ort hin, an dem wir unsere Schuld und unseren Selbsthass verbergen. Wir können unserer heimlichen Schuld nicht entkommen, auch wenn sie falsch ist, weil sie dem tiefen Wunsch entspringt, uns selbst zu bestrafen. Unsere Schuld rührt von der Tatsache her, dass wir uns von unseren Gaben und von unserer Lebensaufgabe abgewandt haben. Sie hätten die Situation bereinigen können, wenn wir einen anderen Menschen nicht als Ausrede benutzt hätten, um die Verbundenheit zu zerstören.

Liebe heilt Hass, Selbsthass und Missverständnisse. Wenn wir eine Situation völlig verstehen könnten, würden wir erkennen, dass weder uns selbst noch jemand anderen eine Schuld trifft. Wir würden erkennen, dass Fehler gemacht wurden und dass *wir* sie berichtigen können, sofern wir die Situation nicht benutzen, weil sie einem bestimmten Zweck des Egos dient.

Genau deshalb ist die Vorstellung, dass es keine „bösen Buben" gibt, so überaus wichtig. Wenn es uns gelingt, unsere Meinung über andere Menschen grundlegend zu ändern, dann ändern wir auch unsere Meinung über uns selbst.

Dadurch befreien wir uns, um die Wahrheit über uns selbst herauszufinden. *Ein Kurs in Wundern* drückt es im nicht überarbeiteten Urtext sehr sprachgewandt so aus:

> Wahrnehmung wird durch Projektion ERZEUGT, und über sie hinaus KANNST du NICHT schauen. Immer wieder haben Menschen einander angegriffen, weil sie eine Schattengestalt in ihrer privaten Welt IN ANDEREN gesehen haben.
>
> Und also ist es, dass du zuerst dich selbst angreifen MUSST, denn was du angreifst, ist NICHT in anderen. Seine EINZIGE Wirklichkeit ist in deinem EIGENEN Geist, und indem du andere angreifst, greifst du buchstäblich das an, WAS NICHT VORHANDEN IST. Die Wahnhaften können sehr zerstörerisch sein, denn sie begreifen nicht, dass sie SICH SELBST verurteilt haben. Sie wollen nicht sterben, ABER SIE WOLLEN DIE VERURTEILUNG AUCH NICHT LOSLASSEN.

Ein Kurs in Wundern, 10. Oktober 1966, Urtext

Schuld und Eigenverantwortung

Eigenverantwortung ist das Gegenteil von Schuld. Indem wir volle Verantwortung für unser Leben und unsere Welt übernehmen, ermächtigen wir uns selbst, berichtigen unsere Fehler und nehmen unsere Unschuld an. Eigenverantwortung befreit uns von der Verschmelzung und der Festgefahrenheit, die mit Schuld einhergehen. Sie enthüllt und erhellt das Unterbewusstsein, das Unbewusste sowie die Dinge, die wir vor uns selbst verborgen haben. Wir befreien uns von Urteil, Schuldzuweisungen und Schuld, und wir erkennen, dass alles, was mit uns geschehen ist, unsere eigene Wahl war. Das gibt uns die Möglichkeit, eine neue Entscheidung zu treffen, die zulässt, dass alle an der Situation beteiligten Menschen gewinnen.

Schuld und Eigenverantwortung sind Gegensätze. Eigenverantwortung bedeutet, die volle Verantwortung zu übernehmen. Deshalb geht sie – im Gegensatz zur Schuld – auf andere Menschen ein. Eigenverantwortung befreit, während Schuld verurteilt und bestraft. Eigenverantwortung ermächtigt, während Schuld nicht nur schwächt, sondern auch Angst erzeugt, die deine Schwäche verstärkt. Eigenverantwortung ist das Prinzip, nach dem jeder die volle Verantwortung für das trägt, was geschieht, und in dem jeder unschuldig ist. Schuld macht Menschen zu Opfern, die in Hilflosigkeit gefangen sind. *Ein Kurs in Wundern* sagt dazu: „Hilflos sein ist der Preis der Sünde."

Durch Hypnose und später auch durch die von mir entwickelte Intuitive Methode fand ich heraus, dass Unfälle keine „Unfälle" und Krankheiten nicht nur „Krankheiten" sind, sondern komplexe Verknüpfungen unterschiedlicher Dynamiken. Es sind politische Versuche, selbst im schlimmsten Trauma und unter denkbar widrigen Umständen eine Vormachtstellung zu erlangen. Es sind Formen von Kontrolle und Selbstbestrafung, ein Versuch, andere Menschen schlecht zu machen und zugleich unsere eigene Unschuld zu beweisen, Formen von Angriff und Selbstangriff, die Tilgung von Schuld, Versuche, uns zu verstecken und Ausreden zu finden, unabhängig zu sein, uns vor Angst zu schützen, ein Bedürfnis erfüllt zu bekommen, vor unserer Lebensaufgabe davonzulaufen, unser Licht nicht leuchten zu lassen oder eine Gabe nicht anzunehmen, Rache zu üben, etwas zu beweisen oder etwas Besonderes zu sein, um nur einige zu nennen. Wenn wir diese Verquickung unterschiedlicher Dynamiken eingestehen und eine andere Entscheidung treffen, können wir uns von unserem Problem befreien.

Ohne Eigenverantwortung glauben wir, der Welt, in der wir leben, ausgeliefert zu sein. Mit Eigenverantwortung sind wir selbst die Ursache und können die Entscheidung treffen, uns nicht auf die Seite unseres Egos zu stellen, sondern stattdessen ein Wunder zu wählen.

> Das wird nicht mir getan, sondern *ich* tue das.
> Nun ist der Geist frei, stattdessen eine andere Wahl zu treffen.
>
> *Ein Kurs in Wundern*, Textbuch, Seite 598

Wenn wir unsere Schuldzuweisungen, unsere Urteile und unseren Groll aufgeben können, befreien wir uns selbst, weil Angriff unsere Schuld nur vergrößert. Diese Schuld müssen wir der bereits vorhandenen Schuld hinzurechnen, die der ursprüngliche Motor für das Urteil, den Angriff und den Groll war, die ihrerseits das Muster des verstärkten Selbstangriffs in Gang gesetzt haben.

> Er gibt sich selbst die Folgen,
> die er seinem Bruder gegeben zu haben träumt.
>
> *Ein Kurs in Wundern*, Textbuch, Seite 596

Das bedeutet, dass wir alles, was uns zugefügt wurde, selbst so gewählt haben. Es rührt nicht nur von unserer Schuld, sondern auch von unserem Angriff her. Wir haben geerntet, was wir gesät haben. Wären wir gänzlich unschuldig, würden wir in der Welt weder Schuld noch Schattenfiguren sehen, sondern nur Menschen, die Hilfe brauchen. Wären wir gänzlich unschuldig, gäbe es keine Angst.

> Welche Gefahr kann denn die völlig Unschuldigen befallen?
>
> *Ein Kurs in Wundern*, Textbuch, Seite 419

An anderer Stelle in *Ein Kurs in Wundern* heißt es, dass wir, wenn wir vollkommen eigenverantwortlich handeln würden, die Erleuchtung erlangen würden.

Das bedeutet, dass wir die Verlockung der Schuld aufgeben würden und den Mut hätten, uns als freier und grenzenloser Geist zu erkennen. Wir würden über den Körper hinausschauen, weil unser Ego den Körper als Symbol der Schuld und der Sünde benutzt. Der große Wunsch, alle Menschen als sündenlos zu sehen, hätte zur Folge, dass das Ego, seine Besonderheit und sein Zuhause, der Körper, unwichtig und von der Schau und dem Ausmaß der Liebe nicht mehr erfasst würden.

Cynthia

Eine junge Mutter namens Cynthia, die im Laufe der Jahre schon etliche Male bei mir gewesen war, kam zu mir, weil ihr Mann und ihr dreijähriger Sohn Timmy ständig in Streit gerieten. Das verstockte Verhalten des Kindes brachte den Vater jedes Mal in Wut. Die Mutter wusste, dass das Problem nicht nur die beiden betraf, sondern dass auch sie in der ganzen Situation eine Rolle zu spielen hatte. Sie war vertraut mit dem Prinzip der Eigenverantwortlichkeit, und sie war mutig, weil sie die Situation innerhalb der Familie unbedingt verbessern wollte. Cynthia hatte im Laufe der Jahre schon an einer Reihe von Themen gearbeitet, zu denen Geldmangel, geringe sexuelle Energie, große Überlastung und die Art und Weise gehörten, in der die Beziehung zu ihrem Sohn die Beziehung zu ihrem Mann Bob beeinträchtigte. In den ersten Jahren ihrer Ehe war er aus beruflichen Gründen manchmal bis zu fünf Tage ohne Unterbrechung von zu Hause fort gewesen. Das hatte Cynthias ohnehin großen Stress weiter verstärkt und dazu geführt, dass Bob seinen Sohn immer weniger verstand.

Als sie in meinem Büro ankam, schien sie gefasster als sonst. Ich war stolz auf den Fortschritt, den sie im Laufe der Jahre gemacht hatte, und sie schien bereit, auch diesen neuen Bereich in Angriff zu nehmen. Zuerst untersuchten wir, welches Muster aus der Vergangenheit sich in ihrer jetzigen Situation mit Bob und ihrem Sohn widerspiegelte. Mittels der Intuitiven Methode gelangten wir zunächst in die Zeit zurück, in der sie drei Jahre alt gewesen war, und dann zu einer noch tieferen Erfahrung, die sie im Alter von achtzehn Monaten gemacht hatte. Ihr Vater war in dieser Zeit ziemlich oft von zu Hause fort gewesen, weil er gerade seine Firma aufbaute.

Cynthia fand heraus, dass sie in Konkurrenz zu ihrer Mutter gestanden hatte und dass es ihr angesichts der Neurose ihrer Mutter nicht schwergefallen war, der Liebling ihres Vaters zu werden und ihm deshalb näher zu sein als ihre Mutter. Darüber hinaus war es ihr gelungen, im Kampf um die Aufmerksamkeit des Vaters auch die Geschwister zu schlagen. Cynthia und ich führten eine Reihe von Zentrierungsübungen durch, um das Muster der Konkurrenz innerhalb ihrer Familie in ein Muster der Partnerschaft zu verwandeln.

Dann fragte ich Cynthia: „Wenn du wüsstest, welchen Zweck du damit verfolgst, dass Bob und dein Sohn ständig streiten, dann besteht er vermutlich darin, dass…" „… ich meine eigene Besonderheit beweisen kann", gestand Cynthia intuitiv und mit einem verlegenen Lächeln. Ein Teil von ihr war über diese Entdeckung entsetzt. Sie stellte fest, dass der Bruch, der durch ihre Familie ging, ihr eine persönliche Belohnung brachte. Es ging ihr damit so schlecht, dass sie mehrere Minuten lang nicht weiterarbeiten konnte. Ich erklärte ihr, dass sie sich jetzt mit ihrer Schuld auseinandersetzte, die sie verborgen hatte, indem sie ihrem Mann die Schuld an der ganzen Situation gab. Ihr Ego benutzte ihre Schuld, um zu verhindern, dass sie sich änderte.

Es dauerte nicht allzu lange, bis Cynthia in der Lage war, die positive Seite ihrer Entdeckung zu sehen. Sie erkannte, dass, wenn sie den Mut hatte, es zu sehen, sie auch den Mut hatte, es zu ändern. Daraufhin bat ich Cynthia, den Bereich ihres Geistes, der entsetzt war, mit dem Bereich zu integrieren, der sich als etwas Besonderes fühlte und insgeheim damit einverstanden war, die Situation aufrechtzuerhalten. Dann führte ich eine Zentrierungsübung mit ihr durch, um die Verbundenheit zwischen ihr, ihrem Mann und ihrem Sohn wiederherzustellen und um ihr die Möglichkeit zu geben, sich von ihren Bedürfnissen, negativen Glaubenssätzen und dem Konkurrenzdenken zu befreien, das ebenfalls eine Rolle zu spielen schien. Am Ende der Sitzung war Cynthia immer noch ein wenig bekümmert, aber auch sehr erleichtert.

Drei Wochen später rief Cynthia an und berichtete, dass der Machtkampf zwischen Bob und ihrem Sohn sowohl von der Häufigkeit als auch von der Intensität her um etwa ein Drittel nachgelassen hatte. Ganz offenkundig gab es entweder im Unterbewusstsein mit seinen Familien- und Beziehungsmustern oder auf einer unbewussten Ebene noch mehr, was der Heilung bedurfte. Cynthia vereinbarte also einen Termin für eine weitere Sitzung mit mir, die zwei Wochen später stattfinden sollte. Am Ende des fünfminütigen Telefonats glühte Cynthia gleichsam vor Stolz auf das, was sie in ihrem Heilungsprozess bisher erreicht hatte.

Opfer sein oder frei sein

Ein Grund, warum ich *Ein Kurs in Wundern* so sehr mag, ist, dass er sehr prägnant genau das in Worte fasst, was ich bei meiner eigenen Arbeit mit dem Unterbewusstsein entdeckt habe.

Seine Aussagen darüber, wie wir zum Opfer werden, was unser Opferdasein am Leben erhält und wie wir uns daraus befreien können, indem wir eigenverantwortlich handeln und unseren Mitmenschen helfen, sind sehr elegant geschrieben. Er stellt fest, dass die Welt des Opfers aufrechterhalten wird, indem es anderen Menschen die Schuld an dem gibt, was geschieht. Insgeheim sehen wir einen Menschen, der uns wichtig ist, als schuldigen Täter.

> Du bist die Ursache meines Tuns. Deine Gegenwart rechtfertigt meinen Zorn, und du existierst und denkst getrennt von mir. Während du angreifst, muss ich unschuldig sein. Und das, woran ich leide, ist dein Angriff.
>
> *Ein Kurs in Wundern*, Textbuch, Seite 584

Das bedeutet, dass das, was die Welt uns zeigt, unsere eigene Entscheidung ist, die einem **heimlichen** Zweck dient, so dass wir uns nicht als die Ursache der Welt oder der Ereignisse sehen, die in ihr geschehen. Unsere Leugnung verbirgt unseren Anteil an der Erschaffung der Welt und die Geschichte, die wir darin spielen. Eigenverantwortung ist das Mittel, das unsere heimliche Schuld erlöst und die Leugnung durchschneidet, sodass Veränderung leicht wird. Dann stellt sich nicht nur die Einfachheit ein, die wir brauchen, um das Problem zu lösen, sondern auch die Motivation, uns anders zu entscheiden. Wenn wir unsere Macht dagegen aufgeben und glauben, dass jemand anderer oder die Welt über unser Leben bestimmt, dann bleiben wir schwach, hilflos und im Opferdasein gefangen.

Niemand kann aus einem Traum erwachen, den die Welt für ihn träumt. Er wird zu einem Teil des Traumes eines anderen. Er kann nicht beschließen, aus einem Traum zu erwachen, den er nicht gemacht hat. Hilflos steht er da, das Opfer eines Traumes, den ein von ihm getrennter Geist erdacht hat und der diesem lieb und teuer ist. Dieser Geist muss ihm gegenüber fürwahr achtlos sein, so unbedacht auf seinen Frieden und sein Glück, wie es das Wetter ist oder die Tageszeit. Er liebt ihn nicht, sondern steckt ihn, wie er will, in jede Rolle, die seinen Traum befriedigt. So klein ist sein Wert, dass er nichts ist als ein Schatten, der nach einer sinnlosen, im eitlen Traum der Welt erdachten Handlung tanzend auf und ab springt.

Ein Kurs in Wundern, Textbuch, Seite 585

Das ist die Alternative, die uns bleibt, wenn wir nicht die Verantwortung für das übernehmen, was in unserem Leben geschieht. Ohne Eigenverantwortung leugnen wir, dass die Ursache unseres Leidens in unserem eigenen Geist liegt. Der *Kurs* fordert uns auf, froh darüber zu sein, dass wir selbst die Verantwortung tragen, weil wir dadurch „der Entscheider über unser Schicksal in der Zeit" sind.

Es liegt an dir, die Wahl zu treffen zwischen einem schlafenden Tod und bösen Träumen oder einem glücklichen Erwachen und der Lebensfreude.
Zwischen was könntest du wählen als zwischen Leben oder Tod, Wachen oder Schlafen, Frieden oder Krieg, deinen Träumen oder deiner Wirklichkeit?

Ein Kurs in Wundern, Textbuch, Seite 585

Weiter heißt es:

Unter all den vielen Ursachen, die du als schmerz- und leidensbringend für dich wahrnahmst, war deine Schuld nicht.

Ein Kurs in Wundern, Textbuch, Seite 585

Im *Kurs* heißt es, dass die Schuld bei der Trennung zuerst gesehen wurde und dass dort der erste Selbstangriff begonnen hat. Die Tatsache, dass wir eine Welt des Bösen sehen, rührt von unserem Bedürfnis her, Zeugnis für eine Welt des Bösen abzulegen, weil wir es anderenfalls in uns erkennen müssten. Wenn wir uns tatsächlich gestatten würden, das Problem in uns selbst zu sehen, dann wäre das sogar eine gute Nachricht, weil das, was wir in uns selbst für böse halten, ans Licht gebracht und als die Illusion zerstreut werden kann, die es ist.

> Doch wenn du wirklich vor der Wahl stehst, dann musst du die Ursachen der Dinge, zwischen denen du dich entscheidest, genau so sehen, wie sie sind und wo sie sind.
>
> *Ein Kurs in Wundern*, Textbuch, Seite 586

Und du musst sehen, dass der Weg, der hindurchführt, einfach ist. In dem Maße, in dem wir uns entschließen, die Unschuld anderer Menschen zu sehen, erkennen wir, dass auch wir selbst unschuldig sind.

> Die Rolle, die du dabei spielst, die Welt aus der Verurteilung zu retten, ist dein eigenes Entrinnen.
>
> *Ein Kurs in Wundern*, Textbuch, Seite 584

Alles, was uns den Menschen in unserer Umgebung durch Liebe, Kommunikation, Verbindung, Vergebung und Vertrauen näher bringt, befreit uns und muss die Wahrheit sein. Schuld und Schuldzuweisung trennen uns und führen in die Gefangenschaft des Leidens.

Verlassenheit und Schuld

Marys Geschichte

In einem Workshop, in dem es um die Heilung von Schuld ging, hatte ich meinen Vortrag über Unschuld und Schuld beendet und erklärt, dass jede negative Emotion ein „schlechtes Gefühl" mit sich bringt und dass jede negative Emotion deshalb mit Schuld verknüpft ist. Die negativen Emotionen allein sind schon schlimm genug, aber die damit verbundene Schuld setzt Muster der Selbstbestrafung in Gang, die mit den negativen Emotionen in Einklang stehen.

Unsere Fokusperson war eine Frau namens Mary. Bis ihr Name aufgerufen wurde, hatte sie sich eigentlich recht wohl gefühlt. Wir machten es in allen Seminaren so, dass wir immer wieder jemanden „aus dem Hut zauberten", der zum Ausdruck brachte, was gerade im Gruppenbewusstsein passierte. Anfangs gelang es ihr nicht, einen Zugang zu ihrem Problem zu finden, aber meine Frau Lency, die bekanntermaßen über ein extrem hohes Maß an Einfühlungsvermögen verfügt, fragte sie nach dem Ärger, den sie fühlte. Sobald Lency die Frage gestellt hatte, gab Mary tiefsitzende Gefühle des Ärgers und des Zorns zu, erklärte aber auch, dass es ihr nie gelungen sei, sich darüber klar zu werden, worum es dabei ging.

Lency fragte: „Hat es damit zu tun, dass du das Gefühl hast, im Leben verlassen worden zu sein?"

Es war, als sei in Mary ein Licht angegangen. Sie wurde lebhaft und erzählte, ihr Vater sei in der Marine und deshalb sehr oft von zu Hause fort gewesen. Sie sagte, sie habe ihn in ihrer Kindheit sehr vermisst. Sie gab auch zu, dass sie das Gefühl hatte, von Gott verlassen worden zu sein, erkannte aber schnell, dass dies ihre eigene Projektion dafür war, dass sie Gott verlassen hatte.

Danach berichtete Mary von ihrer letzten Beziehung und ihrem Gefühl, im Stich gelassen worden zu sein. Anfangs war ihre Beziehung atemberaubend und wunderbar romantisch gewesen, aber später hatte ihr Partner behauptet, er könne die Beziehung nicht fortsetzen, weil die Unterschiede zwischen ihren jeweiligen Lebensweisen einfach zu groß seien. Das hatte sie in tiefe Verzweiflung gestürzt, da er einen spirituellen Weg eingeschlagen hatte, der ihn fortführte von der Betriebsamkeit ihrer Kinder und dem, was er die „Toxizität" ihres Firmenjobs nannte.

Ich fragte Mary, warum *sie* die Beziehung mit diesem Mann nicht hatte fortsetzen wollen, obwohl die Anfangszeit doch so wunderbar gewesen war. Sie gestand ein, dass ihre Unabhängigkeit ihr zu wichtig gewesen war, um die Beziehung fortzusetzen, dass sie in letzter Zeit aber erkannt hatte, dass der Wunsch nach einem Partner tatsächlich stärker war als der Wunsch, ihre Unabhängigkeit zu bewahren. Sie erkannte auch, dass sie Angst hatte, ein neuer Partner könnte nicht nur die vielen kleinen Alltagsprobleme entdecken, mit denen sie sich befassen musste, sondern auch ihre Unzulänglichkeiten, und würde sie deshalb nicht mehr lieben.

Ich beglückwünschte sie zu ihrer Selbstwahrnehmung, die sie erkennen ließ, dass sie die Verantwortung dafür trug, dass ihre Beziehung zu Ende gegangen war, fragte sie dann aber zum zweiten Mal, warum sie nicht bereit gewesen war, die Beziehung mit *ihm* fortzusetzen. Endlich wurde ihr bewusst, dass er immer möglichst wenig Zeit mit ihren Kindern verbringen wollte. Außerdem erkannte sie, dass er ein Urteil über ihre Arbeit gefällt hatte, dass sie ihrerseits aber auch ein Urteil darüber gefällt hatte, dass er einen spirituellen Weg ging, aber nicht in der Lage war, den normalen Alltag zu meistern. Ich benutzte ein Sinnbild des Unbewussten und fragte sie, in wie vielen Leben sie genauso gewesen war wie er. Sie antwortete: „Drei."

Ich erklärte ihr, dass diese Beziehung ihr nun die Chance bot, sich selbst dafür zu vergeben, dass sie nicht imstande gewesen war, einen spirituellen Weg zu gehen und gleichzeitig ein normales Leben zu führen. Durch diese Integration würde sie die Gabe erlangen, die es ihr ermöglichte, in beiden Welten erfolgreich zurechtzukommen und beide zu genießen.

Ich fragte Mary, wenn sie es wüsste, welche Belohnung es ihr dann eingebracht hatte, dass ihr Vater so häufig von zu Hause fort gewesen war. Sie entgegnete, dass sie vermutlich nicht gelernt hätte, so stark zu sein, wenn er die ganze Zeit über zu Hause gewesen wäre. Mit dieser Einsicht kam die Erkenntnis, dass ihr Glaube, von Männern und von Gott verlassen worden zu sein, sowohl geheimes Einverständnis als auch eine Verschwörung ihrerseits beinhaltete, weil sie alle diejenigen verlassen hatte, von denen sie ihrer Meinung nach verlassen worden war. Sie erkannte auch, dass sie sich vor ihrer vergrabenen Gabe fürchtete, die darin bestand, dass sie eine machtvolle, romantische und sexuell anziehende Wirkung auf Männer hatte, und sie war verlegen darüber, dass sie die Gabe des Genießens besaß, wenn sie diese Wirkung tatsächlich ausübte. Mary erkannte, dass sie in der Falle ihrer eigenen Drehbücher gesessen hatte und tatsächlich die Gabe besaß, nicht nur ihre eigenen dunklen Geschichten zu heilen, sondern auch die der Menschen in ihrer Umgebung.

Wir führten eine heilende Aufstellung durch, in der Mary ihre Gabe der Heilung dunkler Geschichten annahm und an die Bereiche ihrer selbst weitergab, die sich von ihrem Vater, ihrem Partner und Gott verlassen fühlten. Dieser Schritt war von großer emotionaler Kraft geprägt und hatte eine befreiende Wirkung auf alle Teilnehmer, für die Verlassenheit ein Thema war. Dann nahm sie die Gabe der großen Anziehungskraft, die sie auf Männer ausübte, an und gab sie an die Teilnehmer weiter, die ihren letzten Partner, ihren Vater und Gott verkörperten. Anschließend konnte Mary auch ihre letzte Gabe des Genießens annehmen. Als sie diese Gabe an den Teilnehmer weitergab, der ihren früheren Partner verkörperte, lachte sie bereits, und die Wiedervereinigung mit ihrem Vater war von großer Zärtlichkeit geprägt. Am Ende der Übung war Mary höchst lebendig und strahlte vor Freude. Sie war in ihrem Leben gerade einen großen Schritt vorangekommen.

Häufige Ursachen für Schuld
in der Kindheit

Häufige Ursachen für Schuld in der Kindheit sind Traumata oder Herzensbrüche, die wir selbst oder andere Familienmitglieder erleiden. Für jedes Problem, das jemand in der Familie hat, geben wir uns – wenn auch nicht bewusst, so doch unterbewusst – die Schuld. Darüber hinaus fühlen Kinder sich in hohem Maße schuldig, wenn die Eltern miteinander streiten. Mangel in der Familie ist ebenfalls ein Bereich, für den wir uns als Kind häufig die Schuld geben. Die meisten dieser unterbewussten Schuldthemen sind mir in Workshops und bei Einzelsitzungen mit Klienten überall auf der Welt sehr häufig begegnet.

Ein weiterer Ursprung von Schuld, der mir häufig begegnet, ist auf den Verlust der Verbundenheit zurückzuführen. Schuld dient sehr oft als Lückenfüller zwischen uns und den Menschen, zu denen wir die Verbundenheit verloren haben. Das kann sich weiter verschlimmern, wenn es in der Familie einen Todesfall gibt. Verbundenheitsverlust und Schuld entstehen auch, wenn jemand in der Familie uns verbal, körperlich oder sexuell missbraucht. Diese Form von Missbrauch kann eine wahre Lawine an Schuld auslösen und passt ins Bild der Märtyrerrolle, weil wir uns aufopfern in dem Versuch, die Familie oder ein Familienmitglied zu retten.

Die beiden Hauptdynamiken, die in der Kindheit zu Herzensbruch führen, sind zugleich zwei der größten Schuldproduzenten in unserem Leben. Die erste dieser beiden Dynamiken besteht darin, dass wir einen Herzensbruch erleiden, damit wir unabhängig sein können. Die zweite Dynamik ist die ödipale Verschwörung. Sie führt zu Konkurrenz und sexuellen Phantasien sowie entweder zur Übertreibung oder zur Verdrängung der eigenen Sexualität. Sowohl Unabhängigkeit als auch die ödipale Verschwörung erzeugen Herzensbruch. Die ödipale Verschwörung versucht, Unabhängigkeit zu erlangen, weil wir sonst zu große Schuldgefühle dafür empfinden würden, dass wir uns von einem Mitglied der Familie sexuell angezogen fühlen. Dies geschieht in der Regel mit dem Elternteil des anderen Geschlechts, gelegentlich allerdings auch mit einem

Geschwister des anderen Geschlechts oder, in selteneren Fällen, sogar mit dem Elternteil desselben Geschlechts. Weil einfach zu große Schuld darin liegt, den Konkurrenzkampf um einen Elternteil oder ein Geschwister zu gewinnen, was schnell zu Inzest oder sexuellem Missbrauch führen könnte, erschaffen wir schmerzhafte Ereignisse, um unabhängig zu sein. Der größte Teil ödipaler sexueller Phantasien wird verdrängt und unter Schuld sowie später auch unter Herzensbruch oder anderen Kompensationen vergraben.

Die Unabhängigkeit, die dadurch erzeugt wird, dass wir unsere Verbundenheit durch Opfersituationen zerstören, ruft auch Schuld hervor. Da das Maß, in dem unsere Verbundenheit zerstört ist, dem Maß unserer ödipalen Verschwörung entspricht, sind Teufelskreise aus verlorener Verbundenheit, Unabhängigkeit und ödipaler Verschwörung auf bewussten und unterbewussten Ebenen unseres Geistes am Werk.

Die Familienverschwörung

Die Familienverschwörung ist die beste Verschwörung, die das Ego im Repertoire hat. Das bedeutet, dass sie auch der größte Erzeuger von Schuld ist. Die Schuld und ihre kompensierenden Familienrollen, die von der Familienverschwörung herrühren, sind Teil aller Probleme und Traumata, die wir im Leben erleiden. Natürlich stehen sie immer in Konstellation zu den Verschwörungen der Schuld, der Aufopferung, der Konkurrenz, des Herzensbruchs, des Verlustes, der Rache, der Angst und der Bedürftigkeit. Außerdem sorgt die Familienverschwörung gemeinsam mit der ödipalen Verschwörung dafür, dass wir in der Knechtschaft des Egos gefangen bleiben. Das erzeugt ein derart hohes Maß an Schuld, dass nur wenige Menschen in ihrem Leben über die tote Zone hinausgelangen, was zur Folge hat, dass ihr Leben sehr stark von Aufopferung und Leblosigkeit geprägt ist.

Familienschuld und die Rollen, die sie kompensieren, rühren vom Verlust unserer Verbundenheit her, und dieser Mangel an Verbundenheit wird auf der Ahnenebene von Generation zu Generation weitergegeben. In jeder Generation erhalten wir die Chance, das Muster zu verändern und die Verbundenheit wiederherzustellen. Es zu tun heißt, sowohl eine glückliche Beziehung als auch eine glückliche Familie zu haben. Es gibt uns außerdem die Möglichkeit, unsere Lebensaufgabe zu erkennen und zu leben, da unsere Ursprungsfamilie die Blaupause für unsere Lebensaufgabe liefert. Die Erfüllung unserer Lebensaufgabe gibt uns das Fundament für ein goldenes Leben. In dem Maße, in dem wir selbst heil werden und Verbundenheit wiederherstellen, können wir unsere Ahnen durch die Zugehörigkeit befreien, die daher rührt, dass wir die falsche Unabhängigkeit und Trennung sühnen, die wir aus unseren Familien- und Ahnenmustern übernommen oder „geerbt" haben.

Wie alle Verschwörungen arbeitet die Familienverschwörung auf unterbewussten und unbewussten (Seelen-)Ebenen. Die Familienverschwörung ist der größte Lieferant von Schuld und Hauptüberbringer der ödipalen Verschwörung und der Verschwörungen der Konkurrenz und der Angst. Weil sie so tief verborgen liegt, gelingt es den meisten Menschen gar nicht, bis zur Wurzel dieser

Schuld vorzudringen, was zur Folge hat, dass wir in Rollen der Bedürftigkeit, der Unabhängigkeit und der Aufopferung sowie in Rollen des Märtyrers, des Rebellen und des Opfers steckenbleiben. Die Familienverschwörung erzeugt außerdem die Familienrollen der Waise beziehungsweise des verlorenen Kindes, des Clowns beziehungsweise des Maskottchens, des Sündenbocks beziehungsweise des Problemverursachers, des Aufopferers und des Helden.

Uns von der Familienverschwörung zu befreien bedeutet, endlich die Wurzeln und die Flügel zurückzuerlangen, die mit Verbundenheit einhergehen. Unser Ego hat sich an der Familienverschwörung und der ödipalen Verschwörung dick und satt gefressen und das alles, damit wir unserer Lebensaufgabe aus dem Weg gehen und unseren eigenen Willen durchsetzen können. Es scheint doch verrückt, dass wir uns immer wieder für die Trennung als Antwort auf unsere Probleme entscheiden, obwohl sie die Wurzel allen Schmerzes, aller Schuld, aller Angst und aller Bedürftigkeit ist. Sie sorgt dafür, dass wir uns unzulänglich statt stark fühlen. Es ist an der Zeit, uns aus der Verschmelzung, der Aufopferung und dem Morast der Familienschuld zu befreien, damit wir unsere Größe erkennen, unsere Lebensaufgabe leben und unsere Bestimmung des großen Glücks von ganzem Herzen annehmen können. Um dies tun zu können, müssen wir uns zuerst der Verschwörungen bewusstwerden, in die wir verstrickt sind, und sie loslassen, um den Weg für ein Leben frei zu machen, das von einem höheren Maß an Unschuld und Erfolg geprägt ist.

Schuld und Kompensation

Schuld ist ein Gefühl, das nur schwer zu ertragen ist. Meist verabreichen wir sie uns in kleinen Dosen. Auch wenn unsere Schuld uns überwältigend groß vorkommt, ist sie gering im Vergleich zu dem Maß an Schuld, das wirklich in uns versteckt liegt. Weil die Schuld so groß ist, versuchen wir sie zu kompensieren. Rollen sind ein gutes Beispiel für Kompensationen. Wir versuchen gut oder rechtschaffen zu sein, um unsere Schuld wettzumachen. Das reicht allerdings nie aus, weil eine Kompensation niemals imstande ist, Schuld wettzumachen, sondern sie lediglich unter einem Verhalten verbirgt, das uns akzeptabler erscheint.

Jede Kompensation ist eine Form von Aufopferung, bei der es sich sowohl um eine Rolle als auch um eine Schutzmaßnahme handelt. Eine Kompensation ist die zeitgleiche Erfahrung zweier entgegengesetzter Dinge, und zwar des negativen Gefühls von Schuld sowie der damit verbundenen Emotionen von Angst, Schmerz, Versagen, Unwürdigkeit und Wertlosigkeit einerseits und des entgegengesetzten Verhaltens, das sich darin zeigt, dass wir Gutes tun, geben oder hart arbeiten, andererseits. Da dieses „gute Verhalten" ein Abwehrmechanismus ist, stellt es eine Form von Aufopferung dar, denn es ist weder mit Empfangen noch mit einem Sich-Einbringen verbunden, das Erfolg oder Belohnung zulässt.

Ein weiteres gutes Beispiel für Kompensationen sind die so genannten *-ismen*. Es sind Ideologien, die benutzt werden, um das Gefühl der Schuld wettzumachen und uns dagegen zu schützen. Falscher Idealismus, Kommunismus und Fundamentalismus sind benutzt worden, um die tiefe Schuld zu verbergen, die wir in uns tragen. Frömmlertum und politische Korrektheit sind ebenfalls Kompensationen. Bei ihnen handelt es sich in Wirklichkeit um Abwehrmechanismen, die zwar der Form genügen, denen aber weder die Wahrheit noch die Substanz des Originals innewohnen.

Obwohl Erwartungen, bei denen es sich um Forderungen oder Bilder im Hinblick darauf handelt, wie etwas sein sollte, ebenfalls Schuld übertragen, werden Bedürfnisse am offensichtlichsten kompensiert. Trennung, die ein Bedürfnis entstehen lässt, lässt in gleichem Maße auch Schuld entstehen.

Urteil, Aufopferung und Selbstangriff sind Kompensationen für Schuld. Sie führen dazu, dass wir uns unter Schutzmaßnahmen wie Überanstrengung, Überarbeitung oder sogar Schwelgen verstecken, um das schlechte Gefühl wettzumachen. Kompensationen schneiden uns vom Leben ab, erzeugen Gefühle der Leblosigkeit und führen schließlich zu Burnout, weil wir nicht empfangen und uns nicht erholen können. Kompensationen treiben uns mit einer fixen Idee an, an der wir uns festgebissen haben. Wir fühlen uns von anderen Menschen und vom Leben isoliert, und ohne lebendigen Kontakt setzen wir ein Drama in Gang, um uns lebendig zu fühlen. Kompensationen sind eine Form von Dissoziation, die uns von dem abschneidet, was der Heilung bedarf.

Schuld und Rollen

Die Rollen der Aufopferung, des Opfers und der Unabhängigkeit sind an Schuld geknüpft und bilden einen der Teufelskreise, die durch den Verlust von Verbundenheit entstehen. Wie alle Rollen sind auch diese Rollen eine Kompensation für Schuld, und wie alle Rollen können sie dich nicht von ihr befreien. Sie sind ein Versuch des Egos, in Bezug auf die Schuld etwas zu unternehmen, sie aber dennoch aufrechtzuerhalten. Das ergibt Sinn, weil das Ego aus Schuld besteht.

Nicht nur die Rolle der Aufopferung selbst, sondern *alle Rollen* sind eine Form von Aufopferung, die nicht zulässt, dass wir empfangen. Die Rolle der Aufopferung bewirkt Trennung und bringt uns in eine Verlierer-Gewinner-Position, damit wir jetzt verlieren, dafür aber später gewinnen können. Die Opferrolle ist eine Form von Verlierer-Verlierer-Position, die auf der tiefsten Ebene der Dynamik angesiedelt ist. Sie stellt einen Versuch dar, Schuldgefühle in anderen Menschen zu wecken, um sie in dem Machtkampf, den wir mit ihnen führen, zu kontrollieren. Das ist rachgierig, aber wir wollen damit beweisen, dass der betreffende Mensch der böse Bube ist und Bestrafung verdient, während uns Unrecht getan wurde, weil wir unschuldig sind. Die Rolle der Unabhängigkeit setzt auf eine Gewinner-Gewinner-Position, die aber nur den Anschein erweckt, dass beide Seiten gewinnen, da Unabhängigkeit auf dem Papier gut aussieht, uns aber weder einbezieht noch zulässt, dass wir empfangen. Sie verlässt sich weitestgehend auf Dissoziation, um die Schuld in Schach zu halten. Auch das ist ein Weg, der Schuld aufrechterhält, was zur Folge hat, dass wir uns nicht mit ihr befassen. Und nicht zuletzt ist auch Verschmelzung an der Konstellation dieser drei wichtigen Rollen beteiligt.

Verschmelzung

Das Ego benutzt Verschmelzung als Ausgleich dafür, dass wir unsere Verbundenheit verloren haben, denn wir brauchen das Gefühl, mit anderen Menschen verbunden zu sein. Verschmelzung ist jedoch nur vorgetäuschte Verbundenheit. Es ist keine Form von Liebe, sondern eine Form von Co-Abhängigkeit, die sowohl über den Menschen urteilt, von dem wir glauben, er habe den Verlust unserer Verbundenheit verschuldet, als auch über den Menschen, mit dem wir verschmolzen sind. Der Verlust der Verbundenheit hat meist zur Folge, dass wir mit einem oder mehreren Familienmitgliedern verschmelzen. Das lässt emotionale Grenzen verschwimmen und verhindert die Individuation, die wir brauchen, um eine Partnerschaft eingehen zu können. Wenn du dir selbst nicht treu bist, kannst du auch anderen Menschen gegenüber nicht treu sein. Verschmelzung macht die Sorge um andere Menschen zu einer Rolle statt zu einem authentischen Akt des Gebens und Empfangens. Sie blockiert Erfolg und Nähe, und sie sorgt dafür, dass zwischen den männlichen und weiblichen Aspekten der Partnerschaft ein Ungleichgewicht bestehen bleibt. Verschmelzung bringt den Fluss zum Stillstand und macht es uns viel schwerer als nötig, unsere Ziele zu erreichen. Außerdem ist sie ein großes Hindernis, wenn es darum geht, unsere Lebensaufgabe zu finden und zu erfüllen. Verschmelzung birgt Schuld und verhindert, dass wir uns emotional frei fühlen. Weil Verschmelzung unsere Sehnsucht nach Liebe nicht wirklich erfüllen kann, will sie Aufmerksamkeit erlangen, indem sie ein emotionales Drama in Gang setzt, das entweder mit einem zunehmend höheren Maß an Aufopferung einhergeht in dem Versuch, Liebe zu bekommen, oder mit einem immer höheren Maß an Dissoziation, damit sie ihren Willen durchsetzen kann und sich durch die Aufopferung, die von Verschmelzung herrührt, weniger erdrückt oder ausgebrannt fühlt. Wir alle leiden in hohem Maße unter Verbundenheitsverlust und Verschmelzung, was sich daran zeigt, wie viele Menschen in Rollen des Opfers, der Aufopferung und der Unabhängigkeit gefangen sind, die Unwägbarkeiten der Partnerschaft nicht kennen und sie deshalb fürchten.

Schuld und Aufopferung

Aufopferung kompensiert nicht nur Schuld und Gefühle der Unwürdigkeit, sondern erzeugt auch Schuld, weil sie eine Form von verstecktem Angriff ist. Aufopferung und Schuld erzeugen und erhalten einander gegenseitig in einem heimlichen Plan des Egos, der einen Teufelskreis darstellt. Aufopferung wird seit Urzeiten mit Liebe verwechselt. Aus psychologischer Sicht basieren alle Dinge entweder auf Liebe oder auf Angst. Wir machen uns selber weis, dass Aufopferung auf Liebe basiert, aber das ist nicht wahr. Sie basiert auf Angst. Wir brauchen nur ein wenig genauer hinzuschauen, um festzustellen, dass die Dynamik der Aufopferung zu Mangel führt. Liebe mangelt es an nichts und sie erzeugt keinen Mangel. Liebe erzeugt Ganzheit. Aufopferung birgt keine Selbstliebe. Sie wirft uns aus dem Rennen.

Aufopferung ist ein Handel, der lautet: „Ich verliere jetzt, um später zu gewinnen. Ich erwarte von dir, dass du dich später aufopferst, um Wiedergutmachung für das zu leisten, was ich jetzt für dich tue." Aufopferung ist eine Form von Angriff, denn sie will nehmen, was die Liebe niemals tut. Sie ist aber auch eine Form von Selbstangriff, die Kleinheit und Unwürdigkeit als Lebenseinstellung wählt. Sie lehnt die uns innewohnende Größe ab, und sie lehnt auch Gleichheit ab, was uns in eine Position der Überlegenheit oder Unterlegenheit gegenüber einem anderen Menschen bringt, uns ihm aber niemals ebenbürtig sein lässt. Gleichheit lässt Partnerschaft entstehen und erzeugt dadurch Fluss, Erfolg und Nähe. Alles, was wir tun, wenn wir uns aufopfern, *tun wir selbst*. Das stellt uns ins Rampenlicht und macht uns zu etwas Besonderem. Es blockiert die Gnade, die dasselbe *durch uns vollbracht* hätte. Alles, was durch Aufopferung erreicht wird, kann auch ohne sie erreicht werden.

Teilnehmern meiner Seminare stelle ich oft die Frage: „Wenn ihr euch aufopfert, damit eure Kinder einmal ein besseres Leben haben, was tut ihr dann, wenn eure Kinder aus Liebe zu euch in eure Fußstapfen treten und sich ebenso aufopfern, wie ihr es getan habt?" Kinder können natürlich auch schwelgen und so die Kehrseite des Teufelskreises aus Aufopferung und Schwelgen ausleben. Das ist besonders schmerzhaft, weil es einen besseren Weg gibt, der nicht nur wahr, sondern auch mühelos ist. Miteinanderteilen und Gleichheit verbinden uns, verleihen uns Wurzeln und Flügel zugleich und schenken uns ein höheres Maß an Freiheit.

Aufopferung ist eine Form von Selbstangriff, die auf einer bestimmten Ebene eine selbstzerstörerische Wirkung entfaltet.

Der unterbewusste Angriff von Aufopferung ruft Rückzug und Leblosigkeit hervor. Sie spielt eine Rolle, statt authentisch zu handeln. Wir brauchen uns lediglich zu fragen, welchem Zweck unsere Aufopferung dient. Alles, was wir tun oder was uns widerfährt, dient einem Zweck. So erweisen sich die verborgenen Dynamiken der Aufopferung als Lieblosigkeit und als Plan des Egos.

Aufopferung zeigt mit dem Finger auf unseren Partner, unsere Eltern und Gott: „Ich müsste mich nicht aufopfern, wenn du ein besserer Partner, ein besserer Vater, eine bessere Mutter oder ein besserer Gott wärest."

Aufopferung ist einer der häufigsten Mechanismen, mit denen wir uns vor Schuld schützen. Weil wir ein schlechtes Gewissen haben, wollen wir die Schuld tilgen, indem wir uns in eine nachteilige Position bringen. Wir geben, können im Gegenzug aber nicht empfangen.

Unsere Aufopferung soll bewirken, dass wir uns besser fühlen, aber wir fühlen uns weder besser noch frei. Das Gegenteil ist der Fall. Aufopferung belastet uns und bringt den Fluss in unserem Leben zum Erliegen. Wir hoffen, unsere Schuld zu beschwichtigen oder zu sühnen, indem wir die Belohnung, die uns auf ganz natürliche Weise zusteht, wenn wir geben, nicht annehmen. Das funktioniert aber nicht, sondern lässt die Mauern zwischen uns und unseren Mitmenschen nur noch höher wachsen. Zudem verstärkt es die Unwürdigkeit, die von Schuld herrührt.

Unschuld macht uns bewusst, dass Aufopferung überflüssig ist. Alles, was durch Aufopferung erreicht wurde, hätte auch durch Gnade, Wunder oder ganz einfach durch Geben und Empfangen erreicht werden können.

Aufopferung gehört zu den Konzepten, die am häufigsten mit Liebe verwechselt werden. Das gilt ganz besonders für Familienmuster, die auf Rollen aufgebaut sind, was sie automatisch zu einer Form von Aufopferung macht. Wir können nicht empfangen, wenn wir eine Rolle spielen, statt authentisch zu geben. Aufopferung wird sowohl auf der Ahnen- als auch auf der Seelenebene weitergegeben. Sie ist ein Teil des kollektiven Bewusstseins der Menschheit, dessen Erben wir alle sind.

Aufopferung macht das Leben zu einer Last und raubt ihm jeden Spaß. Sie nimmt uns unsere Attraktivität und setzt unser Ansehen bei anderen Menschen herab. Da wir nicht empfangen können, solange wir uns aufopfern, sind Erschöpfung und Burnout die Folgen.

Aufopferung ist kontraproduktiv. Sie ist weder effizient noch effektiv. Sie verbirgt sowohl Konkurrenz als auch den Teufelskreis aus Überlegenheit und Unterlegenheit. Da sie Gleichheit ablehnt, stellt sie uns über einen anderen Menschen, was zur Folge hat, dass wir ihn tragen, oder unter einen anderen Menschen, sodass wir uns aufopfern, um glauben zu können, dass wir das Recht haben, in dieser Beziehung zu sein. Aus Sicht der Aufopferung tragen wir zu diesem Tauschgeschäft jedoch Waren von „minderwertiger Qualität" bei. Aufopferung bringt uns dazu, einer Beziehung einen zu hohen oder einen zu geringen Wert beizumessen, was dazu führt, dass wir aus dem Gleichgewicht geraten. Sie scheut Gleichheit, die von Geben und Empfangen, Gleichgewicht und Partnerschaft geprägt ist. Gleichheit erzeugt einen Fluss, der Erfolg und Nähe mit sich bringt. Wenn wir uns aufopfern, messen wir unserer weiblichen, empfangenden Seite zu wenig Wert bei.

Schuld bringt ihre eigene Besonderheit und einen dunklen Glanz in die Dynamik der Aufopferung ein. Schuld versucht, uns verschwinden zu lassen, indem sie uns dazu bringt, uns auf eine äußerst selbstzerstörerische Weise aufzugeben, oder aber sie lenkt die Aufmerksamkeit auf den Schmerz und die Dunkelheit, die wir erleiden, oder auf die Last, die wir tragen. Wir sind in unserer eigenen dunklen Situation so gefangen, dass wir vergessen, dass nicht Aufopferung, sondern die Liebe zu einem anderen Menschen die Situation leichter macht. Wir vergessen die ganz einfachen Dinge, die unsere Situation erleichtern können, und zu denen gehört, auf einen anderen Menschen einzugehen oder ihm unsere Hilfe zu gewähren. Aufopferung macht das Leben so schwierig, dass wir sie benutzen, um unserer Lebensaufgabe auszuweichen. Sie wird zu einer Hauptdynamik der Selbstsabotage, weil wir sie nicht ertragen können.

Ich habe es auf ehrliche Weise erworben

Die Lieblingsrollen meines Vaters in seiner Herkunftsfamilie waren der Held und der Märtyrer. Natürlich wurden diese Rollen später in seine eigene Familie übertragen. Diese Tatsache verbarg aber nicht die Zeiten, in denen mein Vater ein echter Held war. Es waren die Zeiten, in denen er sich in einem überaus hohen und heldenhaften Maße einbrachte, das über den Ruf der Pflicht weit hinausging. Als Vater gewann er so meine Liebe und war eine Quelle der Inspiration für mich. Ich lernte zu geben, indem ich ihn beobachtete. Natürlich übernahm ich auch die Rollen des Helden und des Märtyrers, die eine große Belastung darstellten. Sie waren aber nicht nur auf der Ahnenebene an mich weitergegeben worden, sondern ich hatte sie außerdem auch auf einer Seelenebene in dieses Leben mitgebracht. Meine Familiendynamik war – wie bei allen Menschen – der perfekte Schnittpunkt zwischen Seelen- und Ahnenmustern.

Die Schuld, die sich unter diesen Rollen verbarg, machte meine Kindheit in vieler Hinsicht mühsam und beschwerlich, ganz zu schweigen von der Schwere und von dem Panzer, in den die Rollen selbst mich zwängten. Auf meinen Vater wirkten sie sich in der gleichen Weise aus, und mit zunehmendem Alter schien die Schwere ihn immer mehr niederzudrücken. Natürlich gab es auch viele Zeiten, in denen das nicht so war, wenn etwa seine Überschwänglichkeit, sein Humor und seine Fähigkeit, sich in meine Mutter und in das Leben zu verlieben, sich Bahn brachen. Seine Liebe zur Schönheit und seine Begeisterung für die Gartenarbeit inspirierten ihn sein Leben lang. Viele dieser Dinge habe ich von meinem Vater gelernt.

Unsere Wachstumsphasen durchliefen wir gleichzeitig. Wir ließen die Ebene der Abhängigkeit und ihr letztes lähmendes Stadium der Schuld etwa zur selben Zeit hinter uns, schafften es aber nicht, durch das letzte Stadium der Unabhängigkeit zu gelangen, um dann gemeinsam das Stadium der Partnerschaft zu erreichen. Mein Vater hatte nicht genug über Partnerschaft gelernt, um sich befreien und zum Stadium wechselseitiger Abhängigkeit gelangen zu können. Er kam nie über seine Rollen hinaus, und er glaubte auch nie an den Ödipuskomplex. (Ich selbst glaubte an die ödipale Verschwörung auch erst, nachdem ich bereits fünf Jahre als Therapeut gearbeitet hatte. Als sie aber sowohl bei mir selbst als auch bei anderen Menschen immer wieder aus dem Unterbewusstsein auftauchte, erkannte ich allmählich, was für ein Genie Freud war.)

Die Leugnung meines Vaters hatte zur Folge, dass er niemals über seine ödipalen Muster hinausgelangte. Sein eigentlicher Untergang war jedoch der Punkt, an dem sich das Stadium der toten Zone, in dem es um verborgene Schuld und Versagen geht, mit unbewussten Ebenen der Wertlosigkeit verbindet. Ich befand mich ebenfalls in diesem Stadium und kämpfte mit einer Todesversuchung nach der anderen. Ich konnte meinem Vater nicht helfen, weil ich es selbst kaum schaffte, meinen Kopf über Wasser zu halten. Erst ein Jahr nach dem Tod meines Vaters hatte ich diese Lektion gelernt und den Weg gefunden, der mich durch die Wertlosigkeit hindurchführte.

Während meiner gesamten Kindheit war ich mit Rollen beladen. In der Schule und im Sport war ich manchmal ein Held, fühlte mich aber nur selten wirklich als solcher. Als Friedensstifter in der Familie hatte ich bei den vielen Konflikten meiner Eltern alle Hände voll zu tun. Die Schuld, die daher rührte, dass ich als Friedensstifter versagte, trieb mich in die Rolle des Märtyrers und des Aufopferers, die auch mein Vater immer weiter spielte, weil er meine Mutter immer wieder enttäuschte.

Ich erinnere mich, dass ich während meiner Zeit an der Grundschule an einem Samstagmorgen einmal über die Straße zur Turnhalle der High School gegangen bin. Wir spielten Basketball, aber ich beobachtete ganz fasziniert ein paar Kinder, die von einem kleinen Trampolin sprangen, in der Luft einen Salto schlugen und dann auf einer Matte landeten. Ich hatte das noch nie getan, und mir hatte auch noch niemand gezeigt, wie es ging, aber ich wollte es trotzdem versuchen. Ich sprang vom Trampolin, wusste aber nicht, wie man sich in der Luft drehen musste, und landete deshalb voll auf dem Bauch. Ich schlug so hart auf der Matte auf, dass meine Fersen mit voller Wucht gegen meinen Hinterkopf geschleudert wurden. Als ich dort lag, glaubte ich zunächst, ich sei gelähmt. Minuten später erst konnte ich endlich meine Finger und meine Zehen wieder bewegen und schaffte es dann irgendwie, von der Matte zu kriechen. Dort lag ich weitere zwanzig Minuten, während die anderen Kinder weiter ihre Saltos schlugen. Irgendwann konnte ich aufstehen und nach Hause gehen. Auf meinem Hinterkopf hatte ich tagelang eine dicke Beule. Ich habe nie jemandem davon erzählt. Ich hatte es sogar völlig vergessen, bis ich vor einigen Jahren anfing, diese Vorfälle mit dem Wissen zu untersuchen, das ich heute über das Unterbewusstsein habe.

Als erstes wurde mir klar, wie viel Glück ich gehabt hatte, dass ich nicht für den Rest meines Lebens eine Behinderung davongetragen hatte. Mein unterbewusster Plan war es gewesen, mich aufzuopfern, um meine Familie wieder zusammenzubringen, weil es allmählich so aussah, als würde sie die dauernden Kämpfe nicht überleben. Ich war neun Jahre alt und damit in dem Alter, in dem alles, was aus der Kindheit emotional noch nicht abgeschlossen ist, noch einmal zurückkehrt, um abgeschlossen zu werden, ehe wir zum nächsten Stadium unseres Lebens weitergehen. Schon damals glaubte ich, die Zwietracht in unserer Familie sei einzig und allein meine Schuld, weil es mir nicht gelungen war, Frieden zu stiften.

Schuld und Härte gegenüber uns selbst

Unsere Schuldgefühle bewirken, dass wir sehr hart zu uns selbst sind. Würden wir glauben, dass wir unschuldig sind, dann würden wir mitfühlend mit uns selbst umgehen, weil wir unseren Wert erkennen würden. Wir würden uns wie einen Freund behandeln. Unsere Schuld bewirkt, dass wir uns selbst nicht mögen und deshalb dazu neigen, hart mit uns selbst ins Gericht zu gehen. Wir schenken uns kein Vertrauen. Wir behandeln uns nicht als ein Kind Gottes, sondern als ein Kind unseres Egos. Es ist offenkundig, dass unsere Abneigung und Härte gegenüber uns selbst der Welt des Egos entspringen, weil sie Distanz und Trennung zwischen uns und uns selbst sowie zwischen uns und anderen Menschen erzeugen. Das beweist, dass das Ego dahinter stecken muss, weil das Ego auf Angriff und Selbstangriff beruht.

Vor ein paar Jahren hatte ich ein Gespräch mit meinem Sohn Christopher, der damals eine „intensive Zeit" durchlebte. Während unseres Gesprächs erkannte ich, wie hart er zu sich selbst war, und teilte ihm diese Erkenntnis mit. Ich erklärte ihm, dass es keinen Grund gab, sich diese selbst auferlegten Schwierigkeiten zuzumuten, und fragte ihn, warum er es tat. Er erwiderte: „Erstens, weil es Heldenmut beweist, und zweitens, weil es eine gute Übung ist."

Ich erklärte ihm, dass das Leben ihm von ganz allein die Zeiten bescheren würde, in denen er aufgerufen war, Heldenmut zu beweisen, und dass er sich nicht aktiv darum bemühen musste. Ich erklärte ihm, dass die „Übung", die er sich auferlegt hatte, ihn von seinen Freunden ablenkte, die seine Hilfe brauchten, und dass der Lehrplan, den er für sich selbst aufgestellt hatte, die eigentliche Lektion, die er lernen sollte und die darin bestand, empfangen zu können, entspannt zu sein und alles zu haben, sogar umging. Er gab zu, dass diese Lektion eine weit größere Herausforderung darstellte, als sich selbst das Leben schwer zu machen. Ich sagte ihm, dass seine Bestimmung darin bestand, die Liebe, die der Himmel ihm entgegenbrachte, für seine Freunde zu verkörpern, und dass er deshalb aufhören sollte, sich selbst so hart zuzusetzen. Als unser Gespräch zu Ende war, hatte Christopher sich dazu verpflichtet.

Ein paar Abende später besuchten ihn einige seiner Freunde, um gemeinsam mit ihm seinen Geburtstag zu feiern und sich von ihm zu verabschieden, bevor er auf seine Sommertour ging. Während wir alle um den Tisch saßen und uns unterhielten, konnte ich mich tief in seine Freunde einfühlen und ihnen „Botschaften" senden, in denen ich ihnen mitteilte, was auf sie zukam. Mit einer einzigen Ausnahme ging es ihnen gut, und auch die Dinge, die auf sie zukamen, waren rundherum positiv. Ohne Ausnahme waren alle jedoch sehr hart zu sich selbst. Sie glaubten, nicht vorbehaltlos liebenswert zu sein, wenn sie einfach nur so waren, wie sie waren. Sie glaubten, sie müssten etwas anders machen oder jemand anderer sein als der, der sie waren. Von meinem Standpunkt aus konnte ich sehen, dass sie nichts weiter zu tun brauchten, als sich selbst anzunehmen, zu erkennen, dass sie vorbehaltlos liebenswert waren und alle guten Dinge verdienten, und ihrem sich entfaltenden Prozess zu vertrauen. Ein Blick in ihre Zukunft zeigte mir, dass die Dinge nur dort nicht reibungslos laufen würden, wo sie sich das Leben selber schwer machten. Ich konnte sehen, dass sowohl die Liebe als auch die Arbeit, von der sie träumten, zu ihnen kommen würden. Sie brauchten nur ein wenig entspannter und lockerer zu werden.

Dazu trug nicht nur Señor Tequila ganz maßgeblich bei, sondern auch die Tatsache, dass sie von reiferen Menschen anerkannt und angenommen wurden, deren Klarsicht ausreichte, um die Schönheit und Wahrhaftigkeit dieser jungen Leute zu erkennen, die zukünftige Führungspersönlichkeiten waren. Es waren liebevolle, mitfühlende, sensible, lustige und aufgeweckte junge Männer, die von den Eltern ihres Freundes verstanden und anerkannt wurden. Wenn sie es schafften, sich zu entspannen und dem Prozess zu vertrauen, würden sie dem wunderbaren Kapitel ihres Lebens, das vor ihnen lag, nicht im Weg stehen. Ich riet ihnen, nicht dauernd mit irgendwelchen Dingen beschäftigt zu sein, nur weil sie sich selbst nicht annehmen konnten, denn das hätte zur Folge gehabt, dass sie nicht hinreichend „entschleunigten", um ein ausgeglichenes Leben zu führen. Wenn es ihnen gelang, nicht dauernd beschäftigt zu sein, würden ihnen der Erfolg und die Fülle, die auf dem Weg zu ihnen waren, nicht entgehen.

Ich war überrascht, dass so großartige junge Leute unfähig waren, den Selbstwert zu erfassen, der von der Unschuld herrührte, die es ihnen erlaubte, Spaß zu haben und sich zu amüsieren. Ich erinnerte mich daran, dass Selbstangriff und Härte gegenüber uns selbst vermutlich die größten Probleme auf der Welt sind, die durch unseren falschen Glauben an Schuld entstehen.

Jesus sagt in *Ein Kurs in Wundern*, dass die Kreuzigung das letzte sinnlose Opfer sein sollte, um alle Aufopferung zu beenden, ein extremes Beispiel von Aufopferung und Liebe, und dass er selbst sich nicht als Körper, sondern als reiner Geist erkannt hat. Ohne eingehende Betrachtung dieses Ereignisses tappen wir in die psychologische Falle der Aufopferung und überhören die Botschaft der Auferstehung, um die es hier einzig und allein geht. Wir betrachten Aufopferung als eine Möglichkeit, Schuld zu tilgen und Liebe zu bekommen, während wir insgeheim Rache üben.

Der Rückzugsfaktor der Aufopferung sorgt dafür, dass wir die Menschen angreifen, die wir lieben. Wir haben uns genau in dem Moment zurückgezogen und herabgesetzt, in dem sie uns am dringendsten gebraucht haben. Der Teufelskreis aus Aufopferung und Schuld einerseits sowie Schuld und Angriff andererseits festigt die Macht des Egos, hat aber eine äußerst zerstörerische Wirkung auf die Ermächtigung, die von Zugehörigkeit herrührt.

Schuld und Mangel

Schuld und Mangel gehen Hand in Hand. Wenn unser Leben von Mangel geprägt ist, dann haben wir die falschen Entscheidungen getroffen, in den falschen Dingen einen Wert gesehen und die Kraft unseres Geistes auf fruchtlose und selbstsabotierende Ziele gerichtet. Wenn unser Leben von Mangel geprägt ist, dann ist das ein sicheres Zeichen dafür, dass Schuld den Platz einnimmt, den Fülle einnehmen sollte. Unsere Fähigkeit, zu empfangen, wird durch unsere Gefühle der Unwürdigkeit blockiert. Wir glauben, dass wir es nicht verdient haben, in den betreffenden Bereichen unseres Lebens – Geld, Erfolg oder Beziehungen – erfolgreich zu sein.

Selbstbestrafung für unsere Schuld bedeutet auch, dass wir das, was wir wollen, nicht bekommen. Selbstangriff ist eine Form von Gehässigkeit gegenüber uns selbst. Ich habe bereits erklärt, dass Schuld der Keil ist, der unser Bewusstsein spaltet, sodass ein Teil erfolgreich sein will und der andere Teil bereit ist, einen bestimmten Preis dafür zu bezahlen, dass er sich verstecken, unabhängig sein oder kontrollieren kann. Schuld wird als Grund benutzt, um uns gute Dinge zu versagen. Das dient eindeutig dem Ego, aber nicht uns. Das Ego fürchtet sich vor dem Empfangen, weil Offenheit es zum Schmelzen bringt. Es fürchtet sich vor Freude, weil es dann einen Teil seiner selbst aufgeben muss. Es flößt uns Angst davor ein, dass eine „Kernschmelze" eintreten könnte oder dass wir uns verlieren könnten, wenn wir uns erlauben, zu viel Liebe zu empfinden. Es bringt uns dazu, uns mit anderen Menschen zu vergleichen, was uns einerseits missgünstig macht, wenn sie mehr haben als wir selbst, andererseits aber auch verlegen angesichts unserer eigenen Erfolge und unseres eigenen Reichtums.

Mangel rührt in der Regel aus der Vergangenheit her und obwohl er durchaus ein unterbewusstes Familienthema sein kann, beginnt er meist im Unbewussten mit seinen Seelen- und Ahnenmustern. Wenn du glaubst, nicht das nötige Werkzeug zu haben, um deine unbewussten Muster anzugehen, kannst du stattdessen auch dir selbst und allen Menschen vergeben, die dir in Zusammenhang mit deinem Thema und dir selbst in den Sinn kommen. Wenn du immer wieder Vergebung praktizierst, bist du auf einem guten Weg, dich von diesem Thema zu befreien.

Mangel zeigt, dass wir unseren Geist und seine Kraft schlecht investiert haben. Es zeigt außerdem, dass wir an etwas anhaften, das wir nicht verlieren wollen, und dieses Anhaften blockiert unsere Fähigkeit zu empfangen. Überall dort, wo wir an einer Sache anhaften, empfinden wir Schuld. Das macht es sehr schwer für uns, das zu empfangen, woran wir anhaften, und sorgt außerdem dafür, dass das, woran wir anhaften, verloren zu gehen droht.

Mangel ist nicht die Wahrheit. Mangel rührt von Angst, Schuld, Rache und Verlust her. Wenn unser Leben von Mangel geprägt ist, erzeugt er diese Dinge gleichsam als Nebenprodukte unserer Erfahrung. Mangel zeigt, dass wir Selbstkonzepte des Mangels in uns tragen, die uns wichtiger als Fülle sind. Ein altes Sprichwort, das ich mir vor etwa fünfundzwanzig Jahren ausgedacht habe, lautet: „Wenn der Empfangende bereit ist, erscheint der Gebende." Das bedeutet, dass wir für das Empfangen nicht bereit sind und uns ihm aus irgendeinem Grund widersetzen.

Eine Möglichkeit, Mangel zu heilen, besteht darin, ihn der höheren Macht, zu der du betest, oder deinem eigenen höheren Bewusstsein zu übergeben und um die Gnade zu bitten, die das Problem auflöst. Gnade und Vergebung sind die beiden wichtigsten Wege, die zu Heilung und Ganzheit führen.

Religiöse Schuld und Sünde

Dort, wo Schuld und Sünde miteinander verknüpft sind, stellen sie ein scheinbar unüberwindliches Hindernis für unser Vorankommen dar. Der Ort, an dem Schuld und Sünde aufeinandertreffen, wird zu einer Folterkammer, und zwar zu einer Folterkammer, die negative Selbstkonzepte erzeugt.

Um diese unnachgiebige Blockade erfolgreich angehen und beseitigen zu können, müssen wir uns unseres logischen Denkvermögens bedienen. Unsere Vernunft sagt uns, dass weder Schuld noch Sünde einen Sinn ergeben. Ich habe dieses Buch geschrieben, um an deine Vernunft zu appellieren. Sobald du die zerstörerische Kraft von Schuld und Sünde erkennst und begreifst, dass sie die Vernunftprobe nicht bestehen können, bist du ihnen weniger stark verhaftet und vielleicht sogar bereit, sie aufzugeben – zumindest auf einer bewussten Ebene. Sünde und Schuld blockieren Vision und damit auch deine Lebensaufgabe. Vision bedeutet, über die Form hinaus auf eine unleugbare Wahrheit zu blicken, die uns nicht überzeugen muss, weil sie so offenkundig ist. Vision ist die positive Zukunft, die zu uns kommt, um die Gegenwart zu berichtigen. Sie gibt uns Richtung und neuen Sinn. Vision geht über die Sehfähigkeit des Körpers hinaus. Sie erkennt, was wahr ist, und bringt uns voran. Vernunft sieht unsere Fehler und berichtigt sie, indem sie uns einen besseren und wahreren Weg zeigt. *Ein Kurs in Wundern* erklärt, dass die Vernunft uns nicht nur dabei helfen kann, uns für einen besseren Weg zu entscheiden, sondern dass sie uns auch vollständig von der Unverbesserlichkeit befreien kann, die von Sünde herrührt und der Glaube an Sünde ist.

> Die Einführung der Vernunft in das Gedankensystem des Egos ist der Anfang von dessen Aufhebung, denn die Vernunft und das Ego widersprechen einander. Auch können sie in deinem Bewusstsein nicht nebeneinander existieren.
>
> Denn die Vernunft sieht durch die Fehler hindurch und sagt dir, dass das, was du für wirklich hieltest, es nicht ist. Die Vernunft kann den Unterschied zwischen Sünde und Fehlern sehen, weil sie die Berichtigung will. Deshalb sagt sie dir, dass das, was du als unkorrigierbar betrachtet

hast, berichtigt werden kann, und deshalb muss es ein Irrtum gewesen sein. Der Widerstand des Egos gegen die Berichtigung führt zu seinem starren Glauben an die Sünde und dazu, dass es Irrtümer nicht beachtet. Es schaut auf nichts, was berichtigt werden kann. So verdammt das Ego, und so erlöst die Vernunft.

Vernunft … schafft Platz für den Frieden und versetzt dich in einen Geisteszustand, in dem Erlösung dir gegeben werden kann. Die Sünde ist ein Block, der wie ein schweres Tor, verschlossen und ohne Schlüssel, quer auf den Weg zum Frieden gestellt ist. Niemand, der sie ohne die Hilfe der Vernunft anschaut, würde versuchen, an ihr vorbeizugehen. Des Körpers Augen sehen sie als massiven Granitfelsen an, so groß, dass der Versuch, daran vorbeizugehen, Verrücktheit wäre. Doch die Vernunft sieht leicht durch sie hindurch, weil sie ein Irrtum ist. Die Form, die sie annimmt, kann ihre Inhaltsleere nicht vor den Augen der Vernunft verbergen.

Ein Kurs in Wundern, Textbuch, Seite 476

Der *Kurs* spricht weiter darüber, dass der Zweck des Egos sowohl sein Glaube an Sünde als auch seine Investition in Schuld ist.

Und dennoch können Fehler ungeachtet ihrer Form berichtigt werden. Die Sünde ist nur ein Irrtum in einer besonderen Form, die das Ego verehrt. Es möchte alle Irrtümer bewahren und sie zu Sünden machen. Denn darin liegt seine eigentliche Stabilität, sein schwerer Anker in der wechselhaften Welt, die es gemacht hat, der Felsen, auf den es seine Kirche baute und wo seine Anbeter … gebunden sind.

Ein Kurs in Wundern, Textbuch, Seite 476 f.

Schließlich erklärt der *Kurs* auch, warum wir eine Welt sehen sollten, in der es keine bösen Buben gibt.

Lass dein Gewahrsein deines Bruders nicht durch die Wahrnehmung seiner Sünden … blockiert werden. Was sonst gibt es in ihm, das du angreifen möchtest, als das, was du mit seinem Körper in Verbindung

bringst, von dem du glaubst, er könne sündigen? Jenseits seiner Irrtümer
ist seine Heiligkeit und deine Erlösung. Du hast ... versucht, deine Sünden
in ihm zu sehen, um dich selbst zu erlösen. Dennoch *ist* seine Heiligkeit
deine Vergebung. Kannst du dadurch erlöst werden, dass du den sündig
machst, dessen Heiligkeit deine Erlösung ist?

Ein Kurs in Wundern, Textbuch, Seite 477 f.

Ich zweifle nicht daran, dass die meisten Menschen, die sich das Prinzip religiöser Schuld zunutze machen, dies aus dem Wunsch heraus tun, anderen Menschen zu helfen. Ich bin sicher, die meisten religiösen Führer wären entsetzt über das, was sie tun, wenn sie die Wirkung sehen könnten, die Schuld auf den Geist und die Seele hat. Sie bewirkt das Gegenteil von dem, was bewusst beabsichtigt ist.

Die, die das Schwert der Schuld schwingen, glauben, dass viel erlaubt ist, wenn es darum geht, Seelen zu retten. Trotzdem rechtfertigt das Ziel das Mittel weder in Bezug auf Integrität noch im Hinblick auf Spiritualität.

Religiöse Schuld ist ein Bewusstseinsstadium, durch das wir hindurchgehen müssen. In totalitären Staaten nimmt dieses Stadium die Form von politischer Schuld an. Sowohl religiöse als auch politische Schuld nehmen eine unterdrückerische Haltung gegenüber einem Ideal ein, das dazu gedacht war, die Menschen zu befreien. Das einstige Ideal ist zu einer Ideologie geworden. Die Vermischung von Schuld und Idealismus führt zu einem egobasierten, restriktiven Verhalten, das von denjenigen, die es an den Tag legen, damit gerechtfertigt wird, dass es Menschen erlösen soll.

Wenn unser Bewusstsein sich von der abhängigen Ebene zur unabhängigen Ebene weiterentwickelt, erlauben wir anderen Menschen nur äußerst selten, Schuldgefühle in uns zu wecken. Menschen, die Schuldgefühle – insbesondere religiöse Schuldgefühle – in anderen Menschen wecken und es zumindest bewusst in gutem Glauben tun, leben meist auf einer abhängigen Bewusstseinsebene. Andere benutzen Schuld ganz einfach, um zu kontrollieren und damit ihre Bedürfnisse erfüllt zu bekommen. Schuldgefühle in anderen Menschen zu wecken ist ein Versuch, Schuld zu kompensieren. Diejenigen, die Schuldgefühle in anderen Menschen wecken, erkennen nicht, dass dies eine Form von Angriff ist. Angriff ist die Grundlage des Egos. Das Ego ist eine moderne psychologische Bezeichnung für den Teufel.

Jesus sagt: „Richtet nicht, damit ihr nicht gerichtet werdet." Fundamentalismus in allen Religionen – auch im Christentum – hat jedoch in sehr hohem Maße urteilenden Charakter. Nach den Überschwemmungen in Großbritannien im Jahr 2007 erschien ein Artikel in der Zeitschrift *The Sunday Telegraph*, der unterstellte, dass die Fluten, die das Land verwüstet hatten, Gottes Strafe für die Sittenlosigkeit und die Gier der modernen Gesellschaft seien. Ein Bischof behauptete sogar, dass die Gesetze, die das Sakrament der Ehe untergrüben, die „Pro-Schwulen-Gesetzgebung" eingeschlossen, Gottes Zorn heraufbeschworen hätten.

Dieser auf Gott projizierte Zorn ist eine Projektion und eine Form von emotionaler Unreife. Allein die Vorstellung, dass es der höchsten Kraft der Wahrheit, Gott selbst, an emotionaler Integrität fehlen könnte, erscheint grotesk, auch dass Gott angreifen – ein Akt des Egos, das eine Illusion ist – und damit das Ziel seines Angriffs real machen würde. Gott macht Illusionen nicht zur Realität. Warum sollte er das angreifen, was unwahr ist? Angriff verstärkt. Angriff kann nur aus dem Versuch heraus geschehen, zu kontrollieren, zu drangsalieren und für schuldig zu erklären, um ein Bedürfnis erfüllt zu bekommen. Das ist ein aus psychologischer Sicht infantiles Verhalten, das noch dazu in Widerspruch zur höchsten Liebe steht, die barmherzig ist. Es werden viele Dinge auf Gott projiziert, die nur unserem eigenen Urteil und unserem Wunsch nach Bestrafung entspringen. Das kann allein von unserer eigenen Schuld herrühren.

Ein Kurs in Wundern beschreibt Gott vollkommen anders als viele Religionen und insbesondere der Fundamentalismus mit seiner Taktik, andere Menschen für schuldig zu erklären.

> Er (Gott) kann nicht erkannt werden ohne seinen Sohn, dessen Schuldlosigkeit die Bedingung dafür ist, ihn zu erkennen. Seinen Sohn (die gesamte Menschheit) als schuldig zu akzeptieren ist eine … Verleugnung des Vaters.
>
> *Ein Kurs in Wundern*, Textbuch, Seite 280

> Solange du nicht schuldlos bist, kannst du Gott nicht erkennen, dessen Wille es ist, dass du ihn erkennst. Und deshalb *musst* du schuldlos sein.
>
> *Ein Kurs in Wundern*, Textbuch, Seite 280

Du kannst nicht verstehen, wie sehr dich dein Vater liebt, denn in deiner Erfahrung der Welt gibt es keine Parallele, die dir helfen könnte, es zu verstehen. Es gibt nichts auf Erden, was sich damit vergleichen ließe; und nichts, was du jemals getrennt von ihm empfunden hast, hat auch nur entfernte Ähnlichkeit damit. … Würdest du um einen wissen, der ewig gibt und der nichts als Geben kennt?

Die Kinder des Himmels leben im Licht des Segens ihres Vaters, weil sie erkennen, dass sie ohne Sünde sind. Die Sühne wurde als das Mittel eingesetzt, die Schuldlosigkeit jedem Geist zurückzugeben, der sie verleugnet hat und dadurch sich selbst den Himmel verweigert hat.

Ein Kurs in Wundern, Textbuch, Seite 281

Religiöse Schuld verstärkt die Dinge, deretwegen du dich schuldig fühlst. Sie ist ein starker Anker, der nicht nur das Glücklichsein blockiert, sondern auch verhindert, dass du lernst.

Der glückliche Schüler kann sich nicht schuldig fühlen, dass er lernt. Das ist so wichtig für das Lernen, dass man es nie vergessen sollte. Der schuldlose Schüler lernt leicht, weil seine Gedanken frei sind. Doch zieht dies die Einsicht nach sich, dass Schuld Störung ist … und überhaupt keinerlei nützliche Funktion erfüllt.

Ein Kurs in Wundern, Textbuch, Seite 274

Sünde und Angriff bilden einen Teufelskreis. Sünde rechtfertigt Angriff, und wir haben den Wunsch, diejenigen zu bestrafen und anzugreifen, die wir für schuldig halten. Das ist der Wesenskern des Egos und das, was die Trennung aufrechterhält. Trennung ist die Wurzel aller Probleme und aller Illusion. Trennung, Schuld und der Wunsch nach Angriff erhalten den Schmerz am Leben.

Wenn wir an Schuld glauben, dann glauben wir an Sünde, und der Glaube an Sünde erzeugt den Teufelskreis aus Angriff und Angst. Angriff und Angst nähren wiederum den Glauben an Schwäche und das Bedürfnis nach Schutz, wodurch unsere Angst und unser Gefühl der Schwäche weiter verstärkt werden.

Die Allgegenwärtigkeit von Schuld

Das Ego besteht aus Schuld, Habenwollen und noch einigen anderen Dingen wie Trennung, Angst, Konkurrenz, Besonderheit und Bedürfnissen. Wenn wir uns schlecht fühlen, dann wollen wir, dass etwas außerhalb von uns dafür sorgt, dass wir uns wieder besser fühlen. Der Verlust unserer Verbundenheit hat Schuld und Bedürfnisse entstehen lassen. Um die Schuld zu verbergen, verwandeln wir sie sofort in Schuldzuweisung. Das arbeitet gegen unseren Erfolg, da es sowohl die Schuld als auch die Bedürfnisse weiter verstärkt. Mit jeder Trennung fühlen wir uns leerer und glauben, weniger würdig zu sein, dass unsere Bedürfnisse befriedigt werden.

Über Schuld hinauszugelangen heißt, über das Ego hinauszugelangen, und das Ego reicht zurück bis zur ursprünglichen Trennung, dem „Fall" aus dem Einssein, dem Traum des Getrenntseins. Deshalb berichten Mystiker, die transzendente Gotteserfahrungen machen, dass die Welt die Illusion und das Einssein die Wirklichkeit ist. Aus evolutionärer Sicht ist die Beseitigung von Schuld deshalb eine Vorwärtsbewegung hin zur Einheit. Es ist eine Wertschätzung der Wahrheit. Es macht uns frei und gibt uns unsere Unschuld zurück. Wir alle sind auf dem Weg zu Zugehörigkeit und Einheit. In dem Maße, in dem sie wachsen, wächst auch unsere Unschuld.

Die erste Ebene der Schuld

Wir tragen so viel Schuld in uns, dass wir sie nahezu vollständig vergraben haben. In *Ein Kurs in Wundern* heißt es, dass wir uns von einem Felsen herabstürzen würden, wenn wir wüssten, was wir wirklich über uns denken. Schuld ist im Geist in Schichten oder Ebenen angelegt. Die meisten Menschen gelangen über die **erste Ebene** niemals wirklich hinaus, die damit zu tun hat, was wir falsch gemacht oder nicht richtig gemacht zu haben glauben. In Wahrheit steckt viel mehr hinter dem hohen Maß an Schuld, das wir wirklich in uns tragen.

Jede nicht abgeschlossene Sache aus der Vergangenheit, jeder Konflikt und jede schmerzhafte Emotion lässt Schuld entstehen.

Immer wenn es uns schlecht geht, empfinden wir Schuld. Das bedeutet, dass jeder Angriff, jedes Urteil und jede finstere Emotion mit Schuld verbunden ist. Schuld sorgt dafür, dass du steckenbleibst und in der Vergangenheit lebst. Jede Sache, deretwegen es dir schlecht geht, rührt aus deiner Vergangenheit her, und die Vergangenheit erhebt sich, um eine Problemsituation nach der anderen zu erzeugen, bis die Sache geheilt ist. Immer wenn es dir schlecht geht, bleibst du stecken, bist niedergeschlagen und verfällst in Selbstangriff.

Du kannst dich weiterhin schuldig fühlen und dich folglich auch weiterhin selbst dafür bestrafen. Du kannst dich aber auch dafür entscheiden, dich von deiner Schuld zu befreien. Befreiung von Schuld hängt von deiner Bewusstheit ab. Um dich voll und ganz davon zu befreien, musst du jeden Überrest der dunklen Gedanken finden, die du gegen dich selbst oder einen anderen Menschen benutzt und tief in deinem Geist verborgen hast. Da wir uns vor Schuld fürchten, weil wir glauben, sie sei real, verbergen wir sie an vielen tiefen Orten in unserem Geist. Die Verpflichtung, alle diese dunklen Illusionen zu finden, ist entscheidend für unsere Unschuld.

Die zweite Ebene der Schuld

Die **zweite Ebene** oder Schicht der Schuld rührt von **unterbewussten** Aspekten her, die mit Beziehungs- und Familienthemen zu tun haben. Sie erweist sich als eine der besten Fallen, die das Ego auf Lager hat. Zum einen ist sie fast immer vergraben, sodass wir gar nicht wissen, dass sie da ist, wenn wir nicht beharrlich nach ihr suchen oder in irgendeiner Weise auf sie aufmerksam gemacht werden. So entspricht zum Beispiel alle Schuld, die wir einem anderen Menschen im Hinblick darauf zuweisen, was er in einer Beziehung getan oder nicht getan hat, genau dem, was wir auf einer unterbewussten Ebene selbst getan oder nicht getan haben, und unter unseren Schuldzuweisungen liegt immer Schuld vergraben.

Wenn eine Familie ihre Verbundenheit verliert, entstehen zudem Angst, Konkurrenz und Schuld. Wir empfinden Schuld dafür, dass wir uns von den Mitgliedern der Familie getrennt und ihnen nicht geholfen haben. Wir fühlen uns schuldig für die Traumata, die unsere Trennung hervorgerufen hat, und für den Verlust, den die Familie erlitten hat. Ein Trauma bedeutet natürlich, dass es uns schlecht geht, was wiederum zur Folge hat, dass wir uns schuldig fühlen. Folglich geht jeder Verlust und jeder Herzensbruch – wie eigentlich jede negative Emotion – mit Schuld einher. Das gesamte Maß an dissoziierter Unabhängigkeit, das wir benutzt haben, um dem Schmerz, der Verschmelzung und dem Burnout in Bezug auf unsere Familie zu entgehen, hat unsere Schuld lediglich zugedeckt. Verschmelzung, die gleichbedeutend ist mit verworrenen Grenzen und dem Verlust der Individuation, wird mit Hilfe von Schuld erzeugt, auch wenn sie vorgetäuschte Fürsorge ist. Verschmelzung ist die Rolle der Aufopferung.

Die Unabhängigkeit, die Opferhaltung und die Aufopferung, die dazu dienen sollen, die Schuld der Trennung abzuwehren, bringen keinen Erfolg, sondern früher oder später nur noch mehr Schuld. Der größte Teil dieser Schuld ist vollkommen unterbewusst. Sie ist so allgegenwärtig, dass sogar jeder Groll, den wir gegen unsere Familie hegen, von ihr durchdrungen ist. Bei den Ereignissen, die unseren Groll hervorgerufen haben, haben wir den Schmerz erlitten, den in Wirklichkeit unsere Eltern in sich trugen. Er wurde an uns weitergegeben, und wir haben ihnen die Schuld dafür zugewiesen. Unser Groll sollte die alten Emotionen in Schach halten, aber Groll und Urteil sind nicht wirklich imstande, Schmerz in Schach zu halten. Unter dem Groll lauert der alte Schmerz, und unter dem Schmerz liegt die Schuld dafür, dass wir das betreffende Mitglied unserer Familie nicht von dem Schmerz erlöst haben, der dann an uns weitergegeben wurde. Zusammen mit der ödipalen Verschwörung wirkt die Familienverschwörung als Doppelschlag des Egos, der dafür sorgen soll, dass wir klein und zurückgezogen bleiben. Das alles soll uns daran hindern, Partnerschaft zu einer Lebenseinstellung zu machen.

Wenn du bei deiner Erforschung über die auf dieser Ebene herrschende Schuld hinausgehst, entdeckst du die Angst, die deine Schuld antreibt. Diese Angst bezieht sich nicht nur auf die schlimmen Dinge, die dir zustoßen könnten, sondern auch auf deine Gaben, auf deine Lebensaufgabe und darauf, alles zu haben. Wenn du noch tiefer gehst, findest du die Gaben, die jedes Familienmitglied gerettet hätten. Wenn du diese Gaben von ganzem Herzen annimmst, dann befreien sie dich von Schmerz und Schuld. Wenn du sie mit dem betreffenden Mitglied deiner Familie teilst, wird es ebenfalls von seinem Groll, seinem Schmerz und der Schuld befreit, die es in seinem verletzenden

Verhalten festgehalten hat. Dieses Familienmuster wird von unbewusster Schuld genährt. Seelen- und Ahnenmuster strömen in unsere Familie und in die Ereignisse unserer Kindheit ein. Fast immer müssen wir die Ebene der Meisterschaft erreichen, um über Familienschuld hinauszugelangen.

Die dritte Ebene der Schuld

Auf dieser Ebene heilen wir Ahnenschuld und stellen die verlorene Verbundenheit unserer Vorfahren wieder her, was zur Folge hat, dass unser Leben bedeutend leichter wird. Wir heilen auch die Schuldmuster „vergangener Leben" beziehungsweise unsere „Traumskripte der Schuld", wenn dir diese Metapher lieber ist. Hier gibt es *unbewusste* Schichten aus Schmerz, Schuld, Selbstkonzepten, Schattenfiguren, dunklen Geschichten, Verschwörungen und Götzen. Es gibt auch metaphorische Orte großen Schmerzes tief im Unbewussten, zu denen *die großen Ängste, der Abgrund, der Schmerz des heiligen Feuers, die großen Kriege, der Friedhof, die dunkle Leere, die Höllen* sowie *die dunkle Nacht der Seele* gehören, in der wir glauben, die Verbindung zu Gott und auch zu allem anderen verloren zu haben. Es sind uranfängliche Orte, an denen wir aus der Gnade und Verbundenheit heraus- in neue Ebenen der Trennung hineingefallen sind. Jetzt kehren wir zurück in dem Versuch, die richtigen Entscheidungen zu treffen und die Verbindung wiederherzustellen.

Tiefer im Unbewussten verborgen liegen Orte des Elends, der tiefen Verzweiflung, der Entfremdung oder der tiefen Angst. Sie verbergen einen unbewussten Wutanfall, der seinerseits eine falsche Geisteshaltung verbirgt, die wiederum eine Tarnung für den inneren Rebellen ist. Der Rebell ist unser Autoritätskonflikt mit Gott, der an der Wurzel chronischer Probleme oder tiefen Schmerzes liegen kann. Doch es ist unser Traum, und der Träumer sind wir. Wir versuchen, die Trennung aufrechtzuerhalten, weil wir uns vor der Liebe fürchten und gegen das Einssein kämpfen.

Die vierte Ebene der Schuld

Die vierte Ebene der Schuld rührt aus dem kollektiven Unbewussten her, das die gesamte Geschichte der Menschheit ist. Es enthält alle Glaubenssätze und alle dunklen Dinge, die geschehen sind. Es schließt alles ein, was eine Welt der Trennung erschaffen hat. Wenn wir auf die Bewusstseinsebene der Meisterschaft gelangt sind, fangen wir an, der Menschheit zu helfen, indem wir bestimmte Themen, Persönlichkeiten und Schuld aus dem kollektiven Feld übernehmen, um diese Ebene zu heilen. Diese Arbeit geht auch dann weiter, wenn wir die Erleuchtung erlangt haben.

Die fünfte Ebene der Schuld

Die fünfte Ebene der Schuld rührt von der Dunkelheit der astralen Reiche her. Die Astralebene enthält alle illusionären Welten, die aus unseren Träumen hervorgegangen sind, und alle Dramen, die wir im Zuge der Wunscherfüllung in diesem Schlaf geträumt haben. Welten über Welten sind aus unserem Geist hervorgegangen.

Aus unserer Schuld heraus haben wir Dämonen und dunkle Götter, aber auch das Reich der mitfühlenden Götter erträumt. Die dunkle Astralwelt entspricht dem Bereich des Unbewussten, den wir zu einem Schatten gemacht haben. Er ist in so hohem Maße abgespalten, dass er ein eigenständiges Bewusstsein zu besitzen scheint. Er besteht aus uralten Überresten des Egos, die Angriff erzeugen, um uns aufzuhalten und zu lähmen. Er ist das Reich von Dämonen, dunklen Göttern und Göttinnen, die als beherrschende Kräfte auf dieser Ebene fortbestehen wollen. Teufel und Dämonen sind Metaphern für die uralten Fragmente unseres Geistes aus der Zeit, in der wir uns vom Licht abgewandt haben. Dem Unbewussten muss man sich fast immer in Form von Metaphern nähern, und das gilt ganz besonders für diese Ebene.

Seit der Jahrtausendwende verlieren die dunklen Astralreiche die Herrschaft über diese Welt, was ein höheres Maß an Gleichgewicht, Licht und Erfrischung zur Folge hat. Dies ist ein weiterer Beleg für die Evolution des Bewusstseins auf dem Weg, der uns zum Einssein zurückführt.

Die sechste Ebene der Schuld

Zu guter Letzt gibt es noch die chronische Schuld, die in unserem Angriff auf Gott besteht und mit dem „Fall" aus dem Einssein begonnen hat. Hier sind unser Elend und unsere Trostlosigkeit tatsächlich Teil unseres Autoritätskonflikts mit Gott – der Beweis, dass Gott ein schlechter Gott ist. Unser Angriff auf Gott ist zugleich der Teufelskreis, der den finstersten Eckpfeiler des Egos bildet, nämlich die tiefste Aggression, die gegen uns selbst und gegen die Menschen in unserer Umgebung gerichtet ist. Auf dieser Ebene der Trennung haben wir uns für das Ego anstelle der Liebe entschieden. Wir haben uns dafür entschieden, alles aus eigener Kraft zu tun, statt die Gnade durch uns handeln und es für uns vollbringen zu lassen, weil wir in dem, was wir tun, einen höheren Wert sehen als in dem, was für uns getan wird.

Dies ist die tiefste und zugleich am tiefsten verborgene Ebene, auf der wir andere Menschen und uns selbst kreuzigen wollen. Schuldzuweisungen sind für unser Ego von grundlegender Bedeutung. Es braucht jemanden, den es „festnageln" kann, und wenn es niemanden findet, dem es Schuld zuweisen und den es angreifen kann, dann gibt es ja immer noch uns selbst. Dies ist ein Angriff auf uns alle als Kinder Gottes. Jeder Angriff auf einen anderen Menschen ist ein Angriff auf alle Menschen und auch ein Angriff auf Gott.

Ein Kurs in Wundern fragt nicht, warum wir Christus, Gottes Sohn, vor so langer Zeit getötet haben, sondern vielmehr, warum wir ihn noch immer töten. Die Trennung zwischen uns und einem anderen Menschen ist die Trennung zwischen uns und Gott, und sie ist ein Angriff. Chronische Schuld ist ebenfalls ein geeignetes Mittel, um Gott anzugreifen und die Trennung aufrechtzuerhalten. Würde das Fundament des Egos, das aus Angriff und Selbstangriff besteht, durchbrochen, dann würde die unaufhaltsame Anziehungskraft der Liebe Gottes uns aus dem Ego heraus- und in die Erfahrung der überwältigenden Freude des Einsseins hineinziehen.

Der Götze der Kreuzigung

Wenn wir vor der Verbundenheit zurückweichen, weil wir lieber unabhängig sein wollen, dann schießt aus der Kluft, die dadurch entsteht, ein Bedürfnis zusammen mit Schuld, Angst und Schmerz empor. Um das Bedürfnis zu befriedigen, glauben wir, etwas bekommen zu müssen. Götzen sind die falschen, schuldigen Götter des „Bekommens". Sie sind das, was uns unserer Auffassung nach glücklich machen wird. Angesichts der Tatsache, dass sie aus Schuld, Angst und Schmerz bestehen und uns in Teufelskreisen gefangen halten, können unsere Götzen uns aber niemals glücklich machen. Wenn wir aufhören, von einem unserer Götzen zu erwarten, dass er uns glücklich macht, nimmt ein anderer schnell seinen Platz ein. Wenn wir völlig desillusioniert sind, nachdem wir bekommen haben, was uns der Götze versprochen hat, oder niedergeschlagen, weil wir es nicht bekommen haben, wenden wir uns vom Leben ab.

Es findet eine Entwicklung vom Bedürfnis zum Schwelgen, zur Sucht und dann zu Götzen statt. Götzen erzeugen ein weniger drängendes Gefühl als Bedürfnis, Schwelgen und Sucht, weil sie tief im Unbewussten verborgen liegen.

Es gibt die typischen Götzen der Gier wie beispielsweise Sex, Geld, Ruhm, Drogen, Essen, Liebesaffären, den Körper und Selbstkonzepte. Darüber hinaus gibt es aber auch noch dunklere, tiefer verborgene Götzen, zu denen Schuld, Angst, Schmerz, Krankheit, Grausamkeit, Leiden, Tod und Kreuzigung gehören.

Götzen liegen gut verborgen im Unbewussten, und es gelingt mir erst seit sechs Jahren, sie ohne Hilfe von Prozesskarten aufzuspüren.

Der Götze der Kreuzigung gehört zu den unheilvollsten Götzen, die es gibt, und er geht stets mit unerträglicher – körperlicher oder emotionaler – Qual einher. Niemand, der klar bei Verstand ist, will Schmerz erleiden, aber unsere Götzen stehen oft für alte Fehler oder falsche religiöse Überzeugungen. Wir glauben, ein Götze könne uns erlösen oder glücklich machen, und auch beim Götzen der Kreuzigung ist es nicht anders. Etwas macht uns glauben, dass wir durch den Götzen der Kreuzigung uns selbst oder andere Menschen erlösen können. Wir glauben, dass wir durch unser Leiden unsere Unschuld beweisen und zugleich zeigen, dass die Schuld jemand anderen trifft. Wir glauben, es sei ein guter Weg, Karma zu tilgen, aber Götzen verringern Karma nicht, sondern erzeugen es zusammen mit den schmerzhaften Illusionen, auf denen sie beruhen.

Den Götzen der Kreuzigung heilen

Halte dir die psychologische Tatsache vor Augen, dass Angriff nicht vereinzelt ist, und betrachte dann den Götzen der Kreuzigung aus Sicht des Selbstangriffs. Jedes Mal, wenn du dich selbst angreifst, greifst du die Menschen an, die du liebst. Stelle dir vor, dass du die Hand der Menschen, die du am meisten liebst, auf deine eigene Hand legst, ehe du den Nagel einschlägst. Ist es wirklich das, was du willst?

Frage dich, wie viele Götzen der Kreuzigung du hast. Stelle dir dann vor, dass du am Fuße eines Hügels stehst. Alle Orte, an denen du dich selbst gekreuzigt hast, sind deutlich sichtbar, denn an den Kreuzen, die dort am Hang stehen, hängst du. Manchmal siehst du dich sogar als Säugling oder als Kind, das dort am Hang an ein Kreuz genagelt ist.

Gehe hin und nimm dich selbst von den Kreuzen ab. Halte dich im Arm. Dort, wo du bereits gestorben bist, hauche dir den heiligen Atem des Lebens ein. Liebe alle diese Selbste. In dem Maße, in dem du sie liebst, wachsen sie auf natürliche Weise heran, bis sie dein gegenwärtiges Alter erreicht haben. Dann verschmelzen sie wieder mit dir und tragen so zu einem höheren Maß an Ganzheit bei. Dadurch werden Drähte in deinem Herzen, deinem Geist und deinem Körper wieder neu verbunden.

Wenn der Prozess abgeschlossen ist, gehe zum nächsten Hügel weiter. Dort wirst du die Kreuze aller Menschen finden, die du liebst und die sich selbst gekreuzigt haben. Nun kannst du sie mit Vollmacht von ihren Kreuzen abnehmen. Nimm sie in den Arm, tröste sie und lasse Gaben der Liebe und der Zärtlichkeit in sie einströmen. Fahre damit so lange fort, bis alle diese Selbstanteile wieder mit den Mitgliedern deiner Familie und mit deinen Freunden verschmelzen können, sodass sie befreit und die Drähte in ihrem Herzen, ihrem Geist und ihrem Körper wieder neu verbunden werden.

Der Götze der Schuld

Götzen sind der Schlusspunkt in einem Muster, das mit Bedürfnis beginnt, sich zu Schwelgen entwickelt, zur Sucht wächst und schließlich als Götze festgeschrieben wird. Ein Götze ist ein unechter Gott, von dem wir glauben, dass er uns erlösen oder glücklich machen kann. Er kann aber weder das eine noch das andere. Er kann uns nur in seinen Mantel des Glanzes einhüllen, bis sich ein Gefühl der Enttäuschung einstellt. Wenn die Enttäuschung zu Ernüchterung wird, begeben wir uns auf die Suche nach einem neuen Götzen und hoffen, dass er uns befriedigen und tragen kann. Irgendwann gelangen wir dann an einen Punkt, an dem uns die Götzen ausgehen, oder unsere Ernüchterung ist so groß, dass wir uns dem Tod zuwenden.

„Man stirbt nicht an einer bestimmten Krankheit,
man stirbt an einem ganzen Leben."

Charles Péguy

Wir glauben, dass der Götze der Schuld uns erlösen und glücklich machen kann. Weil Schuld und Glücklichsein aber am jeweils entgegengesetzten Ende des Spektrums angesiedelt sind, kann dies nur in den abartigsten Psychologien und Glaubenssystemen der Fall sein. Schuld ist ein Gott der Dunkelheit, der Bestrafung verlangt, um sein ewig hungriges Maul zu stopfen. Die Anziehungskraft, die Schuld ausübt, und ihr Glanz führen zur Gleichmacherei, einer falschen Demokratie, die nicht auf Gegenseitigkeit, sondern auf Trennung und Schuld beruht. Schuld erzeugt Kompensationen, zu denen die Rollen der Nettigkeit, der harten Arbeit, der Religiosität und des Totalitarismus gehören, sowie einen Idealismus, der gewalttätig geworden ist. Sie hält die Menschen in Gefühlen der Sündhaftigkeit, Schwäche und Selbstzerstörung gefangen.

Götzen sind darauf angewiesen, dass sie verborgen bleiben, denn eine bewusste Prüfung würde dazu führen, dass wir sie loslassen. Sie werden in die tiefsten Schichten des Unbewussten verdrängt, und von hier aus steuern sie die verhängnisvollen Muster, die von ihren dunklen Überzeugungen und Zielen herrühren.

Statt das Leben auf dem Altar im Tempel unseres Geistes zu opfern, opfern wir den Götzen der Schuld. Sobald wir unsere Götzen einmal aufgespürt haben, können wir mit dem Verstand mühelos erkennen, dass sie ein Fehler sind, und sie loslassen.

Dich deiner Götzen entledigen

Frage dich, wie viele Götzen der Schuld es in deinem Leben gibt. Stelle dir dann vor, dass du den Tempel deines Geistes betrittst. Im Allerheiligsten dieses Tempels steht dein Altar. Es ist der Ort, an dem du dem Leben deine Opfergaben darbietest. Stelle dir vor, dass sich auf dem Altar alle deine Götzen der Schuld befinden. Welche Wirkung haben sie auf dein Leben? Stoße sie mit Hilfe deines Engels von deinem Altar herunter. Wenn du es getan hast, erscheinen auf deinem Altar die Lilien der Vergebung, und ein Licht strahlt auf die Mitte deines Altars herab, das die Gabe des Himmels enthält. Diese Gabe wird die Stelle der Dunkelheit einnehmen, die du in dir getragen und dem Leben geopfert hast. Nimm diese Gabe von ganzem Herzen in dich auf, denn sie wird dir ein höheres Maß an Ganzheit schenken. Lasse zu, dass der Duft der Lilien dich erfüllt und dein Leben segnet.

Diese Übung kannst du mit allen Götzen durchführen, die es in deinem Leben gibt. Wende sie insbesondere auf die Götzen der Kreuzigung, des Todes und der Schuld an.

Wozu wir Leugnung benutzen

Leugnung verbirgt Schuld und täuscht Unschuld vor. In dem Versuch, ihre Schuld zu verheimlichen, verwechseln Menschen durch die Art und Weise, in der sie Leugnung und Kompensation einsetzen, Schuld mit Unschuld. Barbara Kingsolver beschreibt in ihrem Buch *Die Giftholzbibel*, welchen Preis die Menschen bezahlen, die sich im Zustand der Leugnung befinden.

> „Die meisten Menschen haben absolut keine Vorstellung davon, welchen Preis ein blütenreines Gewissen kostet."

Ein Kurs in Wundern spricht von der „Gewissheit, die einen Alptraum verbirgt". Das ist Leugnung, und erkennen kannst du sie daran, dass die Welt von „bösen Buben" und von Menschen, die alles falsch machen, bevölkert ist, während du dich selbst gerne als unschuldig sehen möchtest. Diese „bösen Buben" und das, was sie dir angetan haben, liefern dir die Ausrede, die du brauchst, um dich nicht ändern zu müssen. Diese „bösen Buben" und das, was sie der Welt antun, verbergen deine eigene innere Schuld, die dich blind macht für die Pforten der Initiation, die dir größere Macht bringen würden. Diese Pforten der Erneuerung werden verborgen durch die holographischen Schrecken deiner eigenen inneren Schatten, die nach außen projiziert werden. Aus der Ruhe bringen kann dich aber nur das, *was du zu sein glaubst*. Du blickst auf die Welt, die dir wie ein Spiegel deine eigenen Selbstkonzepte vorhält. Befreien kannst du die Welt nur in dem Maße, in dem du dich von deinen Selbstkonzepten befreist. Alle Selbstkonzepte sind begrenzend, aber die dunklen Selbstkonzepte der Schuld werden von deinem Ego gut versteckt und liebevoll umsorgt. Das Ego benutzt Schuld, um seine eigene Stellung zu festigen und dich von anderen Menschen, dir selbst und Gott zu trennen.

Dein Ego verspricht, dich von Schuld zu erlösen. Da es selbst aus Schuld besteht, kann es dich aber nie ganz von ihr befreien. Es bietet dir Abwehrmechanismen an, die deine Schuld nur verbergen, wie etwa Leugnung, Dissoziation oder Kompensationen, zu denen Bestimmtheit, harte Arbeit, Aufopferung, gutes Benehmen und Rechtschaffenheit sowie andere vermeintlich positive Rollen und Regeln gehören.

Schichten der Kompensation

Die Kompensationen, die ganze Schichten in unserem Geist bilden, funktionieren nach folgendem Prinzip. Die oberste Schicht besteht aus den guten, lieben und netten Rollen, die von Leblosigkeit geprägt sind. Wir benutzen sie, um unsere vermeintlichen „bösen Selbste" in Schach zu halten. Diese oberste Schicht aus positiven Rollen und Kompensationen dient dazu, die zweite Schicht zu verbergen, die dunkle Glaubenssätze über uns selbst enthält. Sie birgt unsere Schattenfiguren und dunklen Selbstkonzepte, und unser Ego benutzt sie, um unsere wahre Herzensgüte zu verbergen.

Alltagsebene
Gute, nette Selbstkonzepte
Rollen – Leblosigkeit
kompensieren

Unterbewusste und unbewusste Ebenen
Schlechte, böse, gemeine Selbstkonzepte
Dunkle Selbstkonzepte und Schattenfiguren
kompensieren

Spirituelle Ebene
Wahre Herzensgüte, unser Sein, reiner Geist, Licht

Rollen sind nicht authentisch. Sie sind einstudiert und handeln rein mechanisch. Wir sind rückwärtsgewandt und in Dogmen erstarrt. Über das „Ichsollte" von Rollen gelangen wir nur dann hinaus, wenn wir uns bewusst dafür entscheiden, authentisch zu geben. Unter unseren Rollen liegen die Schuld, die Schattenfiguren und die dunklen Selbstkonzepte, die diese positiven Selbstkonzepte verbergen sollen. Auch das ist eine Kompensation, die wiederum die noch tiefer verborgene Ebene deiner wahren Gaben und der Herzensgüte deines wahren *Seins* verbirgt. Deine geistige Wesensnatur ist nicht an Selbstkonzepte gebunden, sondern ruht im Frieden, jenseits aller Fragen und allen Suchens, und sie handelt allein mit und durch Inspiration. Sie ist ein Ort der Unschuld, der keine „bösen Buben" in der Welt sieht, sondern nur die Hilferufe hört und weiß, dass in dem Maße, in dem Hilfe gewährt wird, allen Menschen geholfen wird. Bis du in einer Welt der Unschuld lebst, durch die Liebe erschaffen und im Begriff, ins Einssein überzugehen, siehst du lediglich eine Welt, die von deinen eigenen Selbstkonzepten bevölkert ist.

Schuld und Schattenfiguren

Wir verurteilen und brandmarken uns selbst oft auf unwahre Weise. Bestimmte Aspekte unserer selbst hassen wir so sehr, dass wir sie abspalten. Dadurch haben wir die Möglichkeit, unser „gutes" Selbstbild zu bewahren. Wir verdrängen diesen Aspekt unserer selbst, weil wir ihn hassen, und projizieren diesen verhassten Anteil dann auf die Menschen in unserer Umgebung.

In einem Seminar sprach ich neulich mit einem liebenswürdigen Mann, der Geld an Kollegen in seiner Firma verlieh. Es passierte relativ häufig, dass die Kreditnehmer daraufhin kündigten und verschwanden oder das Geld ganz einfach nicht zurückzahlten. Der Kreditgeber erkannte allmählich, dass sein Verhalten eine Kompensation war. Dass Menschen unverantwortlich mit Geld umgingen und ihre Darlehen nicht zurückzahlten, war für ihn eine schreckliche Schattenfigur. Er konnte nicht erkennen, dass er etwas in sich trug, das dem Verhalten seiner Kollegen glich, und sagte immer wieder. „So bin ich nicht."

Ich erwiderte: „Du hast natürlich Recht, aber unglücklicherweise glaubst du, dass du so bist."

Unmittelbar danach sprach ich mit einer Frau, die mir erzählte, dass ihre Tochter immer Verpflichtungen einging, die sie aber niemals erfüllte. Irgendwann war es dann so weit, dass die Mutter einen Wutanfall bekam, um ihre Tochter dazu zu bringen, das zu tun, was sie wollte. Ich wies sie darauf hin, dass die Wutanfälle, die sie selbst im Alter von zwei oder drei Jahren gehabt hatte, bei ihrer Mutter auch nicht funktioniert hatten und dass es also unwahrscheinlich war, dass sie bei ihrer Tochter funktionieren würden. Sobald ich sie darauf ansprach, dass sie diese Schattenfigur in sich trug, wehrte sie ab. Dem Mann, der seinen Mitarbeitern immer Geld geliehen hatte, war in der Befragung klar geworden, dass er sich ganz genauso verhalten hatte. Die Mutter wehrte so stark ab, dass sie auch bei fünfmaligem Nachhaken nicht auf die Frage einging. Sie ignorierte sie einfach, redete stattdessen über ganz andere Dinge oder antwortete auf eine andere Frage.

Ich erklärte der Gruppe, auf welche Weise wir Schattenfiguren kompensieren und dass wir Selbstkonzepte in uns tragen, die den Schattenfiguren gleichen, für die wir uns aber nicht angreifen, weil wir glauben, das Selbstkonzept sei normal, die Schattenfigur hingegen schlecht. So tragen wir beispielsweise Schattenfiguren des Lügners und des Betrügers in uns, für die wir uns selbst hassen, gleichzeitig aber auch Selbstkonzepte des Lügners und des Betrügers, deren Verhaltensweisen unserer Meinung nach vollkommen „normal" sind.

Jedes Selbstkonzept ist eine Form von Trennung und birgt Schuld. Allerdings birgt ein Selbstkonzept weit weniger Schuld als eine Schattenfigur. Jede Schattenfigur ist mit einem so hohen Maß an Schuld verbunden, dass sie unweigerlich Selbsthass hervorruft. Sowohl Selbstkonzepte als auch Schattenfiguren werden meistens mit Kompensationen überdeckt, was es schwierig macht, sie zu fassen und zu heilen. Kompensationen sind Verhaltensweisen, die uns angemessen aussehen und handeln lassen. Dieses Verhalten ist jedoch nicht authentisch. Es ist eine Rolle, eine Formel angepassten Verhaltens, die unsere Schuld abwehren soll. Schattenfiguren erzeugen ein gespaltenes Bewusstsein. Wir versuchen, unsere gute Vorstellung von uns selbst zu bewahren, überdecken damit aber nur unsere wahre Einstellung zu uns selbst. Ein gespaltenes Bewusstsein ruft Angst hervor, weil beide Seiten befürchten, dass ihre Bedürfnisse möglicherweise nicht erfüllt werden. Das erzeugt wiederum einen Konflikt, und Konflikte hindern uns daran, den nächsten Schritt zu gehen.

Wenn jemand in deiner Umgebung dich wütend oder ärgerlich macht, weist sein Verhalten in der Regel auf eine deiner eigenen Schattenfiguren hin. Wenn du die Welt als Spiegel benutzt, siehst du darin alles, was du über dich selbst glaubst. Wenn du aber alles, was du im Spiegel siehst, für falsch erklärst, um deine Schuld zu verbergen, dann wirst du nicht vorankommen. Rollen als Kompensation erzeugen Leblosigkeit und sorgen dafür, dass du steckenbleibst.

Wenn du deine Schattenfiguren und Kompensationen heilen möchtest, gibt es eine einfache Möglichkeit, die Schattenfiguren selbst und die sie umgebenden Selbstkonzepte zu integrieren. Stelle dir dazu vor, dass dein Körper ein Sinnbild deines Geistes ist. Lege eine Hand auf den Bereich deines Körpers, mit dem du dich als du selbst identifizierst, und die andere Hand auf den Bereich deines Körpers, der lieber die Rollen spielen will, die zu Aufopferung führen. Versammle alle Rollen der Kompensation unter dieser Hand. Bewege die Hände dann über deinen Körper, bis sie an irgendeinem Punkt übereinander zu liegen kommen. Spüre dem Gefühl nach, das sich einstellt, wenn die beiden Energien integriert werden.

Lasse nun eine Hand auf dem Punkt liegen, an dem die Integration stattgefunden hat, und lege deine andere Hand auf den Bereich deines Körpers, der die betreffenden Schattenfiguren beherbergt. Versammle unter dieser Hand auch alle Selbstkonzepte und vereinzelten Schattenfiguren, die ihnen ähnlich sind. Bewege danach deine Hände über den Körper. Unter einer Hand befindet sich die zuvor integrierte Energie, und unter der anderen Hand befinden sich deine Schattenfiguren und Selbstkonzepte. *Achte darauf, dass deine Hände den Kontakt zum Körper nicht verlieren.* Führe sie zusammen, um die beiden grundverschiedenen Energien zu integrieren und so die Negativität beider Seiten zu neuer Ganzheit zu verschmelzen. Das lässt in der Regel ein höheres Maß an innerem Frieden und Zuversicht entstehen.

In seltenen Fällen kann es auch sein, dass ein schlechtes Gefühl hochkommt. Das ist der Schmerz, der unter dem Konflikt verborgen lag. Lege einfach eine Hand auf den Schmerz und die andere Hand auf den bereits integrierten Bereich deines Körpers und führe sie dann zu neuer Ganzheit zusammen, um den Schmerz aufzulösen. Führe diese zusätzliche Integration immer dann durch, wenn sich ein schmerzhaftes Gefühl einstellt. Bei einem krebskranken Klienten, mit dem ich einmal gearbeitet habe, musste ich eine Integration fünfmal durchführen, bis aller körperliche Schmerz sich vollständig aufgelöst hatte.

Schuld und der größte Fehler im Leben

Schuld und Bedürfnisse entstehen gleichzeitig mit dem Verlust der Verbundenheit. Ein Bedürfnis bewirkt, dass wir Verlangen nach etwas bekommen. Um die Unabhängigkeit des Egos aufrechtzuerhalten, dissoziieren wir an diesem Punkt den Schmerz, die Schuld und bisweilen auch das Bedürfnis, aber unser gespaltenes Bewusstsein und der Verlust der Verbundenheit erhalten unser Verlangen am Leben. Dies ist der Nährboden für den größten Fehler, den wir im Leben machen können und der in dem Wunsch besteht, dass jemand oder etwas außerhalb von uns selbst sich um unsere Bedürfnisse kümmern und uns glücklich machen soll. Schuld und das Bedürfnis, dass sich jemand um uns kümmern soll, gehen Hand in Hand, was zur Folge hat, dass wir glauben, wir seien es nicht wert, dass unsere Bedürfnisse erfüllt werden. Unsere eigene Sorge um die Bedürfnisse anderer Menschen ist dann in Rollen gefangen, um unsere eigene Schuld zu verbergen. Rollen setzen uns herab. Wir handeln so, als ob wir einen Vertrag abgeschlossen hätten. Wir kümmern uns um die Bedürfnisse eines anderen Menschen, wie es unsere Aufgabe ist, damit wir unsere eigenen Bedürfnisse erfüllt bekommen, was die Aufgabe der anderen Vertragspartei ist. Da Schuld und Unwürdigkeit immer Hand in Hand gehen, verhindert die Unwürdigkeit außerdem, dass wir das, was wir brauchen, auf ganz natürliche Weise empfangen.

Wo Ganzheit herrscht, dort gibt es kein Bedürfnis. Je höher das Maß an Ganzheit und Verbundenheit ist, umso geringer ist unser Bedürfnis und umso mehr können wir geben und empfangen.

Wir halten uns für umso schwächer, je mehr wir von anderen Menschen erwarten, dass sie sich um unsere Bedürfnisse kümmern. Je höher das Maß an Schuld ist, das wir empfinden, umso schwächer und umso weniger vollständig fühlen wir uns. Je mehr wir von anderen Menschen erwarten, dass sie sich um unsere Bedürfnisse kümmern, desto größer ist das Maß unserer Unreife und umso stärker setzen wir unsere Emotionen ein, um andere Menschen zu kontrollieren in dem Bemühen, unsere Bedürfnisse erfüllt zu bekommen. Das hat zur Folge, dass wir unsere Beziehungen auf Besonderheit und auf den Rollen der gegenseitigen Erfüllung von Bedürfnissen aufbauen. Damit stellen wir sie auf eine falsche Grundlage und machen sie zu einer Strategie, die dazu dient, etwas zu bekommen. Solange eine Beziehung nicht Ganzheit zum Ziel hat, stellen die Bedürfnisse und die Emotionen, die sich darum drehen, dass Bedürfnisse nicht erfüllt werden, ein großes Hindernis für die Liebe dar.

Tatsächlich wirken Bedürfnisse und Forderungen der Erfüllung unserer Bedürfnisse sogar entgegen. Was dem Empfangen außerdem entgegenwirkt, ist die Tatsache, dass wir unsere Bedürfnisse einerseits erfüllt, andererseits aber auch wiederum nicht erfüllt haben wollen, denn das würde die Verbundenheit wiederherstellen, und das Ego würde seine Unabhängigkeit verlieren. Wir wollen unsere Bedürfnisse einerseits erfüllt haben, andererseits aber nicht. Wir überhäufen andere Menschen mit Schuldzuweisungen, weil sie unsere Bedürfnisse nicht erfüllen, und erkennen nicht, dass wir selbst diese Gabe in uns tragen. Sie liegt unter unserem Groll, dem Schmerz und der Angst vergraben, die entstanden sind, als unsere Bedürfnisse zum ersten Mal nicht erfüllt wurden. Würden wir erkennen, dass wir diese Gabe besitzen, und sie mit allen Menschen teilen, die wir für „böse Buben" halten, die unsere Bedürfnisse nicht erfüllen, dann würden wir allen Groll, allen Schmerz, alle Schuld und alle Angst mühelos durchschneiden. Wir würden vortreten und unser Licht auf einer ganz neuen Ebene leuchten lassen, und wir würden sehen, dass unser Bedürfnis nicht durch das erfüllt wird, was wir bekommen, sondern vielmehr durch das, was wir geben und empfangen.

Deine Beziehungen und dein Leben wären viel glücklicher und erfolgreicher, wenn du aufhören würdest, den größten Fehler zu machen, den es im Leben gibt. Du hast die Möglichkeit, dein gesamtes Leben einer Prüfung zu unterziehen und zu erkennen, dass aller Schmerz, alle Ärgernisse und aller Groll daher rühren, dass du darin versagt hast, vorzutreten und allen an der Situation beteiligten Menschen zu helfen. Das würde dein Leben tiefgreifend verändern, und du könntest das Vorbild eines glückliches Lebens und einer glücklichen Beziehung verkörpern.

Williams Geschichte

Die folgende Geschichte war anfangs ein Fall, der wenig Anlass zur Hoffnung gab. Als ich William kennenlernte, war er melancholisch und phlegmatisch. So manch einer würde sagen, dass er ganz einfach an Depressionen litt. Jede Beziehung, die er einging, war bereits wieder zu Ende, ehe er sich richtig darauf einlassen konnte. Nachdem er den Workshop entdeckt hatte, wurde er zu einem begeisterten Teilnehmer. Seine traurigen Augen begannen zu glänzen, und in einem Workshop wurde aus dem Korb endlich sein Name als die Fokusperson gezogen, die den Prozess der gesamten Gruppe widerspiegeln sollte.

Er war die zweite Fokusperson in einem Workshop, der die Erinnerung an unsere geistige Wesensnatur zum Thema hatte. Das hieß, dass er eine *Führungspersönlichkeit in Beziehungen* war, die als Tor zur Erinnerung an unsere geistige Wesensnatur dienen. Wenn jemand eine solche Lebensaufgabe mitgebracht hat, ist es absolut typisch für das Ego, eine Verschwörung in Gang zu setzen, die sich genau darum dreht und ihn glauben lässt, er sei der letzte Mensch auf Erden, der diese Gabe besitzt. Bei William war es nicht anders. Er selbst beschrieb seine Beziehungen als chaotisch. Er war in einen Machtkampf verwickelt, der sich um Sex drehte. Er fällte ein hartes Urteil über Frauen, weil er sie für oberflächlich oder für „aufdringliche Schlampen" hielt oder weil er glaubte, dass sie ihn lediglich als „Zubehör" für ihre Lebensgeschichte brauchten.

Seine anfängliche Klage drehte sich darum, dass er keine Energie und auch kein wirkliches Interesse an Sex hatte. Meine Frage, *warum* er keine Energie haben **wollte**, brachte ihn dazu, Geschichten zu erzählen, die seine bereits erwähnten Glaubenssätze zutage förderten. Zudem stellte sich heraus, dass er durch einige Ereignisse, zu denen unter anderem auch der Tod seines Vaters gehörte, rund 500 % seiner sexuellen Energie preisgegeben hatte. An diesem Punkt hatte William zu glauben begonnen, dass er auf andere Menschen eine toxische Wirkung hatte. Diese Überzeugung hatte nicht nur die Beziehung zu seiner Familie negativ beeinflusst, sondern war außerdem auch einer der Gründe dafür, dass er Frauen auf Abstand hielt. Sie ging auf eine Reihe von Vorfällen zurück, die bereits bei seiner Geburt begonnen hatten, als William sich dafür verurteilte, dass seine Familie in ärmlichen Verhältnissen lebte, und die sich fortgesetzt hatten, als seine Mutter ihn als Jugendlichen dabei erwischte, dass er sich selbst befriedigte. Unter diesen Fallen verbargen sich die Seelengaben der

Liebe und der Verspieltheit sowie die Fähigkeit, die Herzen anderer Menschen zu berühren, die sein Ego durch Ernsthaftigkeit und eine gewisse Verachtung für körperliche Berührung sabotiert hatte.

Wir führten eine Übung der Zentrierung durch. William wählte einen Teilnehmer aus, der Gott verkörpern sollte und sich in der Mitte des Raums aufstellte, die Williams Geistmitte symbolisierte, den Ort, der Frieden und die Erinnerung an das Einssein in sich trägt. William hatte bereits im Laufe des Gesprächs erkannt, dass alles, was in seinem Leben geschehen war, eine Verschwörung darstellte, die ihn nicht nur von der wahren Liebe fernhalten sollte, sondern auch von seiner Berufung, Beziehungen als Mittel der Erinnerung an das Einssein zu nutzen. Diese Verschwörung überdeckte nicht nur seine Gaben der Verspieltheit und der Liebe, sondern auch seine Fähigkeit, andere Menschen mit großer Nähe und Zärtlichkeit sowohl körperlich als auch emotional zu berühren. Er erkannte, dass sein ganzes Leben so kompliziert war, weil er sich davor fürchtete, in der Liebe den Weg zu weisen. William glaubte, dass sein chronisches Problem ihn zu 500 % aus seiner Mitte gebracht hatte. Die Tatsache, dass er seine Mitte in so hohem Maße verloren hatte, bedeutete, dass fünf wichtige Selbstanteile – oder Selbste – gestorben waren. Er stellte die Teilnehmer, die einerseits seine Gaben und andererseits die vielen negativen Glaubenssysteme und Selbstkonzepte verkörperten, in einer Anordnung auf, die sie durch den ganzen Raum verteilte. Der Teilnehmer, der Gott verkörperte, forderte ihn zunächst auf, zu erwachen und sich von dort zu erheben, wo er auf dem Boden lag und die fünf gestorbenen Selbste symbolisierte. Dann rief „Gott" ihn dazu auf, sich mit seiner Mitte zu vereinigen. Anschließend gab „Gott" den Teilnehmern, die seine Gaben verkörperten, ein Zeichen, ebenfalls in die Mitte zu kommen, damit William sie wieder in seinem Leben willkommen heißen konnte.

Als nächstes forderte „Gott" den Mann und die vier Frauen, die Williams gesamte sexuelle Energie verkörperten, dazu auf, in seine Mitte zurückzukehren. Danach gab er den Teilnehmern, die Williams Eltern verkörperten, ein Zeichen, ebenfalls in die Mitte zu kommen, um sich mit William zu verbinden. Das hatte einige Momente zur Folge, die fast alle Teilnehmer tief berührten. Dann gab „Gott" den negativen Glaubenssätzen ein Zeichen, die William im Hinblick auf Frauen und auf sich selbst hegte und bei denen es sich in Wahrheit um Williams unbewusste negative Selbstkonzepte über seine eigene weibliche Seite handelte. Die Wiedervereinigung mit seinen toxischen Selbstkonzepten und seiner Überzeugung, dass es sinnlos war, jemanden zu lieben, weil die Beziehung ja ohnehin gleich wieder zerbrach, war besonders kraftvoll. Zum Schluss wurde William von „Gott" aufgerufen, in seinem eigenen Tempo die wahre Liebe wieder willkommen zu heißen. William trat vor und umarmte die Frau, die er ausgewählt hatte, um die wahre Liebe zu verkörpern. Das hatte zur Folge, dass die ganze Gruppe von einer neuen Energie der Befreiung und der Nähe erfüllt wurde.

William war ein neuer Mensch und ein glücklicher Mensch noch dazu. Alle seine negativen Glaubenssysteme, einschließlich seines Kampfes mit Gott, waren dunkle und schmerzhafte Lektionen gewesen, die seinen Geist erfüllt hatten. Durch die Zentrierung war es ihm gelungen, seine Glaubenssätze der Schuld in Unschuld und ein neues Gefühl der Sinnhaftigkeit und der Wertschätzung zu verwandeln.

Die Schuld des Bekommens

Es gibt viele Menschen, die sich schuldig fühlen, wenn sie erfolgreich sind und ihre Ziele erreichen. Dies ist eine ganz typische Taktik des Egos. Es greift dich an, wenn du deine Träume wahr machst, weil du dann einen Teil von ihm zurücklässt, und sobald sich das Ego bedroht fühlt, geht es zu einem bösartigen Angriff über. Erfolg bringt dir ein höheres Maß an Ganzheit und eine tiefere Verbindung zu anderen Menschen. Ebenfalls in diese Kategorie gehört die Schuld des Überlebenden. Du hast überlebt, wo andere gestorben sind, und du greifst dich dafür an, dass du es geschafft hast.

Ich habe unzählige Male erlebt, dass Menschen sich an einem großen Durchbruch, der ihnen gelungen ist, nicht lange freuen, sondern sich innerhalb von kürzester Zeit massiv selbst angreifen. Der Grund dafür sind tiefsitzende Glaubenssysteme der Schuld und der Niederlage sowie die Absicht des Egos, sich selbst am Leben zu erhalten. Wenn jemand ein ganz neues Stadium in seiner Entwicklung erreicht hat, sabotiert er diesen Erfolg oft entweder selbst, weil er sich unwürdig fühlt, oder er verfällt dem Geschwätz seiner Persönlichkeiten, die ihm weismachen wollen, dass das erreichte Ziel „zu gut" für ihn ist oder dass er „gar nicht so viel braucht, sondern mit ganz wenig zurechtkommt". Unsere Schuldgefühle bewirken, dass wir manchmal auch einen äußeren Stellvertreter dazu bringen, uns anzugreifen. Das alles soll uns wieder auf unser vorheriges Stadium zurückwerfen.

Wenn wir erfolgreich sind, empfinden wir auch ödipale Schuld, weil das Ego uns einredet, dass Erfolg gleichbedeutend damit ist, dass wir einem Elternteil den anderen Elternteil fortnehmen. Wir glauben entweder, dass wir den beraubten Elternteil töten, oder aber, dass wir von ihm getötet werden. Dieses unterbewusste Muster ist stärker ausgeprägt, wenn die Familie nicht verbunden und daher von großer Konkurrenz oder von Rückzug geprägt ist.

Gier ist dagegen eine Abwehrmaßnahme gegen Schuld. Sie ist ein Versuch, die Schuld durch unser Getriebensein zu dissoziieren, um ein Bedürfnis zu erfüllen, das nie erfüllt werden kann. Was wir bekommen, ist nie genug, und das treibt uns noch stärker an. Gleichzeitig dissoziieren wir noch stärker, was zur Folge hat, dass wir noch weniger empfangen können. So wird die Abwärtsspirale eines Teufelskreises aus Bedürfnis und Schuld in Gang gesetzt.

Je stärker die Gier uns treibt, umso mehr glauben wir auch, dass wir uns über das Gesetz und ethische Grundsätze hinwegsetzen können. Wir nehmen, können aber nicht empfangen. Unsere Süchte und Götzen werden durch den Götzen der Schuld genährt. Er ist mit dem Götzen unserer Selbstkonzepte und mit der Trennung verbunden, die er erzeugt, um uns eine bestimmte Identität zu verleihen. In dieser Trennung greifen Angst, Schuld, Bedürfnis, Widerstand und Schmerz um sich, die wir jedoch alle durch ein noch höheres Maß an Dissoziation verstecken. Allein unsere Dissoziation lässt uns Dinge tun, die anderen Menschen oder uns selbst Schaden zufügen könnten. Unsere Dissoziation lässt uns für andere Menschen zu genau dem werden, was wir bei uns selbst abwehren wollten.

Wenn wir uns trennen oder unsere Verbundenheit verlieren, was immer der Fall ist, wenn wir leiden, dann verbirgt der Verlust unserer Verbundenheit unseren Wunsch nach Unabhängigkeit, der das schmerzhafte Ereignis verursacht hat. Das schmerzhafte Ereignis liefert uns die Ausrede dafür, unseren eigenen, getrennten Weg zu gehen. Dann erschaffen wir einen „bösen Buben", um unsere Schuld zu verbergen. Das Bedürfnis, das entsteht, lässt uns den Weg des Egos einschlagen, dessen Plan darin besteht, zu nehmen oder zu bekommen. Auf diese Weise kann das Ego den Anschein erwecken, dass es auf unserer Seite ist. Es unternimmt alle möglichen Dinge, um nehmen oder bekommen zu können, kann aber niemals empfangen, weil das unsere Verbundenheit wiederherstellen und einen Teil des Egos auflösen würde. Bekommen und Nehmen erzeugen noch mehr Schuld. Das Ego führt uns auf die Jagd nach dem, was wir wollen, lässt es uns aber nie finden. Es lässt uns nehmen, aber nicht geben oder empfangen, außer wenn wir geben, um noch mehr nehmen zu können.

Unser Ego ist gierig, versucht aber oft, einen freundlichen Anschein zu erwecken. Immer dann, wenn wir nehmen oder bekommen, vergrößern wir deshalb unsere Schuld und verstärken das Gefühl von Mangel und Dissoziation. Wir sind in einer Abwärtsspirale gefangen, die dazu führt, dass wir zum Opfer machen und zum Opfer gemacht werden. Bis wir dieses Muster überwunden haben, sind wir zu einem Leben der Unzufriedenheit verdammt, weil Zufriedenheit nur von Geben und Empfangen, nicht aber von Nehmen oder Bekommen herrührt.

Schuld und Kernbedürfnisse

Ein Kernbedürfnis rührt von einem schweren Trauma her. Obwohl es Wurzeln in der Kindheit hat, kann es meist ins Unbewusste zurückverfolgt werden, weil es einem Trauma auf der Ahnenebene oder einem „früheren Leben" entspringt. Kernbedürfnisse setzen sowohl ein „Es-ist-nie-genug"-Muster als auch ein „Keiner-liebt-mich"-Muster in Gang. Menschen in unserer Umgebung machen sie oft zu Geiseln unserer Bedürfnisse, weil sie Forderungen stellen und den Wunsch haben, etwas Besonderes zu sein. Wenn ein Kernbedürfnis entsteht, macht das drängende Gefühl, unsere Angst und den inneren Hunger stillen zu müssen, uns meist blind für das, was wir damit bei anderen Menschen auslösen.

Auch wenn ein Partner oder ein Familienmitglied den Wunsch hat, sich um uns zu kümmern, kann ihm unser Bedürfnis beängstigend groß erscheinen. Die Forderungen, die mit diesem Bedürfnis verbunden sind, und die Zwiespältigkeit, die jedem Bedürfnis innewohnt, machen es normalerweise zu einer frustrierenden Angelegenheit, die sogar an Verzweiflung grenzen kann. Wir wollen zwar, dass unser Bedürfnis erfüllt wird, wollen aber nicht die Unabhängigkeit aufgeben, die wir verlieren würden, wenn wir empfangen. Wir wollen und brauchen es, können es aber nicht empfangen. Ein Kernbedürfnis kann für beide Partner frustrierend sein und sie einander entfremden, und schon so manche Beziehung ist daran zerbrochen.

Wenn ein Bedürfnis entsteht, weil wir die Verbundenheit verloren haben, dann entsteht zugleich auch Schuld. Unsere Schuld gibt uns das Gefühl, unwürdig, ungeliebt und nicht liebenswürdig zu sein. Das blockiert nicht nur das Empfangen, sondern auch die Verbundenheit, die das Fundament von Heilung und Erfüllung ist. Die Schuld erhält das Bedürfnis aufrecht, und beide erhalten einander wechselseitig am Leben in einem Teufelskreis, für den wir den Preis bezahlen.

Bei der Arbeit mit einem Kernbedürfnis reicht es nicht aus, das Kindheitstrauma zu heilen, denn wenn seine Wurzel ein „vergangenes Leben" oder ein Ahnenthema ist, gibt es in der Regel zu viele Kindheitserlebnisse, die erfasst werden müssten, um eine Veränderung zu bewirken. Ich erlebe oft, dass die Heilung von Ahnenmustern und die Rückkehr zu den wichtigsten „vergangenen Leben" die Heilung der Kindheitstraumata weniger wichtig oder sogar überflüssig macht.

Weil ein Kernbedürfnis uns manchmal vollkommen aus unserer Mitte wirft, kann eine zusätzliche Zentrierungsübung viel verändern. In Verbindung mit der Zentrierung kann die Rückkehr zu den Wurzeln des Problems hier eine doppelte Heilung bewirken, die ein Muster entscheidend verändern kann.

Stanley schäumt vor Wut

Als Stanley mich anrief, schäumte er vor Wut, weil seine Frau und sein Sohn ihr Versprechen, seinen Geburtstag zu einem ganz besonderen Tag für ihn zu machen, nicht eingehalten hatten. Stan hatte das Gefühl, dass er sich ständig aufopferte, um ihnen ein glückliches Leben zu ermöglichen, aber zumindest an seinem Geburtstag wollte er wie ein König behandelt werden. Angesichts wichtiger Schulprojekte seines Sohnes und des vollen Terminkalenders seiner Frau war jedoch kaum Zeit geblieben, Stanley an seinem Geburtstag gebührend zu feiern.

„Es ist ja gar nicht so, als ob ich eine große Party gewollt hätte", beschwerte sich Stanley. „Aber an einem Tag im Jahr mal so richtig verwöhnt zu werden, ist doch wohl nicht zu viel verlangt."

Stanley hatte nicht nur auf das erhoffte Schäferstündchen verzichten müssen. Als seine Frau und sein Sohn endlich nach Hause kamen, war auch kaum noch Zeit gewesen, seinen Geburtstag überhaupt zu feiern. Stan fühlte sich zurückgewiesen, ungeliebt und vernachlässigt. Mein Telefon klingelte, nachdem sie anderthalb Tage gestritten hatten. Zu diesem Zeitpunkt dachten Stanley und seine Frau Amy bereits über Trennung nach. Amy hatte das Gefühl, dass es einfach unmöglich war, ihren Mann zufriedenzustellen, und sie hatte jede Lust an Sex verloren, weil Stan immer so sehr darauf drängte, dass er sich schon zurückgewiesen fühlte, wenn sie morgens nach dem Aufwachen ihre Kleider anzog.

Ich hatte die Möglichkeit, zunächst mit Stanley zu arbeiten, der in einem Wutanfall feststeckte. Er gestand den Wutanfall ein, hatte aber keine Eigenverantwortung in der Situation übernommen. Ich erklärte ihm, dass er so lange ein Opfer bleiben würde, bis er erkannte, dass er selbst die Fehler machte, die dafür sorgten, dass er sich so schlecht fühlte.

Er sagte, er fühle sich wie ein Versager. „Welcher Mann wird von seiner eigenen Frau nicht geliebt? Ich muss echt ein schlechter Mensch sein."

Ich erklärte ihm, dass diese Gefühle ihn nicht attraktiver machten, sondern Amy sogar abstießen. Außerdem machte ich ihm etwas klar, wovon ich eigentlich dachte, er müsse es wissen: „Wenn du Sex – oder irgendetwas anderes – unbedingt brauchst, stößt du ihn in Wahrheit von dir fort. Wenn du ihn unbedingt haben musst, kannst du ihn nicht bekommen."

Ich erklärte ihm weiter, dass alles, was man sich von ganzem Herzen wünscht, auch verfügbar ist. Wenn er ein Problem damit hatte, das zu bekommen, was er wollte, dann war das ein Zeichen dafür, dass sein Bewusstsein gespalten war. Jedes Bedürfnis, das er hatte, rührte von verlorener Verbundenheit her, weil ein gespaltenes Bewusstsein genau dadurch entsteht. Das führte dazu, dass er sein Bedürfnis erfüllt, gleichzeitig aber auch nicht erfüllt haben wollte, denn wenn es erfüllt wurde, würde er sich wieder verbinden und die Unabhängigkeit verlieren, die seinem Ego so wichtig war. Hinzu kam noch, dass er, als er seine Verbundenheit zum ersten Mal verlor, Angst und Schuld empfunden hatte, die beide Widerstand gegen das Empfangen erzeugen. Sein derzeitiger Wutanfall war am abstoßendsten, weil er teils eine Forderung und teils ein Angriff auf Amy dafür war, dass sie alles falsch machte.

Dann kehrten wir in Stanleys Kindheit zurück. Er erkannte intuitiv, dass es fünf Vorfälle gegeben hatte, die an der Wurzel seiner jetzigen Situation lagen. Nachdem wir zu den ersten beiden Scheidewegen zurückgekehrt waren, erkannte Stanley, auf welche Weise er die Verbundenheit preisgegeben und sich stattdessen dafür entschieden hatte, den Preis des Schmerzes für die Unabhängigkeit zu zahlen, die sein Ego ihm angeboten hatte. In beiden Situationen traf Stan eine neue Entscheidung, die darin bestand, seine Gaben, seine Lebensaufgabe und seine Bestimmung anzunehmen. Anschließend teilte er die Gaben mit seinen Eltern, statt sie zu den „bösen Buben" zu machen, die an seiner Situation schuld waren. Nachdem er die beiden wichtigsten Ereignisse seiner Kindheit geklärt hatte, lösten die anderen sich von selbst auf.

Als nächstes setzte ich eine Form der Timeline-Therapie ein, um ein tiefsitzendes Bedürfnismuster in der Ahnenlinie seiner Mutter zu klären. Wir schauten uns an, welche Wirkung das Muster auf sein Leben hatte, und gingen anschließend auf seiner Zeitlinie weiter, bis wir das Gegenmittel dazu fanden, das wir dann durch seine eigene Zeitlinie, die Zeitlinie seiner Mutter und die ihres gesamten Ahnenbaums zurücktrugen, bis das Muster vollständig geheilt war.

Danach kehrten wir zu einem wichtigen „vergangenen Leben" in Ägypten zurück, in dem er hingerichtet worden war und seine große Liebe verloren hatte.

Aus dieser Zeit stammten seine Gefühle der Glücklosigkeit und des Verlustes. Wir kehrten in das Leben zurück, und Stan traf eine neue Entscheidung, die darin bestand, seine Seelengabe und die Gabe des Himmels zu empfangen sowie seine Lebensaufgabe und seine Bestimmung anzunehmen. An diesem Punkt war Stanley schon viel ruhiger geworden und fühlte sich viel besser, sodass ich nun mit Amy arbeiten konnte. Sie beschwerte sich darüber, dass man Stan einfach nicht zufriedenstellen konnte. Er konnte nicht genug bekommen, und sie fühlte sich ihrer eigenen Lust auf Sex entfremdet.

Ich erklärte ihr, dass Stan ihr ein Maß an Bedürfnis und Besitzgier widerspiegelte, das sie nie akzeptiert, für das sie sich nie vergeben und das sie nie integriert hatte. Amy erkannte, dass Stan genau so war, wie sie in ihrer ersten Beziehung gewesen war, in der sie einen unbändigen Hunger auf Sex gehabt hatte. Durch Annehmen, Selbstvergebung und Integration gelang es ihr, die Ganzheit in diesem Bereich wiederherzustellen. Dann erklärte ich das Prinzip, dass alles in einer Beziehung auf Gleichheit beruht, und sagte, dass es nur eine Sache gab, die noch schlimmer war, als einen bedürftigen Partner wie Stan zu haben, und das war, selbst der bedürftige Partner zu sein. Sie konnte natürlich die Beziehung beenden, wie sie es ja bereits in Betracht gezogen hatte, aber in Wahrheit wurden ihr unterbewusste und unbewusste Anteile ihres eigenen Geistes gezeigt, die der Heilung bedurften. Anschließend führte ich sie zurück, um einen Teil ihrer eigenen Kindheitstraumata, das bedürftige Ahnenmuster ihrer Mutter und eines ihrer wichtigen „vergangenen Leben" zu klären, das dafür gesorgt hatte, dass sie in ihrer Bedürftigkeit steckenblieb.

Als nächstes sprach ich mit beiden über Konkurrenz, weil sie diesen Machtkampf nicht hätten führen können, ohne dass es ein Grundthema der Konkurrenz anstelle von Gleichheit in ihrer Beziehung gab. Ich sagte ihnen, dass die fortwährende Verpflichtung zur Gleichheit das Gegenmittel dazu war.

Danach machte ich deutlich, dass sie in einer „besonderen Beziehung" gefangen waren, in der die Partner den jeweils anderen benutzen, um ihre Bedürfnisse erfüllt zu bekommen und den eigenen Willen durchzusetzen, was natürlich unweigerlich zu einer Katastrophe in der Beziehung führt. Ich schlug ihnen vor, ihre Beziehung in die Hände des Himmels zu legen und sich Ganzheit als Ziel zu setzen. Auf diese Weise waren alle Probleme und Schwierigkeiten lediglich Dinge, die es zu heilen galt, während sie ihren Weg zur Ganzheit gingen, und nichts, was das mögliche Ende ihrer Beziehung bedeutet hätte.

Schließlich führte ich noch eine Zentrierungsübung durch, die sie in ihre jeweilige Beziehungsmitte zurückbrachte. Amy hatte sich 178 Schritte von ihrer Beziehungsmitte entfernt, bei Stan waren es sogar 2.000 Schritte. Ich bat Amy, in Zehnerschritten in ihre Mitte zurückzukehren, und forderte Stan auf, dasselbe in Hunderterschritten zu tun. Als die Übung abgeschlossen war, hatten sie ihre gemeinsame Mitte wiedergefunden und waren wieder glücklich miteinander. Zwischen der ernsthaften Überlegung, sich scheiden zu lassen, und diesem Neuanfang in ihrer Beziehung lagen drei Stunden. Stanley fühlte sich wieder attraktiv und hatte nicht mehr länger das Bedürfnis, Amy zu drängen, ihn zu lieben oder mit ihm zu schlafen. Amy war wieder bereit, sich auf die Beziehung mit Stan einzulassen, und ihr Verlangen nach ihm war zurückgekehrt.

Mission erfüllt.

Schuld und emotionale Reife

Wie alle negativen Emotionen weist auch Schuld uns darauf hin, dass wir einen Fehler machen. Das ist der eigentliche Zweck, dem jede Emotion dient. Sie zeigt uns, wo und wann wir den sprichwörtlichen Finger in die Flamme halten. Das Ego will uns etwas anderes einreden. Es will uns entweder davon überzeugen, dass uns ein anderer Mensch unrecht getan hat und es entweder von Herzen bereuen oder schwer dafür büßen muss oder dass wir selbst der Versager und deshalb schuldig sind. So wird jede Emotion zu einer Form von emotionaler Erpressung. Wenn wir uns ärgern oder wütend sind, tyrannisieren wir andere Menschen, und wenn wir an einem gebrochenen Herzen leiden, versuchen wir unsere Schuld zu bestreiten. Das dient dem Ego, weil es nicht nur seine Position stärkt, sondern auch selbstschädigende Muster in Gang setzt, die später weiter zur Stärkung seiner Position beitragen. Außerdem schickt es uns auf einen Weg emotionalen Angriffs und emotionaler Unreife, während wir für unseren eigenen Angriff blind sind. Wir wollen zeigen, dass ein anderer Mensch etwas falsch gemacht hat, und nicht, dass wir selbst einen Fehler gemacht haben, der unsere negative Emotion und unseren Selbstangriff einschließt.

Schuld verfolgt dagegen die Taktik, dass wir uns schlecht fühlen und uns angreifen, als ob das die Fehler, die wir gemacht haben, wiedergutmachen könnte. Wir ziehen uns von den Menschen zurück, die uns brauchen, und benutzen unseren Selbstangriff und unsere Schuld, um andere Menschen anzugreifen. Das Ego liebt Schuld und Sünde, weil es seine Stärke daraus bezieht. Schuld bewirkt, dass wir uns zurückziehen, uns von der Gnade abschneiden, unser geistiges Erbe und unsere geistige Verbindung vergessen und ziellos umhertreiben in dem Versuch, alles aus eigener Kraft zu schaffen. Das verstärkt unsere Unabhängigkeit und nährt die Depression, die ein Kennzeichen ausgeprägter Unabhängigkeit ist, auch wenn sie oft dissoziiert wird. Der Rückzug, den Schuld erzeugt, lässt alles, was wir tun, zur Aufopferung werden. Schuld und Versagen sind zwei Seiten derselben Medaille, und das ist dem Ego sehr zuträglich – sowohl in der Besonderheit als auch in der Aufmerksamkeit, die Schuld bewirkt.

Schuld macht uns zu etwas Besonderem, weil sie uns eine Art von dunklem Glanz verleiht. Schuld zeugt davon, was für ein schrecklicher und schlechter Mensch wir sind. Der Fehler, dessentwegen wir uns schuldig fühlen, richtet das Scheinwerferlicht auf uns. Versagen geht mit einer heimlichen Dynamik der Rache einher, die beispielsweise sagt: „Ich werde es dir schon zeigen. Ich bestrafe mich selbst. Dann wird es dir leid tun." Das kann einen Teufelskreis aus Schuld, Versagen und Rache in Gang setzen und vor allem dazu führen, dass wir uns selbst verletzen, um es jemand anderem heimzuzahlen, was eine der häufigsten Formen von Rache ist. Darüber hinaus zeigt es eine der am tiefsten verborgenen Dynamiken chronischer Probleme, nämlich unseren Angriff auf Gott und die Menschen, die uns wichtig sind, in Form unserer chronischen Schuld und unserer niederschmetterndsten Erfahrungen.

Die Verbindung zwischen Schuld und Aggression ist schon lange bekannt. Wenn wir angreifen, fühlen wir uns schuldig, und wenn wir uns schuldig fühlen, greifen wir uns selbst an. Etwa fünfzehn Prozent der Zeit bewirken unsere Schuldgefühle jedoch, dass wir andere Menschen angreifen. Angriff und Selbstangriff sind das Fundament des Egos, und es benutzt den Mörtel der Schuld, um sein Fundament zu festigen. Chronische Schuld ist nicht nur ein Angriff auf Menschen, die eine wichtige Rolle in unserem Leben spielen, sondern auch auf Gott. Diese Ebene des Kampfes wird in die tiefsten Nischen des Unbewussten verbannt und spiegelt den Ort wider, an dem wir geträumt haben, wir hätten uns vom Einssein und von Gott getrennt. Harmlos zu werden bedeutet also, das Fundament des Egos zum Schmelzen zu bringen und die unentrinnbare Anziehungskraft der höchsten Liebe zu spüren, die uns aufruft, die Zeit zu überwinden und die zeitlose Liebe zu finden.

Je mehr Schuld wir geklärt haben, umso tiefer dringen wir in den Geist vor, um die verbleibende Schuld aufzulösen. Je mehr Schuld wir klären, umso höher ist die Ebene des Bewusstseins, auf die wir dadurch gelangen. Obwohl wir also alle Schuld empfinden, die aus den Tiefen des Unbewussten herrührt – und mit dem Fall aus dem Einssein oder der ursprünglichen Trennung begonnen hat –, ist es von entscheidender Bedeutung zu wissen, dass sie nicht die Wahrheit ist, sondern eine Strategie, die uns in der Trennung festhalten soll, und ein Versuch, uns vor der höchsten Liebe zu schützen.

Schuld und die „besondere" Beziehung

Eine „besondere" Beziehung ist das Werk des Egos, und weil das Ego das Prinzip der Trennung ist, kann nichts von dem, was es uns vorschlägt, zu Verbindung, Liebe und Freude führen, denn diese Dinge verringern seine Macht. Eine besondere Beziehung ist ein Einfall des Egos, der uns die Möglichkeit gibt, eine Beziehung zu haben, ohne darin eine Beziehung herzustellen. Es ist eine Mischung aus Liebe und Hass, wobei ein großer Teil des Hasses geleugnet wird, trotzdem aber in Form von Wut, Groll und Gereiztheit aufflammt. Sie sorgt dafür, dass wir so lange außerhalb von uns selbst suchen, bis wir schließlich aufgeben, und dabei andauernd Schuld erzeugen, die wir unter Urteilen und Schuldzuweisungen verstecken. Wir zermürben uns durch unsere Schuld und sammeln Groll an, weil besondere Beziehungen immer dazu führen, dass wir zutiefst enttäuscht werden.

Wenn wir unsere Verbundenheit verlieren, dann geschehen eine Reihe von Dingen, die schmerzhaft und selbstschädigend sind. Trotzdem machen wir diesen Fehler immer wieder, wie unsere alten Traumata, unser Schmerz und unsere Probleme belegen. Wenn die Verbundenheit zerstört wird, entsteht Schuld und wir wenden uns der Besonderheit zu, um das wettzumachen, was uns an Liebe fehlt. Die Besonderheit funktioniert aber weder, noch kann sie uns zufriedenstellen. Wenn sie funktionieren würde, dann hätten wir einen Teil unseres Egos aufgegeben, und das Ego setzt alles daran, dass wir genau das niemals tun.

Besonderheit äußert sich auf verschiedene Weise. Eine Möglichkeit besteht darin, dafür zu sorgen, dass sich die Beziehung nur um mich dreht, weil ich derjenige bin, der etwas Besonderes ist. Eine andere Möglichkeit besteht darin, dass sich das Leben und die Beziehung ausschließlich um dich drehen, weil du der bist, der etwas Besonderes ist, während ich in der Aufopferung gefangen bleibe, um mich um dein Besondersein zu kümmern, weil du, als der besondere Partner, meine Bedürfnisse erfüllst. Bedürfnisse und Besonderheit gehen ebenso Hand in Hand wie Bedürfnisse und Schuld. Im ersten Fall konkurrieren wir – oder kämpfen manchmal auch – für unsere Bedürfnisse, ziehen uns dann jedoch an einen Ort der Verbindungslosigkeit und der Leblosigkeit zurück, um nicht zu verlieren. Das kann Kämpfe, Angriff und sogar große Wut auf unseren Partner entstehen lassen. Auch Ärger und Schuld sind eng miteinander verbunden. *Ein Kurs in Wundern* bezeichnet besondere Beziehungen daher als „ärgerliche Bündnisse". Sie sind ein Teufelskreis, der in einer Abwärtsspirale ins Elend führt.

Schuld fördert die besondere Beziehung, denn sie bewahrt die Distanz zu und die Unabhängigkeit von unserem Partner, was dazu führt, dass wir nehmen. Wenn wir von unserem Partner nehmen, erschaffen wir entweder eine Gewinner-Verlierer-Situation, Machtkampf und Herzensbruch oder aber die Distanz, die verhindert, dass er verliert, dafür aber Leblosigkeit erzeugt. Besonderheit ist gleichbedeutend mit Nehmen. Sie hat absolut nichts mit Geben, Teilen oder Empfangen zu tun, die alle unsere Verbundenheit wiederherstellen würden. Eine besondere Beziehung sieht das, was uns glücklich macht, *außerhalb von uns selbst*. Schuld hilft uns, unseren Partner zu kontrollieren, um ihn als „Bedürfnisspender" zu schützen. Wir glauben, dass wir ungestraft davonkommen, wenn wir von unserem Partner nehmen, aber auch bei rationaler Betrachtung hat es zur Folge, dass sich Schuld aufbaut. Unsere Unabhängigkeit ist weniger der Widerstand, den wir unserem Partner leisten, der von uns nimmt, als vielmehr der Widerstand, den wir dem Nehmenden leisten, der wir selbst in früheren Beziehungen einmal waren. Schuld hält uns in der Vergangenheit fest und bewirkt, dass wir dem Widerstand leisten, was wir selbst gewesen sind. Sie hält uns zudem in Gefühlen der Unwürdigkeit gefangen, sodass wir zu nehmen versuchen, aber sogar dann nicht das Gefühl haben, die Belohnung und den Genuss verdient zu haben, wenn wir ausnahmsweise einmal das bekommen, was wir haben wollten.

In einer Beziehung geht es einzig und allein darum, immer stärker in Berührung mit unserem Partner zu kommen, weil Liebe genau das ist. Besonderheit ist die beste Falle, die das Ego hat, um uns aufzuhalten und dafür zu sorgen, dass wir steckenbleiben. Wir wollen einen besonderen Partner, weil wir seine Besonderheit als die Erfüllung unserer Bedürfnisse betrachten. Die Besonderheit unseres Partners ist unsere Trophäe. Sie weist darauf hin, wie toll wir sind. Sie sorgt dafür, dass wir die Erfüllung unserer Bedürfnisse weiterhin außerhalb von uns selbst suchen, und sie sorgt auch dafür, dass wir emotional unreif bleiben, weil Verstimmung und Ärger dann aufkommen, wenn jemand auf eine Weise handelt, die unsere Bedürfnisse nicht befriedigt. Wenn wir offen wären, würden wir empfangen, aber Nehmen versucht, etwas zu bekommen, während wir verschlossen sind. Es gibt weder ein Geben noch ein Empfangen. Es gibt weder eine Einladung noch ein Willkommen-Heißen.

Besonderheit sorgt dafür, dass wir auf einer Beziehungsebene feststecken, auf der wir nicht die Verantwortung für unser Glücklichsein übernehmen. Wir sind in uns selbst gefangen, statt unserem Wunsch nach Liebe zu folgen. Das Ego kennt nur Trennung und Besonderheit. Es lässt uns nach Liebe suchen, sorgt aber dafür, dass wir sie nicht finden. Weil es das Prinzip der Trennung ist, weiß das Ego mit Liebe nichts anzufangen, und im Angesicht der Liebe ist es immer unzulänglich. Es erklärt uns, dass unsere Bedürfnisse es rechtfertigen, dass wir nehmen, kann selbst aber nicht geben, empfangen, teilen oder sich verbinden.

In einer besonderen Beziehung erwarten wir, dass unser Partner uns dient und uns entgegenkommt. Wir verlangen, dass er sich ändert, um unsere Bedürfnisse zu erfüllen. Bei unserem Partner gibt es immer irgendetwas, das nicht so ist, wie es sein sollte, und er ist derjenige, der sich ändern muss. Eine besondere Beziehung ist auf Beschwerden aufgebaut und alles, worüber wir uns bei unserem Partner beschweren, ist das, *was wir selbst nicht geben*. Wenn wir unserem Partner oder uns selbst das gäben, worüber wir uns beschweren, dann hätten wir kein äußeres Bedürfnis mehr danach, denn wir selbst würden es einbringen. Alles andere käme noch hinzu, und es käme sehr viel hinzu, weil die Tür offen ist. Wir würden nicht mehr außerhalb von uns selbst suchen. Wir würden unsere Emotionen beobachten und wissen, dass sich Schmerz dort zeigt, wo wir einen Fehler gemacht haben. Wir würden uns weniger über unseren Partner ärgern, sondern unseren Ärger benutzen, um die in uns verborgen liegenden Muster zu heilen. Unsere verborgenen Muster und Emotionen sind mit Schuld und deshalb mit Selbstbestrafung beladen. Stattdessen würden wir Verantwortung übernehmen, um diese Dinge zu klären, damit sie uns keinen Schmerz mehr verursachen und in der Oase unserer Beziehung kein Chaos mehr anrichten können.

Je größer das Maß an Schuld ist, von dem wir uns befreien können, umso mehr geben wir sowohl den dunklen Glanz der Schuld als auch ihre selbstzerstörerische Kraft auf. Ohne Schuld gäbe es keine besonderen Beziehungen, weil unser einziges Interesse darin bestehen würde, Ganzheit zu erlangen und unsere Beziehung zu einem höheren Maß an Liebe und Glücklichsein zu entwickeln.

Schuld und die besondere Beziehung gehen stets Hand in Hand. Der besonderen Beziehung geht es nicht wirklich darum, eine Beziehung herzustellen, sondern darum, jemanden zu unserer Geisel zu machen, damit er unsere Bedürfnisse erfüllt. Alles, was nicht mit Liebe zu tun hat, hat mit Schuld zu tun. Alles, was „lieblos" ist, erzeugt Schuld. Je weniger Liebe, umso größer die

Schuld, und wenn das geschieht, sind sowohl unsere Gefühle als auch unser Bewusstsein in einer Abwärtsspirale begriffen.

In einer besonderen Beziehung dreht sich die gesamte Beziehung „nur um mich". Sie ist als „Bedürfnisspender" angelegt und wird sehr stark von Konkurrenz beherrscht, in der einer oder sogar beide Partner versuchen, den jeweils anderen mithilfe von Ärger, Schuld, Groll, Kränkung und anderen Formen emotionaler Erpressung zu beherrschen. Alle möglichen Gründe werden angeführt, um dafür zu sorgen, dass sich die Beziehung nur um mich dreht. Das kann ein Problem, die Vergangenheit, eine Krankheit oder eine Klage sein – prinzipiell alles, was uns einen Vorteil verschafft, damit wir unseren Partner kontrollieren, Recht haben und unseren eigenen Kopf durchsetzen können. Wir benutzen unseren Partner. In unserer Beziehung geht es nicht um Gegenseitigkeit oder das Geben und Empfangen von Liebe. Es geht um Bekommen und Nehmen.

Während ein Partner in der Beziehung die Besonderheit auslebt, weist sie bei dem anderen Partner auf ein unterbewusstes Muster hin. Nur unsere eigene Besonderheit ist imstande, die Besonderheit unseres Partners nicht als Hilferuf, sondern als ein Problem zu sehen. Seine Besonderheit spiegelt unsere eigene unterbewusste Besonderheit wider. Unser Verlangen danach, die Fehler unseres Partners aufzuzählen und dafür zu sorgen, dass er sich schuldig fühlt, damit wir selbst keine Beziehung herstellen müssen, rührt von unserer Besonderheit her, die ihm seine Besonderheit übel nimmt. Es bedeutet, dass wir keine Verantwortung dafür übernehmen, wie unser Partner ist und auf welche Weise er uns dient, indem er so ist, wie er ist. So kann eine Beziehung viele Jahre lang in einem Machtkampf steckenbleiben.

Die besondere Beziehung ist die beste Falle, die das Ego in seinem Repertoire hat, denn sie hält uns in Schuld und Unglücklichsein gefangen. Sie verbirgt unsere Angst vor Veränderung, obwohl wir meist unseren Partner dazu bringen wollen, sich zu ändern, oder uns andauernd beschweren, dass er sich nicht um unsere Bedürfnisse kümmert. In einer besonderen Beziehung erwarten wir von unserem Partner, dass er sich um unser Bedürfnis nach Liebe, Sex, besonderer Behandlung und Glücklichsein kümmert. Es fehlt uns an der emotionalen Reife, die es uns ermöglichen würde, selbst die Verantwortung für uns zu übernehmen. Wir sorgen dafür, dass unser Partner sich schuldig dafür fühlt, wie es um unseren Gemütszustand bestellt ist.

Wir haben uns nicht die Ganzheit zum Ziel gesetzt, die von Liebe und Heilung herrührt. Wir haben uns nicht der Ganzheit unseres Partners verpflichtet und haben ihn nicht so behandelt, wie wir uns selbst behandeln würden, nämlich mit Gegenseitigkeit und Achtung. Damit wir Transzendenz, Kreativität und das goldene Leben gemeinsam erreichen können, muss eine fortwährende Verbindung geschehen, in der unser Partner uns wichtiger ist als unser Verlangen danach, Recht zu haben, als unsere alten Wunden, unsere Angst und unsere Abwehrstrategien. Ständige Verpflichtung gegenüber unserem Partner, Gleichheit und der nächste Schritt sind die Dinge, die unsere Beziehung in Liebe wachsen lassen, statt sie zu einem Denkmal des Egos zu machen.

Eine Beziehung kann unsere Himmelsleiter und der schnellste Weg zu unserem persönlichen Wachstum sein. Allerdings kann das Ego unsere Beziehung auch an sich reißen und als Geisel nehmen, um seine eigene Macht zu vergrößern, indem es Schuld nährt. Die Unschuld aller kann eine Beziehung zu dem werden lassen, wozu sie gedacht ist.

> Die besondere Beziehung …
> … [beinhaltet] ein großes Maß an Schmerz […]. Beängstigung, Verzweiflung, Schuld und Angriff, sie alle gehen in sie ein. … Sie sind immer ein Angriff auf das Selbst, um den anderen schuldig zu machen.
>
> *Ein Kurs in Wundern*, Textbuch, Seite 341

> Die besondere Liebesbeziehung ist die Hauptwaffe des Egos, um dich vom Himmel fern zu halten.
> …
> Die besondere Liebesbeziehung ist die Gabe, derer das Ego sich am meisten rühmt, und eine, die den größten Reiz auf jene ausübt, die nicht willens sind, die Schuld aufzugeben.
>
> *Ein Kurs in Wundern*, Textbuch, Seite 341

Besonderheit, die von Entbehrung herrührt und gleichzeitig ein Versuch ist, ihr zu entkommen, erhält Kleinheit aufrecht. Besonderheit ist die Falle, die wir am häufigsten benutzen, um unserer Lebensaufgabe aus dem Weg zu gehen. Sie beruht auf Schuld, die dann versucht, jemand anderen für unsere Erfahrungen und für unser Glücklichsein verantwortlich zu machen.

Die großen Spieler

Das Ego und das höhere Bewusstsein sind große Spieler. Sie würfeln unaufhörlich darum, wer größeren Einfluss auf unseren Geist ausübt. Unsere einzige Wahl besteht darin, wem von beiden wir folgen. Der eine Spieler steht für den Weg des Friedens, der Unschuld und der Hilfsbereitschaft, während der andere Spieler den Weg der dunklen Emotionen, der Schuld und der schmerzerfüllten Konflikte repräsentiert. Das Ego weiß, wo unser Bewusstsein gespalten ist und dass Kammern der Angst, der Schuld und des Schmerzes zwischen diesen Konflikten in unserem Bewusstsein verborgen liegen. Diese Spaltungen sind Scheidewege, an denen wir uns in der Vergangenheit fälschlicherweise für den Weg des Egos entschieden haben. Sie kommen regelmäßig an die Oberfläche, um uns eine Chance zur Weiterentwicklung zu geben, wenn wir uns für einen anderen Weg entscheiden. Das Ego bietet uns dagegen weitere Spaltung, tiefere Verletzungen, Abwehrstrategien, Opfersein, größere Unabhängigkeit, Angst und Schuld als natürlichen Zustand an und schlägt uns vor, den Schmerz in größtmöglichem Maße zu dissoziieren, indem wir ihn in uns hineinfressen.

Wenn Schmerz und Schuld an die Oberfläche gelangen, verkauft das Ego sie uns als „schlimme" Ereignisse, die uns zustoßen. Es verfügt über eine ganze Presseabteilung an Selbstkonzepten, die ein Netz aus all den schmerzerfüllten Ereignissen in unserem Leben spinnen, bei denen es sich in Wirklichkeit um Eruptionen aus der Vergangenheit handelt. Dann erklärt es, dass uns der Schmerz von jemand anderem zugefügt wurde, dem wir auch die Schuld daran geben müssen. Ursprünglich gehen diese Ereignisse auf alten Groll zurück, auf Opferereignisse, bei denen wir ebenfalls davon überzeugt waren, dass ein anderer Mensch die Schuld daran trägt.

Wenn wir Ereignisse und Beziehungen aus der Vergangenheit in die Gegenwart bringen, dann nennt man das „Übertragung". Wenn eine „schlimme Sache" geschieht, dann ist das Übertragung. In der Gestaltpsychologie bezeichnet man sie als „unerledigtes Geschäft". In *Ein Kurs in Wundern* heißt es, dass aller Schmerz und alle Schuld aus der Vergangenheit herrühren. Ich habe selbst herausgefunden, dass alle diese Aussagen der Wahrheit entsprechen, als ich meinen eigenen Weg der Heilung ins Unterbewusstsein ging und feststellte, dass es zu jeder Situation eine Vorgeschichte gibt. Dies ist auch ein Kernprinzip der *Psychology of Vision*.

Kehren wir zu unseren Spielern zurück. Jedes Ereignis kann entweder der Heilung dienen oder dazu benutzt werden, den Schmerz weiter zu verstärken. Wenn wir uns für den Weg des Egos entscheiden, machen wir die Sache nur noch schlimmer und stärken seine Macht. Das Ego wettet viel darauf, dass es uns nie gelingen wird, uns von diesem Muster zu befreien. Es will, dass wir jedes negative Ereignis für etwas Schlimmes halten, statt es als Chance zur Heilung zu begreifen.

Shakespeare hat geschrieben: „Denn an sich ist nichts weder gut noch schlimm; das Denken macht es erst dazu." Das zeigt, dass unsere Wahrnehmung eines Ereignisses davon abhängt, wie wir es deuten. Unser Leben könnte besser sein, wenn wir wüssten, dass jedes negative Ereignis eine Chance ist, unsere Heilung voranzutreiben und die uns angebotenen Gaben anzunehmen. Wir würden den Schmerz immer noch nicht mögen, könnten ihn aber als Zeichen dafür nehmen, dass etwas der Heilung bedarf. Ohne dieses Wissen frisst das Ereignis an uns und verursacht weiterhin Schmerz und Schuld, obwohl wir vorgeben, dass der Schmerz nicht aus uns selbst kommt, sondern durch ein äußeres Ereignis verursacht wurde. Schmerz und Schuld haben das Ego zu der Mauer gemacht, die uns von anderen Menschen und von der Welt trennt.

Diese Haltung führt dazu, dass wir anderen Menschen auf objektivierende Weise begegnen, wobei wir selbst das Subjekt und sie das Objekt sind. Daraus folgt natürlich, dass wir diese Subjekt-Objekt-Beziehung auch zu uns eingehen, was zur Folge hat, dass wir uns aufopfern. Die schlimmstmögliche Einstellung ist natürlich eine Objekt-Objekt-Beziehung, in der Entfremdung zu einer Lebenseinstellung wird. In diesem Fall haben wir sehr viel in das Ego investiert. Das Ego benutzt unsere Entfremdung, um seine Macht zu vergrößern, wie es das auch bei einem Kampf und insbesondere in einem Krieg tut. Je stärker wir uns mit unserem Ego identifizieren, umso größer wird die Entfremdung. Das hat negative Auswirkungen auf unsere Beziehungen, auf unsere Fähigkeit, zu empfangen und die Belohnung für unsere Bemühungen zu genießen, und auf die Erkenntnis, dass wir Kinder Gottes sind, denn sie lässt uns erkennen, dass wir alle guten Dinge verdient haben und ein Leben der Gnade leben dürfen.

Der Scheideweg

Ich habe festgestellt, dass wir unmittelbar vor einem traumatischen Erlebnis und sogar kurz vor der Entstehung jedes Problems an einem Scheideweg stehen. An diesem Scheideweg können wir wählen, ob wir dem Weg unseres Egos oder dem Weg unseres höheren Bewusstseins folgen wollen. Das Ego bietet uns bestimmte Dinge an, zu denen gehört, dass es uns von Angst und Schuld befreit. Es führt uns jedoch in die Irre, weil es sein Versprechen nur zum Teil erfüllt. Es befreit uns immer nur von einem Teil unserer Angst und Schuld, weil es selbst aus Angst und Schuld besteht. Es bietet uns auch noch andere Dinge an, darunter Dissoziation von Schmerz, die Möglichkeit, uns zu verstecken, Möglichkeiten, unser Handeln zu rechtfertigen, Vermeidung unserer Lebensaufgabe, die Möglichkeit, unseren eigenen Kopf durchzusetzen, Kontrolle auszuüben, Recht zu haben, etwas zu beweisen, Bedürfnisse erfüllt zu bekommen und das, was das Ego als Freiheit bezeichnet, die in Wahrheit jedoch dissoziierte Unabhängigkeit ist. Es bietet uns diese verlockenden Dinge jedoch nur unter der Voraussetzung an, dass wir bereit sind, einen „geringen" Preis des Schmerzes dafür zu bezahlen. In Wirklichkeit sorgt der Weg des Egos dafür, dass wir steckenbleiben, und er bietet uns Belohnungen an, die nur dem Ego gefallen können.

Das höhere Bewusstsein bietet uns dagegen einen Weg an, der Erfolg und Nähe bringt. Wenn wir uns für seinen Weg entscheiden, dann öffnet sich eine Seelengabe in uns, die das Gegenmittel zu der schmerzhaften Situation darstellt und sie auflöst, wenn wir sie mit allen an der Situation beteiligten Menschen teilen. Die neue Entscheidung für das höhere Bewusstsein ist besonders wirksam, wenn wir sie in der Situation treffen, in der ein negatives Muster in Gang gesetzt wurde, denn dann können wir die Wirkung, die der Weg des höheren Bewusstseins auf die Situation hat, in die Gegenwart mitbringen und auf unser jetziges Problem anwenden. Wenn wir das Wurzelereignis heilen, indem wir die richtige Entscheidung treffen, dann bringen wir die geheilte Energie durch unser ganzes Leben mit zurück bis in die Gegenwart und können die Gabe mit den Menschen in der gegenwärtigen Situation teilen. Die Seelengabe wird auf natürliche Weise ein Teil unserer selbst, was dazu führt, dass sie hilfreich für alle Menschen in unserer Umgebung ist. Die Seelengabe und die mit ihr verbundene Leichtigkeit, Kreativität und Erfüllung werden zu einem Aspekt unserer Lebensaufgabe.

Auch der Himmel bietet uns auf dem Weg des höheren Bewusstseins eine Gabe an, um über die Situation hinauszugelangen. Auf diesem Weg zeigen sich außerdem Aspekte unserer Lebensaufgabe und unserer Bestimmung, die uns transzendente Gaben bringen. Sie schenken unserem Leben ein höheres Maß an Frieden und Gnade, und sie bedeuten, dass wir uns weniger anstrengen müssen, um dieselben Ziele zu erreichen. Auf dem Weg unseres höheren Bewusstseins treten wir vor und lassen unser Licht auf natürliche Weise leuchten.

Für welchen Weg entscheidest du dich beim nächsten Würfelspiel zwischen dem Ego und deinem höheren Bewusstsein? Du kannst deine vorherigen Erfahrungen nutzen, um zu erkennen, dass du an einem Scheideweg stehst. Welchen Weg schlägst du ein? Was willst du wirklich? Hast du den Mut, dich auf Liebe und Erfolg einzulassen und der Investition in dein Ego zugunsten der wahren Gaben abzuschwören, die dir angeboten werden? Es sind die Gaben des Lebens, die dir und anderen Menschen helfen. Sie sind das, was du brauchst, um deine Lebensaufgabe zu erfüllen und deine Bestimmung von ganzem Herzen anzunehmen.

Urteil und Wie die Welt erschaffen wurde

Das Ego hat uns davon überzeugt, dass Schuld eine Lebensweise ist. Es lässt uns in dem Glauben, dass das Leben nun einmal so ist und dass es besser wäre, uns damit abzufinden. Das Leben besteht jedoch nicht aus Schuld. Wir wurden nicht mit Schuld erschaffen, aber das Ego braucht sie, um die Trennung am Leben zu erhalten, die seine Macht vergrößert. Wenn wir erkennen würden, dass Trennung uns nicht dient, würden wir auch erkennen, dass wir kein Ego brauchen.

Biologische Forschungsergebnisse belegen, dass die Aktivität unseres Gehirns sich im Alter von achtzehn Monaten von den Stirnlappen (dem Zentrum des Wohlbefindens) in die Scheitellappen des Großhirns verlagert, was zur Folge hat, dass unsere geistige Aktivität sich stark erhöht. Im Alter von achtzehn Jahren sollte diese Aktivität eigentlich wieder in die Stirnlappen zurückverlagert werden. Wäre dem tatsächlich so, wäre unser Geist ruhiger und wir wären weitaus glücklicher. Eines der größten Husarenstücke des Egos besteht darin, dass es die kollektiven gesellschaftlichen Themen der Menschheit mit einem derart hohen Maß an Ablenkungskraft versehen hat, dass wir die Rückkehr zu unserem Wohlbefinden erfolgreich umgangen haben.

Wir sind zweckgerichtete Geschöpfe. So negativ Schuld auch ist, und trotz der Art und Weise, in der das Ego sie benutzt, um seine Macht zu stärken, würden wir niemals zulassen, dass das geschieht, wenn wir nicht eine heimliche Belohnung dafür kassieren würden. Trotzdem ist die Schuld kaum zu ertragen, sodass wir sie vergraben und dann projizieren. Je mehr wir projizieren, umso mehr erschaffen wir eine Welt der Trennung. Projektion trennt uns von dem Menschen, auf den wir projiziert und den wir verurteilt haben. Wir sind der Meinung, dass wir über ihm stehen. Er ist böse, und wir sind gut. Das, was er tut, könnten wir niemals tun. Er hat Bestrafung verdient, während wir ein besserer und ganz besonderer Mensch sind.

Urteil lässt Distanz entstehen. Wir trennen uns von uns selbst, spalten das ab, was wir verurteilen, und glauben, außerhalb dessen zu stehen, was wir verurteilt haben. Auf diese Weise erschaffen wir die Welt durch unser Urteil und geben dann Gott die Schuld an dem, was mit der Welt nicht in Ordnung ist.

Gott die Schuld geben

Warum tut Gott so etwas? Was denkt er sich dabei? Er ist entweder ein schlechter Gott oder ein schrecklicher, strafender Gott.

Wieder einmal haben wir unser eigenes Urteil und unsere eigene Schuld auf Gott projiziert. Gott ist das Prinzip der Liebe, des Lichts und der Unschuld. Das höchste Licht erschafft Licht (unser geistiges Wesen). Das höchste Sein dehnt sich aus und erschafft *Sein*. Die höchste Liebe erschafft Liebe, und die höchste Unschuld kann nur Unschuld hervorbringen. Alles andere über uns selbst, Gott und die Welt haben wir erfunden und alles, was uns nicht gefallen hat, dann Gott untergeschoben. Jetzt wetteifern wir im ultimativen Autoritätskonflikt um seinen Job. Wir haben uns zum Gott unserer eigenen Welt erhoben. Wir versuchen, Gott aus dieser Welt auszuschließen, und angesichts der Folgen haben wir unsere Sache nicht besonders gut gemacht. Weil wir glauben, Gott von seinem angestammten Platz verdrängt zu haben, glauben wir auch, uns damit einen großen und schrecklichen Feind geschaffen zu haben, und projizieren unser gesamtes Selbsturteil nun auf ihn.

Im Laufe meiner langjährigen Arbeit ist es mir gelungen, mit vielen Menschen auf tiefste Ebenen vorzudringen, auf denen sie Gott erklärten, dass er sich nicht die Mühe machen müsse, seinen göttlichen Blitz oder andere Formen der Bestrafung einzusetzen. Sie würden das schon selbst besorgen und ihm die Mühe ersparen. Selbstbestrafung ist so allgegenwärtig, dass wir sie bis zu unserem Tod praktizieren oder er sogar eine Form von Selbstbestrafung ist.

Stelle dir vor, du hättest ein Kind, das versessen darauf wäre, sich aus irgendeinem irrigen Grund selbst zu bestrafen. Tätest du nicht alles, was in deiner Macht steht, um das Kind wissen zu lassen, dass es liebenswert ist? Wie viel mehr noch, glaubst du, will Gott seine geliebten Kinder wissen lassen, dass sie unschuldig sind? Dazu sendet er – um es in christlichen Worten auszudrücken – den Heiligen Geist, den höchsten Beistand. Der Heilige Geist ist der Aspekt des Einsseins in der Welt der Trennung, der uns inspirieren und nach Hause geleiten soll. Wir können ihn als universale Inspiration betrachten, die nur darauf wartet, dass wir uns öffnen, um ein höheres Maß an Einheit in unserem Geist zu erwecken. Uns wurde versprochen, dass wir nicht ohne Beistand bleiben. Der Heilige Geist ist das Tao, die Kraft des Einsseins in einer Welt der Trennung.

Jede Entwicklung ist eine Entwicklung hin zu immer größerer Unschuld und Freude. Es ist eine Bewegung hin zu größerer Liebe und Integrität. Was uns zurückhält, ist die Tatsache, dass wir eine Welt aus projizierter Schuld erschaffen und Gott die Schuld daran gegeben haben. Wir haben auf Gott projiziert, dass er uns aus dem Paradies vertrieben hat. Welcher Gott würde das tun? Wenn Gott uns sagen würde, dass wir von einer ganz bestimmten Frucht nicht essen können, dann könnten wir nicht davon essen. So einfach ist das. Wir könnten nur träumen, dass wir von ihr gegessen haben. Die Trennung (der Hinauswurf aus dem Paradies) wäre nur ein Traum. Und wenn es wirklich das Paradies wäre, könnten wir es nicht verlassen, sondern lediglich träumen, dass wir es verlassen haben. Einssein ist unsere höchste Wirklichkeit, und wir entwickeln uns ganz allmählich zu der Erkenntnis zurück, dass wir uns abermals im Garten Eden befinden. Das wird der letzte Schritt sein, bis wir die Wahrheit des Einsseins schließlich gemeinsam wieder neu erkennen.

Schuld und Tod

Je schuldiger wir uns fühlen, umso mehr glauben wir, dass wir es nicht verdient haben, erlöst zu werden. Das stimmt mit der Denkweise des Egos überein, das uns mit jedem Vorschlag ein wenig weiter in Richtung Tod führt. Ein Problem zeigt, dass wir auf den Weg des Egos eingeschwenkt sind. Das Ego schlägt uns daraufhin eine Lösung für das Problem vor, aber wir erkennen rasch, dass die Situation sich weiter verschlechtert. Wir schlucken den Köder des Egos, der beispielsweise darin bestehen kann, dass wir uns verstecken, unabhängig sind, schwelgen, uns aufopfern, uns bestrafen, um mit unserer Schuld klarzukommen, oder versuchen, jemand anderem durch unsere Opferrolle eine Niederlage zuzufügen. Das Ego hat noch viele weitere Lösungen auf Lager, die allerdings alles noch schlimmer machen, weil wir die Chance zur Heilung zurückgewiesen haben. Heilung ist gleichbedeutend mit größerer Zugehörigkeit und weniger Ego, weshalb es im ureigenen Interesse des Egos liegt, uns zu beeinflussen, während es uns die ganze Zeit davon überzeugen will, *dass es wir ist.*

Sobald ein Vorschlag des Egos gescheitert ist, schlägt es uns schnell eine andere Strategie vor. Wenn wir seinen Rat erneut annehmen, gehen wir noch weiter den Weg des Egos hinab. Schon bald erkennen wir, dass auch der zweite Vorschlag des Egos nicht funktioniert. Der nächste Vorschlag, den wir vermutlich annehmen werden, weil wir uns schon so sehr mit dem Ego identifiziert haben, führt zu einem chronischen Problem, in dem das, was bisher eine Lektion war, nun zu einer Prüfung wird. Wenn wir lange genug an diesem Ort verweilen, der eine Verschwörung gegen uns selbst ist und aus dem es keinen Ausweg zu geben scheint, schlägt das Ego uns irgendwann vor, dass der Ausweg darin besteht, dass wir sterben. In seinem Wahnsinn glaubt das Ego, unser Tod sei sein ultimativer Sieg und nicht seine ultimative Niederlage. Je mehr wir auf den Rat unseres Egos hören, umso mehr scheitern wir und umso mehr wächst unser Gefühl der Schuld. Je mehr sich diese Gefühle verstärken, umso eindringlicher erklärt uns das Ego, dass wir es nicht verdient haben, einen Ausweg aus unserer Notlage zu finden. Je weiter wir den Weg des Egos hinabgehen, umso stärker greifen wir uns selbst an. Wir fangen an, dem Ego zu glauben, dass es tatsächlich keinen Ausweg aus unserer gegenwärtigen Situation gibt. Das bewirkt, dass wir uns elend fühlen, und führt uns noch tiefer in die Erfahrung der Hölle auf Erden hinein. Je schuldiger wir uns fühlen, umso stärker schwindet unsere Hoffnung. Die Dunkelheit der Schuld verbirgt das Licht, dem das Ego nur ja nicht zu nahe kommen will, weil seine Dunkelheit im Licht verblassen würde.

Schuld, die nicht durch Heilung eingedämmt wird, greift rasch um sich und führt irgendwann zum Tod. Der Glaube an den Tod kettet uns in dieser Welt des Todes fest, in der wir träumen, dass wir ein Körper sind, der stirbt, dass aber die Schuld dafür sorgt, dass wir immer wieder zurückkehren. In *Ein Kurs in Wundern* heißt es, dass der Wunsch, unserer Schuld nach dem Tod zu entkommen, uns dazu bewegt, einen neuen Körper zu wählen und wieder von vorne zu beginnen.

Schuld bewirkt, dass wir uns vom Leben abwenden, und je größer unsere Schuld ist, umso weiter sind wir auf dem Weg vorangekommen, der zum Tod führt. Sobald wir anfangen, uns selbst anzugreifen oder zu bestrafen, steuern wir auf „den langen Schlaf" zu.

Diese Welt ist eine Welt des Todes. Es gibt schlimmere und bessere Welten. Die Höllenwelten sind von einem stärkeren Maß an Illusion geprägt und von großem Leid und großer Qual erfüllt. Die Wesen, die sie bewohnen, wünschen sich nichts sehnlicher, als sterben zu können.

In dieser Welt haben wir die Möglichkeit, durch unsere Entscheidungen entweder den Himmel oder die Hölle zu erfahren. Das Maß unserer Schuld entspricht dem Maß an Hölle, das wir durchleben. Da wir unserem Ego geglaubt und in Schuld investiert haben, glauben wir bald auch, dass Vergessen durch Tod der einzige Ausweg ist. Tod ist jedoch niemals die Antwort, sondern einfach nur der Versuch, einem Konflikt aus dem Weg zu gehen.

Das Ego leugnet unsere geistige Wesensnatur und will uns glauben machen, dass wir ein Körper sind. Weil wir glauben, dass wir ein Körper sind, suchen wir unser Glück und unser Vergnügen in körperlichen Dingen. Dies ist ein Missbrauch des Körpers, der zu Schmerz und zu dem Unglücklichsein führt, das Krankheit entstehen lässt. Das verstärkt wiederum den Glauben, dass wir ein Körper sind und deshalb sterben werden. Für das Ego stellt der Tod einen wesentlichen Teil seines Glaubenssystems dar, aber in seinem Wahnsinn glaubt es, dass es selbst dem Tod entrinnen kann, den es bereits jetzt für uns plant.

Ein Kurs in Wundern beschreibt es folgendermaßen:

> Als Verkörperung der Angst, Gastgeber der Sünde, als Gott der Schuldigen und Herr über Illusionen und Täuschungen erscheint der Gedanke des Todes wahrlich mächtig.

Ein Kurs in Wundern, Lektion 163

Der Tod und seine Konsequenzen stehen symbolhaft für den Glauben an unsere Trennung von Gott, die eine Illusion ist. Sobald der Glaube an den Tod überwunden ist, öffnet sich unser Geist für die Meisterschaft, sodass wir auch über unseren Glauben an die Illusion der Dualität hinausgelangen. Ein hohes Maß an Konflikt wird geheilt, und wir bereiten uns auf das Erwachen vor, während wir zugleich zu einem immer höheren Maß an Frieden und Zentrierung gelangen.

Die Welt des Todes

Die Erde ist eine Welt des Todes. Sie ist sowohl ein Tor, das zu den Höllenwelten hinabführt, als auch eine Pforte, die zu den höheren, in stärkerem Maße erleuchteten Welten führt. Fast alle Menschen auf der Erde glauben an den Tod. Wir glauben, der Tod sei die einzige Möglichkeit, die Erde zu verlassen. Das Maß, in dem wir unser Selbst mit unserem Körper gleichsetzen – einer der liebsten Grundsätze des Egos –, entspricht dem Maß, in dem wir glauben, dass wir sterben werden. Würden wir uns hingegen mit unserer geistigen Wesensnatur identifizieren, würden wir erkennen, dass wir ein Kind Gottes sind, das aller guten Dinge würdig ist. Wir würden unsere Willenskraft, unsere Sicherheit und unsere Ganzheit zurückgewinnen. In dem Maße, in dem wir uns an uns selbst erinnern, würden wir unsere Macht und unsere Herrlichkeit wiederherstellen. Wir würden uns als ewig und grenzenlos erkennen und deshalb wissen, dass wir als reiner Geist niemals den Tod erleiden können. Wir würden unsere Angst vor dem Tod loslassen, die ein gleich hohes Maß an Hingezogensein zum Tod verbirgt. Das Maß, in dem wir uns mit dem Ego identifiziert haben, entspricht dem Maß, in dem wir daran glauben, dass Zerstörung und Selbstzerstörung eine Lebensweise sind. Freud erkannte die Anziehung, die der Tod auf uns ausübt, und nannte sie *Thanatos*.

Wenn wir unseren Glauben an den Tod aufgeben, dann brechen wir den Vertrag, den wir mit dem Ego geschlossen haben. Wir haben diesen Vertrag vor sehr langer Zeit mit Blut geschrieben und versprochen, ihn niemals zu brechen. In dem Moment, in dem wir anfangen, uns aus dem Vertrag zu lösen, startet das Ego seine bösartigsten Angriffe gegen uns. Wenn wir jedoch begreifen, dass dies nur ein Übergangsstadium ist, das wir auf dem Weg zu einem viel höheren Bewusstseinszustand durchlaufen, dann können die Angriffe des Egos uns zeigen, wo wir ihm noch immer verhaftet sind und wo wir noch in es investiert haben. Der Angriff ist der letzte verzweifelte Versuch des Egos, uns wieder von seiner Denkweise zu überzeugen.

Die Höllenwelten

Wir leben in einer Welt des Todes, in der persönliche und kollektive Glaubenssätze in die Überzeugung investiert werden, dass wir ein Körper sind und sterben werden. Wenn wir den Glauben an den Tod überwunden haben, verlassen wir unseren Körper ebenso mühelos, wie wir unsere Kleider abstreifen oder aus einem Auto aussteigen. Ich habe sogar höchst wundersame Geschichten von voll erleuchteten Meistern gelesen, die von den Toten auferstanden sind oder auf ihrem Weg in die andere Seinsebene ihren Körper mit sich genommen haben.

Es gibt jedoch noch schlimmere Welten als die Welt des Todes, in der wir leben. Es gibt Höllenwelten. Diese Geschichte, Metapher oder sprichwörtliche Tatsache ist aus meiner Arbeit tief im Unbewussten entstanden. Ich habe mit Menschen, die Merkmale von Geistesgestörtheit oder einer Borderline-Störung zeigten, und mit einer Reihe von Krebskranken gearbeitet, bei denen körperliche und psychologische Symptome sich auflösten, wenn sie diese Metapher zur Heilung benutzten.

Übung

Bitte um die Hilfe des Himmels. Bitte einen deiner Freunde an höherer Stelle, dich zu begleiten. Stelle dir vor, dass auch mein Licht dich begleitet und dass wir gemeinsam den Schacht deines Geistes hinabsteigen, bis wir die Gewölbetür erreichen, die zu den Höllenwelten führt. Lasse an diesem Punkt zu, dass dein Licht, mein Licht und das Licht des Himmels den Schacht hinabströmen. Verschließe die Gewölbetür dann entweder bis zu einem späteren Zeitpunkt, an dem dein Bewusstsein auf eine hinreichend hohe Stufe gelangt ist, um es erneut öffnen zu können, oder aber nimm die Rettungsmissionen in die Höllenwelten wieder auf, die wir in früher Zeit schon einmal unternommen haben, als unser Bewusstsein noch nicht auf eine so niedrige Stufe gesunken war. Sobald unser Bewusstsein zu sinken anfing, stiegen die Höllenwelten durch den geöffneten Schacht in unserem Geist nach oben, griffen an und übten einen äußerst schädlichen Einfluss auf unsere Welt aus. Jetzt ist es an der Zeit, die Gewölbetür entweder zu verschließen oder unser Licht und das Licht des Himmels fortwährend auf die Höllenwelten herabströmen zu lassen. Wenn du dich für die zweite Möglichkeit entscheidest, bitte darum, dass das Licht des Himmels durch dein Licht hindurch in die Höllenwelten hinabströmen möge. Dieser Vorgang kann im Hintergrund deines Bewusstseins unterbrochen weiterlaufen. Außerdem kannst du auch den Erzengel Michael, Christus, Kuan Yin oder eine andere Persönlichkeit, die dir auf der geistigen Ebene nahesteht, darum bitten, diese Mission zu überwachen.

Die Hölle

Unser Ego will, dass wir an die Hölle glauben und sie im gegenwärtigen Moment erfahren. Das Mittel, dessen es sich dazu bedient, ist die Schuld, und es benutzt jedes Problem, das wir haben, um unsere Schuld zu verstärken. Unser Ego will, dass wir ein so hohes Maß an Elend und tiefer Angst erfahren, dass wir viel lieber sterben würden, als zu leiden. Gleichzeitig erklärt es uns, dass wir nach dem Tod die Hölle verdient haben, weil unsere Schuld ewig währt, und dass es uns jagen und weiterhin bestrafen wird, wie wir es verdient haben.

Der Urtext von *Ein Kurs in Wundern* beschreibt Schuld und den Glauben an die Hölle mit folgenden Worten:

> Für diejenigen, die sich mit dem Ego identifizieren, ist der Glaube an die Hölle unausweichlich. ... denn darauf ist sein GANZES Lehren ausgerichtet. DIE HÖLLE IST SEIN ZIEL. ... Doch MUSS der Glaube an die Schuld zum GLAUBEN AN DIE HÖLLE führen.

> *Ein Kurs in Wundern*, 12. November 1966, Urtext

Der Weg des Egos führt in die Hölle

Der Weg der Schuld ist der Weg des Egos, und er führt uns in die Hölle auf Erden. Sobald wir – beraten vom Ego – anfangen, falsche Entscheidungen zu treffen, geraten ganze Bereiche unseres Lebens auf eine schiefe Bahn, während wir zäh an den wenigen Dingen festhalten, die wir haben. Am Scheideweg zwischen dem Ego und dem höheren Bewusstsein haben wir fälschlicherweise auf den Rat des Egos gehört. Nachdem wir uns aufgrund verlockender Dinge wie Rache, Kontrolle, der Möglichkeit, uns zu verstecken, Recht zu haben oder etwas zu beweisen, Besonderheit oder einer Ausrede schließlich für das Ego entschieden haben, lügt es uns unverfroren an. Es verspricht uns Freiheit, gibt uns stattdessen aber dissoziierte Unabhängigkeit. Es verspricht uns Glücklichsein, gibt uns stattdessen aber Schwelgen. Es verspricht uns Linderung von Schmerz, gibt uns stattdessen aber Dissoziation. Es verspricht uns Freiheit von Angst und Schuld, aber da es selbst aus Angst und Schuld besteht, befreit es uns nur zu einem geringen Teil davon und verbirgt den Rest.

Sobald wir den Weg unseres Egos eingeschlagen haben, wird die Stimme unseres höheren Bewusstseins leiser. Die Lösung, die das Ego für uns ausgesucht hat, führt zu noch größeren Schwierigkeiten. Daraufhin macht es uns einen weiteren Vorschlag, der uns von diesen Schwierigkeiten befreien soll. Wir befolgen ihn. Es wird noch schlimmer. Das Ego macht einen weiteren Vorschlag. Wir folgen weiter seinem Rat. Unsere Lektion ist zu einer Prüfung geworden. Wieder schlägt das Ego etwas vor und erklärt, dass das, was wir gerade getan haben, so nicht richtig war, aber … „hier, versuche es mal damit." Über kurz oder lang sind wir in der Hölle, und das Ego schlägt vor, dass wir uns für den Tod als die einzig mögliche Lösung entscheiden sollen, weil nur Vergessen dem Schmerz ein Ende bereiten kann. Zwar schwindet damit unsere Hoffnung auf den Himmel, aber zumindest lassen auch Schmerz und Kummer von uns ab. Das Ego ist außerstande, sich seinen eigenen Tod vorzustellen. Obwohl es untrennbar mit uns und unserem Körper verbunden ist, ist es fest davon überzeugt, dass es unseren Tod überleben und uns über unseren Tod hinaus in die Hölle verfolgen kann, weil es glaubt, dass unsere Schuld ewig währt.

Das Ego besteht aus Schuld, Angst, Konkurrenz und Besonderheit. Es benutzt alles, was trennt, um seine eigene Macht zu festigen und zu stärken. Auf dem Weg des Egos erleben wir die Hölle auf Erden, weil es uns brutal angreift und versucht, uns das Leben zu nehmen, wenn wir *nur* noch auf seine Stimme hören.

> Für diejenigen, die sich mit dem Ego identifizieren, ist der Glaube an die Hölle unausweichlich. Ihre Alpträume und Ängste stehen alle damit in Verbindung. Das Ego lehrt, dass die Hölle IN DER ZUKUNFT liegt, denn darauf ist sein GANZES Lehren ausgerichtet. DIE HÖLLE IST SEIN ZIEL.
>
> *Ein Kurs in Wundern*, 12. November 1966, Urtext

Obwohl das Ego, was es selbst betrifft, nicht an den Tod glaubt, kann der Gedanke an unseren eigenen Tod sein Bedürfnis, uns zu bestrafen, nicht befriedigen. Daher rührt sein Glaube an die Hölle.

> Denn obwohl das Ego Tod und Zerfall als ein Endziel anstrebt, glaubt ES nicht daran. Das Ziel des Todes, das es für dich ersehnt, lässt ES unbefriedigt. Niemand, der den Lehren des Egos folgt, ist frei von der ANGST vor dem Tod.
>
> *Ein Kurs in Wundern*, 12. November 1966, Urtext

Das Ego hegt die sonderbare Überzeugung, dass es dich über deinen Tod hinaus verfolgen kann. Das Ego glaubt, es sei ewig. Es ist sowohl unser Richter als auch unser Bestrafer, und in seinem absoluten Größenwahn glaubt es, uns sogar noch in der Hölle bestrafen zu können.

> Das Ego will, dass DU tot seist, es aber NICHT. Die Folge seiner seltsamen Religion MUSS deshalb die Überzeugung sein, dass es dich ÜBER das Grab HINAUS verfolgen kann. Und weil es nicht einmal in dem Tod, den es für dich wünscht, dir Frieden gönnen will, bietet es dir Unsterblichkeit in der Hölle an. Es redet dir vom Himmel, versichert dir aber, dass der Himmel nicht für dich ist. Wie können die Schuldigen eine Hoffnung auf den Himmel haben?
>
> *Ein Kurs in Wundern*, 12. November 1966, Urtext

Das Ego und das höhere Bewusstsein

Um in dieser Welt überleben zu können, brauchen wir ein Ego, aber irgendwann im Laufe der Zeit erkennen wir, dass das Ego nicht unser Freund ist. Einige Menschen bleiben ihr Leben lang in dieser Falle gefangen und identifizieren sich mit dem Ego bis hin zu dem Vertrag, den sie mit ihm abgeschlossen haben und der ihren Tod zum Inhalt hat. Sobald wir erkennen, dass das Ego uns nicht glücklich macht, schauen wir uns nach Alternativen um. Dabei handelt es sich meist um eine irgendwie geartete Beziehung, einen humanitären oder einen spirituellen Weg, der uns auf eine neue Stufe der Nähe, des Mitgefühls und der Spiritualität bringt. Das hat zur Folge, dass wir die Mauern des Egos allmählich einreißen und entdecken, was uns alle verbindet. Wir erleben Momente der Freude, die daher rühren, dass wir Liebe und Partnerschaft erfahren. Unabhängig davon, ob wir einen bestimmten spirituellen oder religiösen Weg gehen, ist unser Leben von größerer Spiritualität geprägt, während wir uns erhabenere Ziele in der Welt setzen und in stärkerem Maße das Unsichtbare erfahren.

In dem Maße, in dem unsere Entwicklung voranschreitet, hinterfragen wir sowohl unsere Glaubenssätze als auch das größte Ziel des Egos, das darin besteht, im Vergleich zu anderen Menschen ein immer höheres Maß an Besonderheit zu erlangen. Unser Ego kann nahezu jeder Hinterfragung standhalten. Davon ausgenommen ist einzig und allein sein fundamentales Prinzip, dem zufolge wir nicht nur alle schuldig sind, sondern auch die Schuldigen angreifen und bestrafen müssen, uns selbst eingeschlossen. Anschließend versteckt es einen Eckstein, auf dem wir unser Ego aufgebaut haben: Die Unschuldigen sind ebenfalls schuldig, weil sie Schuld und Angriff nicht als den Weg annehmen wollen, der ihnen die Erlösung bringt. Dementsprechend sind nun auch die Unschuldigen unser Feind.

Wir sind Kinder Gottes, und andere Menschen anzugreifen bedeutet nicht nur, dass wir die Kinder Gottes kreuzigen, sondern stellt eine Fortsetzung der Kreuzigung dar. Unser Angriff verbirgt unsere wahre geistige Wesensnatur sowie die Tatsache, dass Unschuld unser natürliches Vermächtnis ist. Würden wir diese Unschuld finden, würden wir versuchen, sie zu zerstören. Das bringt die Welt in einen traurigen Zustand, in dem mentale, körperliche, emotionale und sexuelle Angriffe auf andere Menschen zu einer Lebenseinstellung geworden sind.

Ein Modell der Heilung, das sich für mich als äußerst hilfreich erwiesen hat, ist das Prinzip des höheren oder schöpferischen Bewusstseins. Es ist das Bewusstsein, das unser gegenwärtiges Bild von uns selbst nicht nur mit unserer geistigen Wesensnatur, sondern auch mit der universalen Inspiration verbindet. Die Aufgabe des höheren Bewusstseins besteht darin, Transformation zu bewirken, bis wir unser wahres *Sein* beziehungsweise den Zustand der Unveränderlichkeit erreicht haben. Unser höheres Bewusstsein ist ein Kanal der Weisung und der Gnade. Mit ihm beten und bitten wir um Wahrheit und eine höhere Wahrnehmung, um uns selbst und auch die Situation, in der wir uns befinden, zu verwandeln.

Evolution

Schuld verhindert, dass wir Gott wahrnehmen und unsere geistige Wesensnatur erkennen. Schuld sorgt dafür, dass wir in einer Welt des Leidens leben. Das Ego benutzt Schuld, um zu verhindern, dass wir die unwiderstehliche Anziehungskraft der höchsten Liebe und unseren natürlichen Wunsch spüren, uns weiterzuentwickeln und über unsere Begrenzungen hinauszugelangen.

Als ich die Geschichte der Menschheit studierte, die in der Tiefe des menschlichen Bewusstseins aufgezeichnet ist, schien mir, dass wir alle „gefallen" und infolgedessen in die Dunkelheit der Illusion hinabgestiegen sind. Unser Bewusstsein hat sich von unserer geistigen Wesensnatur und vom Himmel – der Erfahrung des Einsseins – abgetrennt. In dem Maße, in dem sich die Spaltung unseres Bewusstseins verstärkt hat, sind wir immer tiefer in einen dunklen Traum aus Schuld und Leiden hineingefallen.

Auf unserem Weg zurück zum Einssein entwickeln wir uns nun jedoch abermals hin zu einer Welt, die durch Liebe und Unschuld vollkommen wird. Obwohl es so scheint, als würde es noch viele Millionen Jahre dauern, bis dies in unserer Entwicklung geschehen kann, nehmen Angriff und Schuld auf dem Weg zum Einssein immer mehr ab, je mehr wir vergeben. Wenn wir schließlich zur Meisterschaft gelangen, verwirklichen wir das große Glück. Dort entsagen wir dem bittersten Versagen, den tiefsten Schatten und der dunkelsten Wertlosigkeit, die Angriff antreiben. Stattdessen machen wir uns das Prinzip der Harmlosigkeit zu eigen, denn so entfaltet sich unsere Unschuld auf ganz natürliche Weise.

Häufige Motive des Egos für Schuld

Warum sollten wir uns dafür entscheiden, uns schuldig zu fühlen? Schuld sorgt nicht nur dafür, dass wir uns schlecht fühlen, sondern ist regelrecht selbstzerstörerisch. Sie verstärkt nicht nur unseren Selbsthass, sondern natürlich auch das Maß, in dem wir andere Menschen angreifen. Im Laufe der Jahre, in denen ich zahllose Menschen an den Scheideweg zurückgeführt habe, an dem sie sich für ihre Schuld und den Weg ihres Egos entschieden hatten, haben sich jedoch eine Reihe typischer und immer wiederkehrender Gründe herauskristallisiert, warum sie diesen Weg einschlugen. Wenn du begreifst, dass selbst die negativsten Aspekte deines Lebens dir heimliche Belohnungen bringen, dann kannst du dein Handeln auf unterbewussten Ebenen einer Prüfung unterziehen und neue Entscheidungen treffen. Du brauchst nicht in deinen Entscheidungen steckenzubleiben. Du kannst deine Meinung ändern und eine andere Richtung einschlagen, die größeren Erfolg bringt.

Wenn du bestimmte Traumata oder Probleme genauer durchleuchten möchtest, wähle für jedes Problem eine bis drei Zahlen zwischen eins und dreißig. Schreibe sie auf einem Blatt Papier neben dem Problem nieder. Nachstehend findest du einige typische Antworten, die häufig gegeben werden, wenn es darum geht, das herauszufinden, was zu Traumata oder Problemen geführt hat. Mithilfe der folgenden Prinzipien kannst du jedes Problem durchleuchten.

Einige der häufigsten Entscheidungen lauten wie folgt:

1. *Investition in das Ego:* Statt den Weg der Kreativität und der Gnade zu wählen, entscheiden wir uns dafür, in unser Ego zu investieren.
2. *Unabhängigkeit:* Unsere innere Schuld hat uns von anderen Menschen getrennt und erhält die Trennung aufrecht.
3. *Vermeidung deiner Lebensaufgabe:* Dies ist eine wichtige Dynamik, die bei allen Traumata eine Rolle spielt.
4. *Angst vor Veränderung:* Weil wir fürchten, einen Verlust zu erleiden, wenn eine Veränderung eintritt, investieren wir stattdessen in unser Ego.

5. *Um Aufmerksamkeit zu erlangen:* Unsere Schuld bettelt darum, im Mittelpunkt zu stehen.

6. *Besonderheit:* Schuld macht uns zu einem besonderen „schlechten" Menschen.

7. *Dunkler Glanz:* Schuld verleiht uns die Anziehungskraft, die von dunklem Glanz ausgeht.

8. *Um uns zu verstecken:* Schuld gibt uns die Erlaubnis, uns zurückzuziehen und uns zu verstecken.

9. *Um andere Menschen zu kontrollieren:* Wir benutzen Schuld, um andere Menschen zu kontrollieren und sie dazu zu bringen, sich uns gegenüber in einer bestimmten Weise zu verhalten.

10. *Um uns selbst zu kontrollieren:* Wir fürchten uns vor uns selbst und vor dem, was wir tun könnten. Deshalb benutzen wir Schuld, um uns aufzuhalten.

11. *Um eine Gabe zu blockieren:* Wir haben Angst vor einer Gabe, weil wir uns davor fürchten, unser Licht leuchten zu lassen, uns von der Masse abzuheben, besonders großes Glück zu haben oder die Kontrolle zu verlieren. Wir blockieren Gaben mit der Unwürdigkeit von Schuld.

12. *Um Angst zu schützen:* Wir benutzen Schuld, um unsere Angst zu verstecken.

13. *Angst vor dem nächsten Schritt:* Wir benutzen Schuld, um steckenzubleiben und uns unserer Angst vor dem nächsten Schritt nicht stellen zu müssen.

14. *Um uns selbst zu bestrafen:* Wir greifen uns selbst an in dem Versuch, Schuld zu tilgen.

15. *Um andere Menschen anzugreifen:* Unsere eigene Dunkelheit bringt uns entweder dazu, unseren Ärger an anderen Menschen auszulassen, oder wir benutzen unsere Schuld als eine Form von Rache, indem wir uns zurückziehen und nicht für sie da sind.

16. *Als eine Ausrede:* Wir benutzen unsere Schuld als Freifahrtschein, um genau das zu tun, was wir wollen.

17. *Um zu schwelgen:* Wir fühlen uns schlecht, und das gibt uns die Erlaubnis, die wir brauchten, um zu schwelgen und uns gehenzulassen.

18. *Um eine Beziehung zu beenden:* Wir lassen uns etwas „zuschulden" kommen, weil wir uns unwürdig fühlen oder weil wir uns von dem betreffenden Menschen lösen wollen.

19. *Machtkampf:* Wir benutzen Schuld, um gegen andere Menschen zu kämpfen.

20. *Um unseren Willen durchzusetzen:* Wir benutzen Schuld, um darauf zu beharren, dass etwas ganz genau so läuft, wie wir es wollen.
21. *Um Recht zu haben:* Wir benutzen die schmerzhafte Situation, um Recht zu haben, uns zu verstecken und unsere Schuld zu kompensieren.
22. *Um etwas zu beweisen:* Wir benutzen Schuld, um anderen Menschen etwas zu beweisen.
23. *Um jemandem zu helfen:* Das ist unser Märtyrerkomplex, der glaubt, dass das, was uns zerstört, einem anderen Menschen helfen könnte.
24. *Ein Hilferuf:* Wir benutzen Schuld, um uns die Unterstützung anderer Menschen zu sichern.
25. *Kampf gegen Gott:* Chronische Schuld ist ein Weg, gegen Gott zu kämpfen und zu beweisen, dass er in Bezug auf uns und auch auf alles andere Unrecht hat. Es ist ein Weg, die Trennung aufrechtzuerhalten.
26. *Um Rache zu üben:* Wir benutzen unsere Schuld, um einen Menschen, der uns nahesteht, zu verletzen.
27. *Um tiefere Schuld zu verbergen:* Wir begehen eine Tat, deretwegen wir uns bereits schuldig fühlen, um das Schuldgefühl zu verringern.
28. *Unwürdigkeit:* Unwürdigkeit wird von unserer Schuld genährt und verbirgt unsere Angst vor Erfolg und Nähe.
29. *Aufopferung:* Aufopferung kompensiert Schuld. Aufopferung ist die Bereitschaft, jetzt zu verlieren, um sicherzustellen, dass unsere Bedürfnisse zu einem späteren Zeitpunkt erfüllt werden. Es ist ein von Konkurrenz angetriebener Schachzug, um später zu gewinnen.
30. *Verschmelzung:* Wir verbergen die Schuld unserer fehlenden Verbundenheit und der Einsamkeit, die sie uns damit auferlegt. Wir müssen nicht auf Partnerschaft, Führerschaft, Erfolg oder unsere Lebensaufgabe zugehen.

Die Kernpersönlichkeit der Schuld

Ich habe herausgefunden, dass wir eine Kernpersönlichkeit – beziehungsweise ein Selbstkonzept – besitzen, die im Zentrum jeder Falle steht. In unserem Fall versammelt eine Kernpersönlichkeit der Schuld andere Persönlichkeiten der Schuld um sich, die alle weitere Persönlichkeiten mitbringen, deren Aufgabe es ist, sie zu verteidigen. Während manche Kernpersönlichkeiten nur wenige Leibwächter oder Handlanger haben, sind mir auch einige Fälle begegnet, in denen eine ganze Armee an Persönlichkeiten die jeweilige Kernpersönlichkeit verteidigte und eine Konstellation rund um das fragliche Selbstkonzept aufgebaut hatte. Welche anderen Konstellationen sind damit verknüpft? Angst, Rache, Unwürdigkeit, Aufopferung?

Frage dich, wo in deinem Körper du deine Konstellation der Schuld aufbewahrst. Welche Auswirkung hat sie auf dein Leben, deine Gesundheit, deine Beziehungen und deinen Erfolg? Stelle dir die Anordnung dieser Konstellation vor. Stelle dir dann vor, dass dein eigenes Licht, mein Licht und das Licht des Himmels ein Symbol formen, das mit einem zentralen Punkt in der Mitte der Konstellation dieser Kernpersönlichkeit und aller anderen mit ihr verknüpften Konstellationen beginnt und sich spiralförmig nach außen erweitert.

Während das Symbol sich spiralförmig nach außen erweitert, nimm wahr, wie sein Licht alle Aspekte deiner Konstellation der Schuld und alle anderen damit verknüpften Konstellationen zum Schmelzen bringt und sie in reine Elemente aus Licht und Energie verwandelt.

Die Konstellationen der Schuld

Schuld bewirkt, dass wir den Wunsch haben, uns selbst und andere Menschen zu bestrafen. Die Welt kommt unserem Wunsch nach Selbstbestrafung bereitwillig nach, und viele Menschen tragen ein äußerst gefährliches Maß an Schuld in sich, das zu einer Fülle an Krankheiten, Unfällen und negativen Ereignissen führen kann. Die Verknüpfung der folgenden Dynamiken mit Schuld bewirkt, dass sich zusammen mit der Schuld auch ihre dunklen Auswirkungen auflösen. Alle Merkmale sind Teil der dunklen Konstellation der Schuld. Wo ein Aspekt zu finden ist, dort sind auch die anderen Aspekte vorhanden und bilden mitunter eine eigene Konstellation, die an die Schuld geknüpft ist.

Ärger

Wir können nur dann Ärger empfinden, wenn wir Schuld in uns tragen, die ihn ausgelöst hat. Urteil und Projektion sind Abwehrmechanismen, die das Ego benutzt, um uns davon zu überzeugen, dass es uns von unserer Schuld befreit hat, während es in Wahrheit die ganze Zeit an ihr festhält. Unser Ärger soll zum Ausdruck bringen, dass jemand anderer Verurteilung und Tod verdient hat: „Er ist anders als ich. Ich bin ein guter Mensch. Er ist ein schlechter Mensch und hat Strafe verdient."

Arroganz

Arroganz entsteht aus den Abwehrmechanismen der Schuld, zu denen Urteil, Projektion und Selbstgerechtigkeit gehören. Sie entspringt auch und ist zugleich eine Kompensation für den Glauben, dass wir schuldig sind. Wenn Gott, der die höchste Unschuld selbst ist, uns als unschuldig erschaffen hat und uns noch immer als unschuldig betrachtet, dann ist es arrogant, uns anders zu sehen. Ich habe festgestellt, dass der Kampf mit Gott stets ein Kernelement chronischer Schuld enthält.

Festgefahrenheit

Schuld ist der Superkleber des Lebens. Sie sorgt dafür, dass wir steckenbleiben, und legt uns Steine in den Weg, die unser Vorankommen verhindern sollen.

Opferhaltung

Jedes Ereignis, das uns zum Opfer macht, ist ein Versuch, Schuld zu tilgen. Wenn wir zum Opfer gemacht werden, fühlen wir uns „schlecht", was einfach nur ein anderes Wort für Schuld ist. Es verstärkt unsere Schuld nur, schafft es aber nicht, die ursprüngliche Schuld zu tilgen. Das Ego festigt durch die Opferhaltung seine Position. Wir ziehen uns immer weiter vom Leben zurück oder dissoziieren in einigen Fällen so stark, dass wir selbst –absichtlich oder unabsichtlich – zum Täter werden. Opfer zu sein ist eine Rolle, die von verlorener Verbundenheit und Bedürfnissen herrührt. Es ist der Versuch, ein Bedürfnis erfüllt zu bekommen, der in einer Verlierer-Verlierer- oder in einer Verlierer-Gewinner-Situation endet. Das Bedürfnis ist so stark und der Kampf so zwingend, dass wir bereit sind, die sich daraus ergebenden fatalen Konsequenzen in Kauf zu nehmen. So wird ein selbstschädigendes negatives Muster in Gang gesetzt.

Schuldzuweisung

Unschuld verurteilt nicht, sondern erkennt mitfühlend den Hilferuf und geht darauf ein. Schuld verurteilt andere Menschen dagegen für die Dinge, *deretwegen wir uns selbst schuldig fühlen.* Schuld gleicht der sprichwörtlichen „heißen Kartoffel". Wir wollen sie so schnell wie möglich an andere Menschen weitergeben, damit wir uns nicht die Finger daran verbrennen.

Kompensation

Kompensationen sollen beweisen, dass wir nicht das sind, wofür wir uns halten. Da wir das Gefühl der Schuld nicht ertragen können, versuchen wir sie abzuwehren, indem wir sie wiedergutmachen. Das führt dazu, dass wir Rollen spielen und uns aufopfern. Zu den häufigsten Rollen gehören „der gute Mensch" und der „hart Arbeitende", obwohl auch der „böse Bube", der „Sündenbock" und der „Taugenichts" häufige Kompensationen und Rollen sind.

Verschwörungen

Eine Verschwörung ist eine Falle, die so gut aufgestellt ist, dass es vermeintlich keinen Ausweg daraus gibt. Sie zeigt sich stets in Form eines chronischen Problems, das unsere Lebensaufgabe verbergen soll, und ist eine List des Egos, die uns möglichst lange aufhalten und ablenken soll. Schuld ist ihr wichtigstes Werkzeug der Selbsterhaltung.

Leugnung

Schuld ist unerträglich für uns, aber nicht für das Ego, das uns davon überzeugt, dass wir schuldig sind. Es schmeichelt sich bei uns ein, indem es uns viele Abwehrmaßnahmen gegen unsere Schuld vorschlägt, die aber alle nicht funktionieren. Leugnung nimmt bei diesen Abwehrmaßnahmen die vorderste Position ein und ist an nahezu allen anderen Abwehrmaßnahmen zumindest beteiligt. Wir reden uns einfach ein, dass unsere Schuld nicht da ist. Wir verbergen sie vor uns selbst, obwohl es durchaus sein kann, dass sie für alle anderen Menschen sichtbar ist.

Niedergeschlagenheit

Niedergeschlagenheit weist auf einen Verlust hin, den wir nicht überwunden haben und der zur Folge hat, dass wir uns schlecht fühlen. Außerdem tragen wir eine noch tiefere und viel tiefer verborgene Ebene der Schuld in uns, die daher rührt, dass wir uns dafür entschieden haben, die Sache zu verlieren, deren Verlust uns niedergeschlagen macht, oder dafür, in uns selbst oder dem, was wir verloren haben, keinen hinreichend hohen Wert zu sehen, um es zu behalten.

Destruktivität und Selbstdestruktivität

Schuld bewirkt, dass das Ego uns die Erlaubnis gibt, seine Zerstörungswut an den „bösen Buben" auszulassen, auf die wir sie projiziert haben. Das befreit uns jedoch nicht von der Schuld, sondern verbirgt sie lediglich. Früher oder später fällt sie auf uns zurück, und wir richten den Angriff gegen uns selbst. Selbstdestruktivität ist nur eine Erweiterung des Urteils, das wir, ausgehend von unserer Selbstverurteilung, die jetzt zu uns zurückkehrt, über andere Menschen gefällt haben. Die Bösartigkeit der in uns verborgen liegenden Zerstörungskraft, die von Schuld herrührt, veranlasst das Ego zu seinem Lieblingssport, nämlich der Kreuzigung des Sohnes Gottes – aller Kinder Gottes. Was wir ihnen antun, das tun wir früher oder später auch uns selbst an.

Zwar hält das Ego alle Menschen, die schuldig sind, für verabscheuenswert und glaubt, dass sie es verdient haben, gekreuzigt zu werden, aber vor allem die Unschuld ist seiner Meinung nach des Todes würdig. Wer sich als unschuldig erfährt, der schenkt dem Weg, auf dem das Ego sich selbst retten will und der mit Angriff und Selbstangriff zu tun hat, keinen Glauben. Die Mühelosigkeit, mit der man sich des Egos entledigen kann, ist der Grund für seine bösartigen Angriffe auf die Unschuld, denn das Ego betrachtet jeden als Feind und Verräter, der die Dinge nicht so sieht wie es selbst. Unschuld ist das genaue Gegenteil aller Ziele und Überzeugungen, die das Ego hegt. Das Ego betrachtet Unschuld als des Todes würdig.

Dissoziation

Dissoziation schneidet das schlechte Gefühl der Schuld ab und überdeckt es mit einem Abwehrmechanismus, der auch Nähe, Empfangen, Erfolg, unsere geistige Wesensnatur und den Himmel abwehrt.

Emotionen

Alle Emotionen entspringen der Vergangenheit und müssen von den positiven Gefühlen unterschieden werden, die aus der Gegenwart herrühren. Negative Emotionen sind an Schuld geknüpft. So sorgt beispielsweise ein Herzensbruch, der auf einer bestimmten Ebene eine Form der Selbstbestrafung für unsere Schuld darstellt, wegen des mit ihm einhergehenden Schmerzes oder Verlustes nun auch dafür, dass wir uns schlecht fühlen. Die Schuld ist ein Teil dessen, was den Herzensbruch in ein Muster des Herzensbruchs verwandelt, zu dem auch gehört, dass wir uns selbst bestrafen und nicht bereit sind, den nächsten Schritt zu gehen.

Erschöpfung

Schuld drückt uns nieder und raubt uns Energie. Das Urteil, das von Schuld herrührt, verurteilt uns zu einem Leben, das von Kraftlosigkeit geprägt ist.

Versagen

Wenn wir versagen, fühlen wir uns schuldig. Das Maß unserer Schuld entspricht dem Maß, in dem wir versagen. Viele unserer Misserfolge waren überspannte Bestrebungen unseres Egos, die beweisen sollten, dass wir der oder die Beste sind. Alle Schuld ist eine Überzeugung, dass wir bei etwas versagt haben, und Schuld und Versagen setzen einen Teufelskreis in Gang. Häufiges Versagen stellt uns auch vor eine starke Todesversuchung, weshalb wir es durch Rollen, harte Arbeit, Artigkeit oder ähnliche Dinge kompensieren. Versagen und Schuld sind im Grunde gleichbedeutend.

Verschmelzung

Unklare Grenzen sind ein Versuch, den Verlust unserer Verbundenheit zu kompensieren. Verschmelzung rührt von Schuld her und ist eine Form von unechter Verbundenheit. Sie blockiert Individuation, die für Gleichheit und Partnerschaft unerlässlich ist. Sie verbirgt unsere Angst vor Erfolg, Nähe und unserer Lebensaufgabe.

Festhalten

Festhalten bedeutet, dass wir uns weigern, einen Menschen oder eine Sache aus der Vergangenheit loszulassen, weil wir hoffen, dass er oder sie endlich ein Bedürfnis erfüllt, das damals nicht erfüllt wurde und auch jetzt nicht erfüllt wird. Unsere Schuld führt zu Nichterwiderung und zu einem Mangel an Befriedigung, und Festhalten ist der Versuch, das Bedürfnis trotz unserer Schuld erfüllt zu bekommen. Ohne unsere Schuld hätten wir das, was wir haben wollten, längst empfangen.

Identifikation mit dem Ego

Das Ego, das Schuld benutzt, um seine eigene Macht zu vergrößern, lehrt uns, dass wir schuldig sind und dass wir uns wegen dieser Schuld angreifen müssen. Es lehrt uns, dass es keine Möglichkeit gibt, Schuld zu entrinnen, und dass wir an unsere Schuld glauben und sie wertschätzen müssen. Weil Angriff das Hauptwerkzeug des Egos ist, benutzt es ihn, um die Schuld sowohl für uns selbst als auch für andere Menschen wahr werden zu lassen.

Urteil

Unsere Schuld bringt uns dazu, dass wir sowohl uns selbst als auch andere Menschen verurteilen. Urteilen ist der Versuch, uns von anderen Menschen zu distanzieren, indem wir sie für schuldig erklären und ihnen dadurch einen Platz zuweisen, der sie unter uns stellt und von uns trennt.

Karma

Karma ist ein Muster, das durch Schuld entsteht. Das Muster verstärkt sich so lange, bis es geheilt und die Lektion gelernt wird. Wenn wir an Karma glauben, dann glauben wir, dass uns genau das zugefügt werden wird, was wir anderen Menschen zugefügt haben. Buddha sagte dazu: „Karma bedeutet, dass nichts, was du tust, ohne Folgen bleibt." Das stimmt, wird vom Ego aber auf eine Weise benutzt, die nicht erkennt, dass die Lektion schnell und sogar unmittelbar gelernt werden kann, ohne auf den langsamstmöglichen Prozess von „Auge um Auge" zurückgreifen zu müssen. Das Tilgen von Karma auf dieser niedrigen Ebene erzeugt fast immer schlechte Gefühle und Schuld, was zur Folge hat, dass das Karma weiterbesteht. Durch Vergebung und Selbstvergebung können karmische Situationen mühelos transformiert werden.

Die gute Nachricht ist, dass Gott, der sowohl das Prinzip der Unschuld als auch das ewige Jetzt ist, nicht an Karma glaubt. Schuld existiert nur in der Vergangenheit. Die schlechte Nachricht ist, dass wir an Karma glauben. Sowohl Schuld als auch Karma lösen sich in dem Maße auf, in dem wir uns und anderen Menschen vergeben oder die Gnade und Liebe empfangen, die Gott für uns vorgesehen hatte. Die Lektion wird sofort gelernt, die Wahrnehmung erhöht und das Muster aufgelöst, sodass ein höheres Maß an Erfolg für alle möglich wird.

Mangel an Verbundenheit

Wo wir die Verbundenheit verloren haben, dort bleiben im Zuge der Trennung dunkle Emotionen zurück, zu denen auch Schuld gehört. Schuld ist ein Keil, der verhindert, dass wir uns an bestimmte Bereiche unseres eigenen Bewusstseins erinnern und uns folglich wieder mit anderen Menschen verbinden können. Unschuld stellt die Verbundenheit mit anderen Menschen auf ganz natürliche Weise wieder her und lässt dadurch Nähe und Partnerschaft entstehen.

Mangel an Nähe

Unsere Schuld hat zur Folge, dass wir uns vor Erfolg in Beziehungen nicht nur fürchten, sondern uns seiner auch als unwürdig empfinden.

Leben in der Vergangenheit

Schuld bedeutet, dass wir in einer illusionären Vergangenheit leben, die wir erfunden haben. Die Vergangenheit existiert nicht mehr, und die Vergangenheit, die wir erfunden haben, hat außer in unserem Geist niemals existiert. Alles außer Segenswünschen aus der Vergangenheit ist ein Zeichen unserer Schuld. Schuld bewirkt, dass wir zurück statt nach vorne schauen. Sie verhindert, dass wir im Jetzt leben.

Verlust

Immer dann, wenn wir einen Verlust erleiden, fühlen wir uns schlecht, weil wir uns auf einer unterbewussten Ebene selbst dafür entschieden haben. Wir fühlen uns aber auch deshalb schlecht, weil dies das Wesen einer Verlusterfahrung ist. Ein Teil unserer selbst hat sich durch den Verlust angegriffen gefühlt, und der andere Teil unseres gespaltenen Bewusstseins hat so gehandelt, dass wir unabhängig werden konnten. Verlust rührt von Wertlosigkeit her. Wir sind außerstande, jemandem oder etwas den Wert beizumessen, der eine Beziehung aufrechterhält, und das, was wir nicht wertschätzen, verlieren wir. Unser Verlust ist außerdem ein Versuch, uns für unsere Schuld zu bestrafen, sodass ein echter Teufelskreis entsteht.

Projektion

Nachdem wir über uns geurteilt und uns verurteilt haben, verdrängen wir unsere Schuld, spalten sie ab, projizieren sie dann nach außen und nehmen sie in anderen Menschen wahr. Unsere gesamte Wahrnehmung ist Ausdruck unserer Projektion. Wir sehen eine Welt, die von unseren Urteilen erfüllt ist. Das Wesen der Projektion versetzt uns in die Lage, in unserer Welt genau die Dinge zu sehen, die wir durch Vergebung transformieren müssen.

Etwas beweisen

Auch das ist eine Kompensation, mit der wir uns selbst und andere Menschen davon überzeugen wollen, was für ein guter Mensch wir sind.

Rechtschaffenheit

Rechtschaffenheit ist ein Abwehrmechanismus, den das Ego benutzt, um unsere Schuld zu überdecken. Es ist eine Kompensation des Egos, die arrogant macht. Das Sprichwort, das ich mir vor vielen Jahren dazu ausgedacht habe, lautet: „Rechtschaffenheit deckt Unrechtschaffenheit zu."

Sabotage

Aufgrund von Schuld und der damit verbundenen Aufopferung, die zum Burn-out führt, sabotieren wir unsere Beziehung und unsere berufliche Laufbahn. Wir haben das Gefühl, uns bereits in so hohem Maße aufzuopfern, dass wir glauben, größerer Erfolg hätte ein wahrhaft erdrückendes Maß an Aufopferung zur Folge.

Aufopferung

Diese Kompensation ist ein weiteres Mittel, dessen sich das Ego bedient, um mit Schuld umzugehen. Wenn wir uns aufopfern, bringen wir uns aufgrund unserer Unwürdigkeit in eine Situation, in der es nur einen Weg zu geben scheint, auf dem andere Menschen gewinnen, nämlich den, dass wir verlieren. Wir tun etwas für andere Menschen, aber es findet kein normaler Kontakt statt, und wir können im Gegenzug für das, was wir geben, nicht empfangen. Im Zustand der Aufopferung versagen wir uns dem Menschen, für den wir uns aufopfern. Das macht Aufopferung zu einer Rolle statt zu einer authentischen Ausdehnung.

Mangel

Aufgrund unserer Schuld erlauben wir uns nicht, etwas zu empfangen oder in Fülle zu leben.

Selbstbestrafung

Schuld geht unweigerlich mit Selbstbestrafung einher. Es gibt kein Problem, zu dessen Hauptwurzeln nicht auch Schuld gehört. Auf einer bestimmten Ebene ist jedes Problem ein Versuch, unsere Schuld zu sühnen. Jeder Stein, den wir uns in den Weg legen, ist der Versuch, uns selbst anzugreifen und zurückzuhalten.

Trennung

Schuld bringt Verurteilung mit sich, und deshalb setzt sie Trennung an die Stelle von Partnerschaft, Verbindung und Einssein. Schuld macht uns blind für die Gegenwart der Liebe.

Schattenfiguren

Schattenfiguren sind Selbstkonzepte der Schuld und des Selbsthasses, die wir in dem Versuch, sie zu verbergen, abgespalten haben. Anschließend projizieren wir sie entweder auf andere Menschen oder benutzen sie als Ausrede, um den nächsten Schritt nicht zu gehen.

Sich auf die Seite des Egos stellen

Das Ego ist das Prinzip von Trennung, Gier, Besonderheit und Konkurrenz. Es baut auf Angst, Schuld, Angriff und Selbstangriff auf. Wenn wir uns auf die Seite des Egos stellen, dann ergreifen wir Partei nicht für uns selbst und andere Menschen, sondern für einen kleinen, illusionären Teil unseres Geistes. Wir ergreifen Partei für Trennung, Schuld und Destruktivität anstelle von Unschuld und Liebe. Das Ego benutzt Schuld, um die totale Anziehungskraft der Liebe Gottes und die Ekstase des Himmels zu blockieren, der das Bewusstsein des Einsseins ist.

Sünde

Die Verbindung mit Schuld macht das Konzept der Sünde zu einer der zerstörerischsten Kräfte, die es auf der Welt gibt. Das Ego erschafft Schuld, um uns in Gefangenschaft zu halten, weil Unschuld bedeuten würde, frei vom Ego zu sein. Folglich zieht das Ego die Vorstellung, dass wir Sünder sind, der Erkenntnis, dass wir Kinder Gottes sind, natürlich vor. Wenn du nämlich glaubst, dass du ein Sünder bist, dann fühlst du dich nicht nur als Sünder, sondern handelst auch wie ein Sünder, was den Glauben verstärkt, dass du ein „Sünder" bist, der Strafe und Tod verdient, die beide ins Reich des Egos gehören. Weil du dich als Sünder fühlst, kann es natürlich auch sein, dass du besonders gut handelst, um diese Überzeugung zu kompensieren. In diesem Fall verurteilst du andere Menschen als Sünder, während du glaubst, Gottes ganz besonderer Liebling zu sein. Dein Glaube, andere Menschen seien Sünder, rechtfertigt sowohl dein Urteil als auch alle möglichen arroganten und selbstgerechten Verhaltensweisen. Gehe noch einen Schritt weiter, und du hast eine Inquisition.

Besonderheit

Schuld soll unsere Besonderheit zeigen und beweisen, dass wir Aufmerksamkeit verdient haben, auch wenn es negative Aufmerksamkeit ist. Je furchtbarer unsere Schuld ist und je schlechter wir zu sein glauben, umso stärker sind unsere Besonderheit und der dunkle Glanz, in dem wir uns sonnen. Schuld gibt uns Selbstkonzepte der „Besonderheit" und beweist, wie besonders wir sind.

Abspaltung

Diese psychologische Abwehrstrategie ist der Versuch, trotz unserer Schuld ein positives Selbstkonzept zu bewahren. Wir trennen oder spalten die Schuld ab und identifizieren uns ausschließlich mit unserem positiven Selbstbild. Wir sagen uns: „Ich bin tatsächlich dieser gute Mensch." Abspaltung scheint die Schuld verschwinden zu lassen. Abspaltung geht Hand in Hand mit Leugnung.

Zeit

Schuld wird benutzt, um Zeit zu erschaffen, und zögert dadurch unsere Erkenntnis, dass die Ewigkeit genau jetzt geschieht, hinaus. Schuld gibt uns eine Vergangenheit und eine Zukunft, in der wir unsere Schuld wiedergutmachen können. Unsere Schuld verbirgt die Gegenwart, weil sie unsere Aufmerksamkeit auf eine „schuldige" Vergangenheit lenkt, sodass wir der Gegenwart aus dem Weg gehen. Schuld raubt uns das Gewahrsein für die Ewigkeit und zwingt uns dazu, „Zeit abzusitzen".

Unwürdigkeit

Das Maß, in dem wir uns schuldig fühlen, entspricht dem Maß, in dem wir uns unwürdig fühlen. Das hindert uns daran, uns einzubringen oder zu empfangen, was zwangsläufig zu Mangel führt. Wenn unsere Unwürdigkeit zu Wertlosigkeit geworden ist, haben wir das Gefühl, am liebsten sterben zu wollen.

Wertlosigkeit

Die Schuld des Unbewussten wird nicht nur als Schuld und Versagen, sondern auch als Wertlosigkeit erfahren. Wenn wir uns wertlos fühlen, wollen wir am liebsten sterben. In der Regel versuchen wir, Wertlosigkeit durch *Tun* zu kompensieren, um uns selbst einen Wert zu geben. Früher oder später nutzen diese Abwehrmechanismen sich allerdings ab und führen zu noch hektischerer Aktivität oder zur Todesversuchung der Wertlosigkeit. Wertlosigkeit kann mühelos geheilt werden, indem wir den Himmel oder unser höheres Bewusstsein fragen: „Was ist mein Wert?" Den Worten, die dir als Antwort in den Sinn kommen, wohnt die Gnade dessen inne, was dir gesagt wurde.

Andere zum Opfer machen

Schuld führt dazu, dass wir uns selbst und andere Menschen verurteilen. In dem Maße, in dem wir uns mit dem Ego identifizieren, dient sie außerdem als Grund dafür, dass wir das Recht und sogar die Pflicht haben, andere Menschen anzugreifen. Andere Menschen zum Opfer zu machen scheint der natürlichen Ordnung der Dinge zu entsprechen, weil sie es verdient haben.

Schuld, Leugnung und Dissoziation

Vergrabene Schuld kann zur explosionsartigen Vermehrung von Opfersituationen in unserem Leben führen, in denen wir glauben, dass uns etwas gegen unseren eigenen Willen zugefügt wurde. Der bewusste Verstand möchte nicht, dass dies geschieht, denn sein einziger Wunsch ist es, nicht zu leiden. Das höhere Bewusstsein möchte, dass das Leiden aufgedeckt und transformiert wird, damit es ein für alle Mal geheilt werden kann. Wenn es nicht geheilt wird, dann vergrößert sich der Schmerz und die dunklen Muster gewinnen an Kraft.

Der Egoverstand will den Schmerz vergrößern, um seine eigene Macht zu stärken. Wenn wir den Weg des Egos hinabgehen, kann nur Dissoziation den Schmerz stoppen, aber auch dann bewahrt das Ego ihn in Wirklichkeit nur bis zu einem späteren Zeitpunkt auf. Das Ego will uns nicht von Schmerz befreien, weil es selbst aus Schmerz besteht. In dem Maße, in dem unser innerer Schmerz wächst, werden Ablenkung und Dissoziation groß genug, damit ein Unfall geschehen kann. Es kann allerdings auch passieren, dass die vergrabene Emotion sich zu einer Krankheit aufbaut oder dass die in unserem Schmerz vergrabene Schuld zum Fundament für einen Verlust oder für einen Angriff von außen wird.

Wir sind von Schuld erfüllt. Wäre dem nicht so, dann könnte es keine ablehnende Einstellung zu uns selbst, keine negativen Emotionen, keinen Selbstangriff und keinen Verlust geben. Dissoziation ist das Mittel, das wir benutzen, um das immens hohe Maß an Schuld zu überleben. Sie ist aber nur dem Namen nach eine Lösung, weil sie uns ganz allmählich umbringt. Dissoziation verhindert, dass wir unsere Schuld an die Oberfläche bringen, wo wir sie im Licht der Vernunft betrachten und dann als unwahr verbannen können.

Wir können das Gefühl der Schuld nicht ertragen und müssen irgendwann etwas dagegen tun. Unser höheres Bewusstsein schlägt Vergebung und Heilung vor, unser Ego dagegen Angriff, Abwehr, Schuldzuweisung, Kompensation, Selbstbestrafung, Leugnung, Dissoziation und Projektion. Alle diese Abwehrmechanismen sind klare Anzeichen von Schuld.

Seit der Trennung von Gott und dem Einssein und der damit einsetzenden Schuld haben wir den Teil unseres Geistes abgespalten, der sich schuldig fühlt.

Dieser Versuch, unsere Schuld zu dissoziieren, hat dafür gesorgt, dass wir steckengeblieben und immer weiter in die falsche Richtung gegangen sind. Statt zum Einssein zurückzukehren, indem wir aus dem Traum der Trennung erwachen, haben wir versucht, der Dunkelheit, dem Entsetzen, dem Schmerz, dem Schrecken und der Angst nicht dadurch zu entkommen, dass wir uns an Gott erinnern und zum Einssein zurückkehren, sondern dadurch, dass wir den Schmerz abschneiden und versuchen, ihn zu vergessen. Das hat uns noch weiter von der Wahrheit entfernt. Der verlockende Vorschlag des Egos, über eine eigene Welt außerhalb des Einsseins zu herrschen, in der wir selbst Gott sein würden, war der letzte, entscheidende Anstoß, der uns dazu gebracht hat, uns vom Himmel abzuwenden. Das hatte zur Folge, dass wir eine Welt der Illusion erträumt haben, die ein Teil des Preises ist, den wir für die Trennung zahlen. Auch Schmerz und Schuld sind ein Teil des Preises, den wir dafür zahlen, dass wir uns getrennt haben. Um den Anschein zu erwecken, dass es uns helfen will, bietet das Ego uns an, den Schmerz zu dissoziieren.

Jetzt ist unser Geist ein Labyrinth aus Dissoziation und Schuld. *Ein Kurs in Wundern* spricht davon, dass wir den Himmel selbst dissoziiert haben. Es heißt dort, dass wir auf dem Weg der Entfremdung, auf den uns das Ego geführt hat, die Macht und Herrlichkeit abgeschnitten haben, die unser natürliches Vermächtnis darstellen, weil wir ein Kind Gottes sind.

Unser Geist ist in so hohem Maße gespalten und wir gehen in so viele Richtungen gleichzeitig, dass wir erst dann eine echte Perspektive erlangen können, wenn wir eine heilende Richtung einschlagen. Diese Perspektive hat so lange Bestand, bis die nächste Spaltung in Form eines Konflikts auftritt und darauf wartet, entweder geheilt oder aber verschlimmert zu werden, wenn wir auf den Rat unseres Egos hören. Jetzt haben wir die Chance, zur Einheit zurückzukehren, indem wir den Weg der Vergebung oder der Gnade einschlagen. In *Ein Kurs in Wundern* heißt es, dass wir alles dissoziiert und folglich auch unsere wahre Natur aus den Augen verloren haben, die Licht, Liebe und reiner Geist ist. Leugnung deckt diese Identität zu, und Dissoziation hat unser Bewusstsein in unzählige getrennte Fragmente gespalten, die als eine Welt der Getrenntheit nach außen projiziert werden. Jede Spaltung bewirkt, dass wir uns noch ein wenig mehr verlieren. Dissoziation schneidet den Schmerz, die Angst und die Schuld ab, die mit jeder Spaltung verbunden sind. Vergebung, Integration oder andere Prinzipien der Heilung bringen Ganzheit, und Heilung bewirkt, dass wir uns erneuern.

In *Ein Kurs in Wundern* heißt es, dass der Heilige Geist einen leichten und sanften Weg für uns bereitet hat, der Sühne heißt und der uns nach Hause führt, wenn wir bereit dazu sind. Es ist ein Plan der Gesundung, dem Verbindung wichtiger ist als Getrenntheit. Mit jedem Schritt, den wir auf diesem Weg gehen, gewinnen wir mehr von der Ganzheit zurück, die wir verloren haben. Nachdem wir in den Traum von der Trennung gefallen waren, entstand das Bewusstsein. Nachdem eine hinreichend große Zahl an Spaltungen im Bewusstsein stattgefunden hatte, entstand die Dualität. Um der Schuld zu entfliehen, die wir in uns hineingefressen hatten, projizierte das Universum zu guter Letzt in einer einzigen Urknallanstrengung nach außen, und die materielle Welt entstand – scheinbar außerhalb von uns selbst.

Wir haben mehr Angst, Schmerz und Schuld zugedeckt, als wir uns überhaupt vorstellen können. Auf dem Weg der Vergebung würden wir die Dinge, die wir verborgen haben, jedoch vor uns selbst offenbaren, weil sie sich als Probleme in der Gegenwart zeigen. Wir würden uns selbst, anderen Menschen, unseren Problemen und Gott sofort vergeben, um das zurückzugewinnen, was verloren war. So werden Probleme zu einer Möglichkeit, die Vergangenheit zu heilen und uns zu erneuern. Der Weg zurück ist ein Weg der Entdeckung, der Freude und der stetig wachsenden Liebe.

Marks Geschichte – Teil 1

Mark war ein Marinesoldat mit einem großen Autoritätskonflikt. Marinesoldat zu sein und einen großen Autoritätskonflikt zu haben war fast schon so, als würde man in der Nähe eines offenen Feuers mit Benzin hantieren. Die Explosion war unvermeidlich. Und irgendwann passierte sie auch.

Ich wurde gewarnt, dass einer meiner Männer völlig ausgeflippt war und plante, Staff Sergeant Ricardo umzubringen. Um Ricardo machte ich mir keine Sorgen, denn ich wusste, dass er für sich selbst sorgen konnte. Er war der einzige Marinesoldat, der drei Tage, nachdem der Vietkong seine gesamte Division ausgelöscht hatte, unverletzt aus den Hügeln zurückgekehrt war.

Ich kannte Ricardo gut. Auf unserer Etage war er mein bester Freund. Ich war seit über einem Jahr als Betreuer für seine Männer verantwortlich. Er war knallhart, verbarg unter der harten äußeren Schale aber, dass die Männer ihm wirklich am Herzen lagen. Als Jahre später der Film *Ein Offizier und Gentle-*

man in die Kinos kam, musste ich an ihn denken, als ich den Drillsergeanten sah – streng und fürsorglich zugleich. Was zwischen Mark und Ricardo auch immer geschehen war, gefiel Mark jedoch überhaupt nicht, der kurz davor stand, wegen schlechter Führung aus der Marine entlassen zu werden. Später erzählte Staff Sergeant Ricardo mir, dass er versucht hatte, Mark ein wenig abzuhärten, um zu verhindern, dass er von jemandem, der es nicht so gut mit ihm meinte, einfach in der Luft zerrissen wurde.

Als ich in den Schlafsaal kam, war Mark dabei, die Betten auseinanderzureißen und die Spinde umzuwerfen. Also fing auch ich sofort an, die Betten auseinanderzureißen, Matratzen auf den Boden zu werfen und Spinde umzustoßen. Schließlich sah Mark mich an und schrie: „Was zum Teufel machst du da?"

„Ich bin dein Betreuer, und ich bin hier, um dir zu helfen. Wenn es das ist, was du gerade tun musst, dann helfe ich dir halt dabei."

Das drang zumindest so weit zu Mark durch, dass er in seinem Zerstörungsdrang innehielt. Stattdessen legte er mit einer Schimpftirade gegen Staff Sergeant Ricardo los. Mein Lächeln, das sich schon in meine Mundwinkel geschlichen hatte, als ich anfing, den Raum auseinanderzunehmen, wurde breiter.

„Was zum Teufel ist so spaßig?"

„Du", erwiderte ich. „Ich wette mit dir um ein Steakessen, dass, wenn du von hier weggehst, Ricardo zu den Leuten gehört, die du am besten leiden kannst. Und sollte ich es nicht schaffen, dass du innerhalb von zehn Minuten über deine Wut hinausgelangst, helfe ich dir eigenhändig, ihn umzulegen."

Unsere Verbindung war zu stark, als dass Mark mein Angebot hätte ausschlagen können. Also folgte er mir über den Flur in unseren Therapieraum. Innerhalb von zwei Minuten hatte Mark dank seiner Intuition und mit meiner Hilfe die Wurzel gefunden und war von seiner Wut zu der tief in ihm vergrabenen Schuld dafür angelangt, dass er in Juarez, einer Stadt in Mexiko, einen Mann getötet hatte. Fünf Jahre zuvor hatte Mark in Juarez mit Drogen gehandelt. Er sagte: „Der Typ wollte mich bei den Drogen übers Ohr hauen. Ich dachte damals nur, entweder er oder ich. Wenn ich zugelassen hätte, dass er damit durchkommt, wäre ich leichte Beute gewesen. Du kannst auf dem Drogenmarkt in Mexiko nicht überleben, wenn du schwach bist."

Ich zeigte Mark, welche Wirkung diese Schuld auf ihn hatte, wie seine mörderische Wut ja hinreichend bewies. Ich sagte ihm, das einzige andere Ventil für ein derart hohes Maß an Schuld sei selbstmörderischer Rückzug. Ich erklärte ihm auch, dass es äußerst wichtig war, seine Vergangenheit zu verstehen, sie zu akzeptieren, sich selbst dafür zu vergeben und sie loszulassen, wenn er diese beim geringsten Anlass aufbrausende Wut nicht für den Rest seines Lebens mit sich herumtragen wollte. Es gelang Mark, mit sich selbst ins Reine zu kommen und dann auch seine Familiensituation zu verstehen und zu akzeptieren, die ihn hatte glauben lassen, Drogenhandel sei die einzig mögliche Zukunft. Als unsere Sitzung zu Ende war, zeigte Mark tiefe Reue, war entschlossen, das, was er getan hatte, wiedergutzumachen, und war außerdem bereit, Staff Sergeant Ricardo mit anderen Augen zu sehen.

Später an diesem Nachmittag traf ich Ricardo, der mir den strengsten Blick zuwarf, dessen er fähig war, und sagte: „Spezzano, sehen Sie zu, dass Sie Ihre Leute besser unter Kontrolle halten." Ich wusste, was er meinte, durchschaute aber sofort seinen strengen Tonfall, weil ich auch wusste, dass er nur seine Sorge verbarg. Ich grinste Staff Sergeant Ricardo an und sagte ihm, ich hätte mit Mark gewettet, dass, wenn seine Rehabilitation abgeschlossen war, der Staff Sergeant, der ihn so wütend gemacht hatte, zu den Leuten gehören würde, die er am meisten bewunderte.

An dem Tag, an dem Mark ging, gab er zu, dass ich Recht gehabt hatte, was seine Meinung über Ricardo anging. Vermutlich werde ich allerdings bis zu meinem nächsten Leben warten müssen, bis ich die gewonnene Wette einlösen kann.

Leben – das Videospiel

Stelle dir ein lebensgroßes Videospiel vor, in dem es nicht um den Tod, sondern um Heilung geht. Je mehr Heilung wir „sammeln", umso mehr wächst unser innerer Friede und umso weniger beunruhigt uns das, was um oder in uns geschieht. In dem Maße, in dem unser Bewusstsein wächst, entdecken wir Schätze auf dem Weg, finden das wieder, was abgespalten war, und erlangen ein immer höheres Maß an Unschuld und Ganzheit. Wir gelangen auf zunehmend höhere Bewusstseinsstufen, bis wir schließlich jenseits der Dualität und des Traums erwachen und das Einssein wiederfinden.

Auf dem Weg zum Einssein wird uns ein immer höheres Maß an Freiheit, Frieden und Verstehen zuteil. Im Laufe unserer Entwicklung begegnen wir Herausforderungen, die wir bereits geplant hatten, bevor das Videospiel dieses Lebens begonnen hat. Jede dieser großen Herausforderungen ist als Lektion der Erneuerung vorgesehen, die es uns ermöglicht, durch Vergebung und Heilung einen großen Sprung nach vorne zu tun, wenn die Vergangenheit in der Gegenwart hervorbricht. Im Gegensatz dazu arbeitet das Ego darauf hin, mittels dieser Herausforderungen seine eigene Macht zu vergrößern. Es will unsere Trennung verstärken, weil es in den Rissen lebt, die daraus entstehen. Wir tragen diese Herausforderungen in Form von Trennung in uns. Dort sind sie entweder auf die Größe eines Tumors angewachsen oder so sehr geschrumpft, dass wir uns keine Sorgen machen brauchen, denn wir haben die Lektion gelernt und sowohl die Gaben als auch die Belohnung empfangen. *Ein Kurs in Wundern* weist darauf hin, dass der Schmerz und die Illusion, die unser Leben noch erfüllen und falsche Entscheidungen zeigen, die der Berichtigung bedürfen, dazu führen, dass wir als unser eigener Lehrer zurücktreten. Aller Schmerz, den wir aus der Vergangenheit in uns tragen, weist darauf hin, dass wir noch etwas lernen müssen, weil Schmerz, Angst, Schuld oder andere negative Emotionen ein Zeichen für ungelernte Lektionen sind. Wir wollen uns also dem Videospiel des Lebens widmen. In dem Maße, in dem es uns gelingt, wachsen unser Glücklichsein und unser Glück auf ganz natürliche Weise.

Jimbo

Jimbo war Rechtsanwalt und litt an einer seltenen Form von Krebs. Er war äußerst intelligent, einsam und hatte seine Arbeit aufgegeben, weil er sie nicht länger ertragen konnte. Was ich für eine Sache hielt, die mit ein paar schnellen Sitzungen erledigt sein würde, sollte ihn zu meinem ältesten Stammklienten machen. Er trug ein so hohes Maß an Schmerz, Ärger und Grauen in sich, dass seine Therapie sich zu einer komplizierten Angelegenheit entwickelte, in der wir Dynamiken mühsam Schicht um Schicht beseitigen mussten. Positiv anzumerken war jedoch, dass er schon viel ruhiger und zuversichtlicher war als noch vor anderthalb Jahren, als er zu mir kam.

In den ersten Sitzungen beschwerte er sich hauptsächlich über andere Leute und über das Leben selbst. Wegen seiner vielen Klagen blieben uns in manchen Sitzungen – auch in den längeren – nur fünfzehn Minuten, um an seiner Heilung zu arbeiten. Seine Eltern waren beide sehr qualvoll an Krebs gestorben. Im Laufe unserer Arbeit gab Jim – von gelegentlichen Ausnahmen abgesehen – seine ständigen Beschwerden nach und nach auf. Wir hatten an den quälenden Traumata der Vergangenheit bereits gearbeitet, aber seit kurzer Zeit setzte ich eine Zentrierungsmethode ein, die Menschen mühelos durch alte Traumata hindurchführte. Ich verbrachte eine ganze – anderthalbstündige – Sitzung damit, mich zusammen mit ihm durch die schlimmsten Szenen seines Lebens zu arbeiten. Lange zugedeckte Gefühle und Traumata erwachten wieder zum Leben, damit sie transformiert werden konnten. An viele dieser Ereignisse hatte er seit Jahren nicht mehr gedacht, aber nachdem wir die bewussten und für ihn schmerzhaftesten Vorfälle geklärt hatten, drangen auch die anderen Traumata allmählich zur Oberfläche durch. Sie hatten vor allem mit den Jahren zu tun, in denen seine Eltern sich unablässig bekämpft hatten.

Seine Mutter hatte Jim und seinen Bruder immer wieder in die Streitigkeiten mit seinem Vater hineingezogen und als Schachfiguren gegen ihn eingesetzt. Nachdem wir mindestens sechs dieser traumatischen Erlebnisse in von Frieden erfüllte Erfahrungen zurückgeführt hatten, fing Jim am Ende der Sitzung erneut an, darüber zu jammern, wie lange es dauerte, sein eigenes Leben zurückzugewinnen, und verglich es mit dem Wrack eines Autos. Er hatte einen schweren Unfall gehabt, von dem er immer wieder träumte, und in diesen Träumen sah er, wie er dabei ums Leben kam. Wir arbeiteten gemeinsam daran. Nachdem er mir seinen Traum geschildert hatte, bat ich ihn, mir zu sagen, welche Jahreszahl auf der Motorhaube des brennenden Autos zu lesen war. Er sagte: „1943." Das war vor seiner Geburt. Also fragte ich ihn, ob das Ereignis innerhalb seiner Familie von einer Generation zur nächsten weitergegeben worden war oder ob es sich um ein ‚vergangenes Leben' handelte. Seine Antwort kam schnell und aus dem Bauch heraus: „Ein anderes Leben."

Als die Geschichte aus ihm hervorbrach, stellte sich heraus, dass er Mitglied eines amerikanischen Bombergeschwaders gewesen war, das von England aus Angriffe auf Deutschland geflogen hatte. Im Laufe der Zeit hatte er viele Flugzeuge aus seiner Staffel brennend abstürzen sehen, glaubte aber, dass seinem Flugzeug mehr Glück beschieden war. Bei einem der folgenden Einsätze wurde jedoch auch sein Flugzeug getroffen, und bei dem Absturz kamen alle ums Leben.

Jimbo glaubte, dass seine Lektion in diesem vergangenen Leben darin bestanden hatte, Teamgeist zu lernen, hatte aber das Gefühl, die Lektion nicht umfassend gelernt zu haben. Die Seelengabe, die er hatte beitragen sollen, war Teambildung. Wir kehrten in seine Kindheit in diesem Leben zurück, und er teilte die Gabe mit allen Menschen, mit denen er in Berührung kam. Als dann die Zeit des Krieges kam, hatte er das Gefühl, dass der Teamgeist, der ihn und seine Mannschaft verband, so stark war, dass er sie schützte und verhinderte, dass ihr Flugzeug abgeschossen wurde.

Als wir den Prozess abgeschlossen hatten, fing Jimbo an, sich darüber zu beklagen, wie lange es dauerte, sich von seinem Krebs zu befreien, obwohl seine Gesundheit sich durch seine innere Arbeit und alternativmedizinische Therapien bereits verbessert hatte. Ich fragte ihn, aus wie vielen „Leben" das Karma herrührte, das er noch zu klären hatte, um geheilt zu werden, und er erwiderte: „Hundertacht."

„Und wie viele hast du bislang geklärt?"

„Neun."

„Und wie viele hast du heute geklärt?"

„Vierundvierzig."

„Jim, das ist das Karma von dreiundfünfzig Leben, und das bedeutet, dass du nur noch fünfundfünfzig Leben und das daraus herrührende Karma zu klären hast, um von deinem Krebs befreit zu sein."

Obwohl Jim nicht wirklich an „vergangene Leben" glaubte, wusste er das Prinzip als Metapher durchaus zu schätzen, weil es ihm die Möglichkeit gab, sein Unbewusstes zu verstehen.

In der nächsten Sitzung fingen wir an, uns mit dem Symptom seines Geldmangels zu beschäftigen, waren jedoch relativ schnell bei dem allgemeinen Elend seines Lebens angekommen. Als wir daran arbeiteten, seinem Elend auf den Grund zu gehen, fanden wir heraus, dass es sich dabei um einen Wutanfall handelte, den er gegen seine Eltern und gegen Gott gerichtet hatte. Als wir tiefer in den Wutanfall vordrangen, entdeckten wir, dass sich darunter seine Rebellion gegen seine Eltern und gegen Gott verbarg. Jim konnte seine Rebellion verbergen, indem er ein „guter Junge" war, fand jedoch schnell heraus, dass er ein noch größerer Rebell war als sein Bruder, der vordergründige Rebell in der Familie.

Als Jim dieses tiefe und allgegenwärtige Seelenmuster loslassen konnte, spürte er große Erleichterung. Danach hatte er das Gefühl, weitere fünfunddreißig Leben geklärt zu haben, sodass jetzt noch zwanzig Leben zu klären blieben, bevor er einen wichtigen Durchbruch in seiner Heilung erzielen konnte. Ich hänselte ihn wegen seiner düsteren Aussichten und brachte ihn sogar dazu, dass er mit mir scherzte, bevor wir die Sitzung beendeten.

Sofern sie nicht von bestimmten Ahnen- oder Seelensituationen herrührt, ist diese Schicht des Elends und der tiefen Verzweiflung eine Phase im Stadium der Einheit. Zum ersten Mal war es Jim und mir gelungen, auf diese Bewusstseinsebene vorzudringen, die Elend beherbergt und den Wutanfall zudeckt, der seinerseits die falsche Geisteshaltung und die Wurzel unseres Autoritätskonflikts mit Gott verbirgt. Bei zukünftigen Sitzungen würden wir uns erneut mit dieser Bewusstseinsschicht befassen.

Schuld und Krankheit

Schuld bringt uns dazu, uns selbst anzugreifen, und eine der beliebtesten Formen von Selbstangriff ist Krankheit. Wir benutzen unsere Krankheiten, um uns zu bestrafen. Auch wenn wir dadurch vielleicht versuchen, Beachtung zu finden, Bedürfnisse erfüllt zu bekommen oder unsere Besonderheit in den Vordergrund zu stellen, hat Krankheit zur Folge, dass unser Selbstwertgefühl sinkt. Bei einer Krankheit gibt es sowohl Lektionen, die wir lernen, als auch Lektionen, die wir verlernen müssen. Wenn wir darauf beharren, alles nur aus der Perspektive der alltäglichen medizinischen Ebene zu betrachten, dann haben wir weder die Möglichkeit, die Lektion zu lernen, die wir lernen müssen, noch die Chance, die dunkle Lektion, die wir in uns tragen, wieder zu verlernen. Wenn wir unsere Ganzheit bewahren wollen, tritt die Heilung des Körpers hinter die Heilung des Geistes zurück.

Um einen Menschen von der Schuld zu befreien, die Krankheit entstehen lässt, ist der erste Aspekt, mit dem es sich zu befassen gilt, in der Regel die Schuld, die von den Verlusten herrührt, die der betreffende Mensch erlitten hat. Dann folgt die Schuld, die sich unter Groll und Urteil verbirgt. Diese von Schuld genährte Form des Angriffs erzeugt Selbstangriff, der die innere Schuld weiter verstärkt. Er führt zu Machtkampf und einem Teufelskreis aus Angriff, Schuld und Selbstangriff. Das Maß, in dem wir uns von einem anderen Menschen trennen, entspricht dem Maß, in dem wir uns von uns selbst, allen anderen Menschen und dem Himmel trennen. Krankheit oder Verletzungen sind damit vorprogrammiert.

Die nächste Ebene der Schuld, mit der es sich zu befassen gilt, ist die Schuld, die sich im Umfeld von falschem Handeln oder Versäumnissen verbirgt, unmittelbar gefolgt von Familienschuld und Versagen. Diese Schuld haben wir dissoziiert oder verdrängt und im Unterbewusstsein verborgen. Als nächstes folgen die Ahnenschuld sowie karmische Themen aus „anderen Leben". Danach kommt die Astralebene der Schuld, die auf das uralte fragmentierte Ego zurückgeht und auch das dämonische Reich genannt wird. Zu guter Letzt folgt schließlich die uranfängliche Ebene der Schuld, auf der wir gegen Gott rebellieren und kämpfen. Sie führt zum „Fall" aus dem Einssein, der Wurzel aller Schuld. Ich erlebe immer wieder, dass alle diese Schichten sich der Heilung öffnen, wenn ich mit Menschen an Themen arbeite, die mit Krankheit zu tun haben.

Symptome

Ich habe erlebt, dass Krebs nach einer nur einstündigen Sitzung geheilt wurde. Ich habe allerdings auch erlebt, dass eine chronische Pilzinfektion zehn Sitzungen brauchte, bis der Arzt eines seiner Untersuchungsergebnisse noch einmal überprüfte und meiner Klientin ein neues Medikament verordnete, das sofort wirkte. In diesen zehn Sitzungen haben wir Beziehungs- und Familienthemen, Ahnenmuster und Muster aus vergangenen Leben geklärt. Als die zehn Sitzungen vorüber waren, hatte meine Klientin zahlreiche unterbewusste und unbewusste Themen geklärt, sodass ihre Pilzinfektion nun endlich behandelt werden konnte und verschwand. Manchmal müssen wir auf vielen Ebenen vergeben und loslassen, damit Heilung geschehen kann, aber die Symptome bleiben so lange bestehen, bis die richtige Schicht oder genügend andere Schichten geklärt sind. Du magst zwar tiefe Erfahrungen des Friedens machen, aber ein tiefsitzender Konflikt und Anhaftung bestehen weiterhin. Es ist wichtig, dich nicht dafür zu geißeln, dass das Symptom noch besteht, denn das ist ein Trick des Egos, der die Schuld und den gegen dich selbst gerichteten Ärger am Leben erhalten soll. Lerne, was du lernen kannst, und verlerne jede dunkle Lektion, die du in dir trägst.

Marks Geschichte – Teil 2

Der Termin für Marks wöchentliche Therapiesitzung stand an. Mark war in meiner Therapiegruppe und brachte ein hohes Maß an Bereitwilligkeit mit. Diesmal wollte er an seinen Hämorrhoiden arbeiten, ehe er am nächsten Tag ins Krankenhaus ging, um sich einer Operation zu unterziehen. Die Hämorrhoiden waren bei Mark so schlimm, dass er nur auf einem kleinen, aufblasbaren Kissen sitzen konnte, wie Frauen es oft nach einer Geburt benutzen.

Als wir uns über seine Hämorrhoiden unterhielten, stellten wir sehr schnell fest, dass er sie benutzte, um sich selbst zu bestrafen. Er hatte mir sein Wort gegeben, dass er keine Drogen nehmen würde, solange er sich im Drogenreha-bilitationszentrum aufhielt, aber er hatte sein Wort gebrochen und Marihuana geraucht. Aufgrund unserer starken Bindung hatte er es als so schlimm emp-funden, dass er das mir gegebene Versprechen gebrochen hatte, dass er sich die dem Arzt zufolge „schlimmsten Hämorrhoiden, die ich jemals gesehen habe" zugezogen hatte. Als wir der Sache weiter auf den Grund gingen, fanden wir heraus, dass sein Vater ihn als Kind oft geschlagen hatte, „bis sein Hintern blutete", wenn er einen Fehler machte. Im weiteren Verlauf unseres Gesprächs fand ich heraus, dass sein Vater an einem Hirntumor gelitten hatte und mit voranschreitendem Verlauf der Krankheit zunehmend aggressiver und irgend-wann schließlich wahnsinnig geworden war.

Ich sagte Mark, dass ich mitnichten wollte, dass er sich selbst bestrafte. Ich wollte lediglich, dass er seine Lektion lernte und die Schuld losließ. Ich erklärte ihm, dass die vielen Prügel, die er als Junge eingesteckt hatte, daher rührten, dass er sich selbst zum Märtyrer gemacht hatte, um seine Familie zu retten. Er hatte sein selbstbestrafendes Verhalten abgespalten und dann auf seinen Vater projiziert, trug es aber trotzdem nach wie vor in sich.

Es fiel Mark nicht schwer, sich selbst und seinem Vater für die Angriffe auf ihn in seiner Kindheit zu vergeben, und er empfand ein Gefühl großer Erleich-terung. Nachdem er mein Büro verlassen hatte, ging Mark sofort ins Kranken-haus, wo die Hämorrhoiden am nächsten Tag operativ entfernt werden sollten. Als Mark am folgenden Morgen auf dem Operationstisch lag, untersuchte der Chirurg ihn noch ein letztes Mal und sagte zu seinen Mitarbeitern: „Ihr müsst mir den falschen Mann gebracht haben, denn der hier hat gar keine Hämor-rhoiden."

Mark hatte seine Lektion gelernt, und die Notwendigkeit, sich selbst zu be-strafen, hatte sich durch sein Verstehen aufgelöst.

Trennung und Schuld

Das Ego ist das Prinzip der Trennung. Je stärker unser Bewusstsein gespalten ist, umso größer ist der Konflikt, der zwischen unseren vielen Selbstkonzepten herrscht. Das hat stärkere unerwünschte Hirnaktivitäten zur Folge, die Stress verursachen. Jedes Mal, wenn wir unser Bewusstsein spalten, um unabhängig zu sein, erschaffen wir Schmerz für uns selbst, den das Ego so weit wie möglich dissoziiert, indem es ihn in uns einschließt. *Die Verbundenheit, deren Verlust unser Bewusstsein spaltet, haben wir in Wahrheit selbst aufgegeben,* damit wir unseren eigenen Weg gehen können.

Ich habe mir jahrelang tragische Opfergeschichten angehört, bis ich irgendwann entdeckte, dass es eine Gemeinsamkeit gibt, die ihnen allen zugrunde liegt. Wir werden nicht einfach in eine Opfersituation gebracht, sondern treffen entweder eine bewusste Entscheidung, die wir sofort verdrängen, oder eine Entscheidung auf unterbewussten oder unbewussten Ebenen. Für das Ego gehört dazu immer der Wunsch nach Kontrolle und Unabhängigkeit. Genau das trennt uns von anderen Menschen und verursacht die Spaltungen in unserem Bewusstsein. Während Verbundenheit mühelos Liebe und Erfolg erzeugt, will das Ego *die Aufmerksamkeit auf sich lenken*, während es allen Widrigkeiten zum Trotz durch harte Arbeit erfolgreich ist. Je mehr wir uns anstrengen, umso stärker spalten wir unser Bewusstsein im Hinblick auf unser Ziel. Wenn unser Bewusstsein nicht gespalten wäre, bedürfte es einer einfachen Entscheidung, um zu bewirken, dass etwas geschieht.

Ich habe einmal mit einer Frau gearbeitet, die verwitwet war und erklärte, dass sie sich sehnlichst einen neuen Partner wünschte. Um zu hinterfragen, was sie in einer neuen Beziehung wirklich wollte, stellte ich ihr über dreißig Mal die Frage: „Wenn du wüsstest, was du wirklich willst, dann ist es …?"

Bei den ersten Malen lautete die Antwort stets: „Wahre Liebe." Als sie anfing, ihrer Intuition zu vertrauen, kamen jedoch plötzlich Antworten wie Rache, Unabhängigkeit, Angriff, Festhalten, Besonderheit, Kontrolle, den eigenen Kopf durchsetzen oder Angst. Von einigen Antworten war sie völlig überrascht. Nun konnte sie verstehen, warum ihre Suche nach der wahren Liebe erfolglos geblieben war.

Wenn unser Bewusstsein sich spaltet, nehmen wir Persönlichkeiten an. Auch gute Selbstkonzepte trennen uns jedoch vom *Sein* und kosten Mühe. Außerdem verhindern sie, dass wir den uns zustehenden Lohn empfangen und Vergnügen empfinden können. Persönlichkeiten gleichen einem eng anliegenden Trikot, das Leichtigkeit und Kontakt auf raffinierte Weise blockiert. Persönlichkeiten, die sich ähnlich sind, tun sich zusammen und bekämpfen andere, die entgegengesetzte Ziele verfolgen. Diese Konflikte erzeugen Angst, die uns am Vorwärtskommen hindert, weil jede Persönlichkeit fürchtet, dass ihre Bedürfnisse nicht erfüllt werden, wenn wir die Richtung einschlagen, in die eine andere Persönlichkeit uns lenken will. Jedes Selbstkonzept hat seine eigene Logik und eigene Ziele, von denen es glaubt, dass sie uns glücklich machen werden. Das führt jedoch zu Problemen, auf die ich später noch näher eingehen werde. Jede Persönlichkeit ist eine Stimme in unserem Kopf, die uns angreift, uns selbstzentriert macht, uns dazu drängt, ihre Ziele zu verfolgen, und uns auf raffinierte Weise von anderen Menschen, uns selbst und der Gnade abschneidet.

Wenn wir Verbundenheit zerstören, dann empfinden wir Schmerz, an dem wir dem Menschen die Schuld geben, der uns angeblich zum Opfer gemacht hat. In Wirklichkeit haben wir den betreffenden Menschen jedoch zu unserem Sündenbock gemacht. Wir hätten den Konflikt vermeiden können, wenn wir bereit gewesen wären, den Weg des Himmels und unseres eigenen höheren Bewusstseins einzuschlagen, statt dem Rat des Egos zu folgen, das uns in die Trennung führt.

Wo Trennung entsteht, dort entsteht auch Schmerz. Doch das ist noch nicht alles. Es entsteht ein gleich hohes Maß an Widerstand, verbunden mit Illusion und falschem Verstehen. Angst und Schuld sind ebenso Teil dieses schmerzerfüllten Konglomerats wie Konkurrenz, weil der abgespaltene Anteil nun mit anderen Anteilen darum streitet, seine Bedürfnisse erfüllt zu bekommen. Bedürftigkeit und Gefühle der Unzulänglichkeit zählen zu den letzten negativen Aspekten zerstörter Verbundenheit. Alles das, was wir uns von ganzem Herzen wünschen, stellt sich mühelos ein, aber um unsere Bedürfnisse erfüllt zu bekommen und unser Ziel zu erreichen, muss die Verbundenheit wiederhergestellt werden. Das Ego stellt sich dem natürlich entgegen, denn dann würde es die Trennung, die Angst, die Schuld, die Konkurrenz und den Autoritätskonflikt verlieren, aus denen es besteht. Es ist sogar ganz entschieden dagegen, muss aber den Anschein erwecken, dass es unser Streben nach Liebe und Erfolg unterstützt. Falls wir unser Ziel erreichen, verliert das Ego einen Teil seiner selbst, weshalb es natürlich nicht will, dass wir *unsere* Ziele verwirklichen. Je stärker wir verbunden sind, umso mehr werden die in Konflikt stehenden Anteile unseres Bewusstseins integriert und umso müheloser wird der Weg, den wir gehen.

Hätten wir den Weg unseres höheren Bewusstseins eingeschlagen, dann wären wir auf eine neue Bewusstseinsebene gelangt, die uns nicht nur eine Seelengabe gebracht hätte, sondern auch eine Gabe des Himmels, die einen Aspekt unserer Lebensaufgabe darstellt, sowie ein neues Leuchten unseres *Seins*. Diese Gaben hätten die Situation mit Leichtigkeit bereinigt und den Menschen unterstützt, den wir zum Sündenbock gemacht haben. Der „böse Bube" hat uns die ideale Ausrede geliefert, uns zu verstecken und vor unserer Größe und unserer Lebensaufgabe davonzulaufen.

Die meisten Menschen stehen vor einem Leben, das von zerstörter Verbundenheit und vielen Opfergeschichten geprägt ist, für die wir keine Verantwortung übernommen haben. Diese Muster sind entstanden, als wir der Liebe den Rücken gekehrt haben. Sie haben in uns eine Kammer entstehen lassen, die mit schmerzhaften Emotionen gefüllt ist, und haben dafür gesorgt, dass es uns an einer gewissen emotionalen Reife mangelt. Wir handeln reaktiv, statt einfühlsam zu sein, und streben nach Kontrolle, weil es uns an der Zuversicht mangelt, die ein natürlicher Bestandteil von Verbundenheit ist. Wir haben noch nicht erkannt, dass Unabhängigkeit und das Verlangen danach, unseren eigenen Willen durchzusetzen, nicht gleichbedeutend mit Freiheit und nicht unbedingt der Weg sind, der am besten ist oder die größte Wahrheit birgt.

Unser Ego „verkauft" uns den Schmerz für die Zerstörung unserer Verbundenheit, indem es verspricht, ihn zu dissoziieren. Damit befreit es uns natürlich nicht von dem Schmerz, sondern vergräbt ihn nur in uns, wo er schwärt und zu Krankheit und einem Gefühl der Unzulänglichkeit führt. Dieser Weg des Egos kann eine gewisse Anziehung auf uns ausüben, wenn wir uns vor unserer Lebensaufgabe fürchten, weil sie uns zu groß erscheint. Zumindest in unserer eigenen Vorstellung kommt es uns so vor, als könne eine emotionale Verletzung uns einen Grund liefern, uns nicht zeigen zu müssen. Das Ego hat uns bereits davon überzeugt, dass wir unsere Lebensaufgabe aus eigener Kraft erfüllen müssen. Unsere Lebensaufgabe wird aber nicht von uns, sondern von der Gnade durch uns erfüllt. Verbundenheit mit uns selbst ist zugleich auch eine Verbundenheit mit dem Himmel und dem reinen Geist.

Die Heilung jeder Emotion heilt gleichzeitig also auch Schuld. Jede Heilung ist eine Wiederherstellung der Verbundenheit und Rückkehr zur Ganzheit unseres Bewusstseins sowie eine Erneuerung der Verbindung mit uns selbst, mit mindestens einem anderen Menschen und mit dem Himmel.

Jeder Schmerz zeigt uns einen Ort, an dem wir Schuld verbergen. Wir mögen zwar gute Geschichten über die Missetaten anderer Menschen erzählen, aber sie verbergen nur unsere eigene Schuld auf der unterbewussten Ebene. Auf der unbewussten Ebene leben alle Menschen in unserer Welt unsere unbewussten Persönlichkeiten aus. Deshalb ist von mir auch so oft der Satz zu hören: „Wir bevölkern die Welt mit unserer eigenen Vergangenheit."

Wir sehen das, was wir zu sein glauben. Alles, was wir in der Welt wahrnehmen, sind unsere eigenen Selbstkonzepte und die Geschichten, die wir mit ihrer Hilfe auf die Welt projizieren. Dieses Prinzip gilt nicht nur für unsere Schlafträume, sondern auch für unsere *Wachträume* im Alltag, und es verbirgt unbewusste Ebenen der Schuld. Sobald wir zur Meisterschaft und darüber hinaus gelangen, nehmen wir auch Persönlichkeiten aus dem kollektiven Unbewussten an und sind fähig, sie nicht nur zu unserem eigenen Wohl, sondern zum Wohl der ganzen Menschheit zu heilen. Das befreit das kollektive Feld von Schuld und hilft der Welt, die wir kennen.

Schuld und Selbstmitleid

Unsere Schuld führt dazu, dass wir ein immer größeres Maß an Verlust erleiden, weil zwischen Schuld und Traurigkeit ein Teufelskreis besteht. Wenn wir dann vor einem Übergang stehen, der durch den Tod eines uns nahestehenden Menschen angekündigt wird, sind wir deshalb nicht nur traurig, während wir die Bindung an den betreffenden Menschen loslassen, sondern wir lassen damit zugleich auch ein Kapitel unseres Lebens los.

Loslassen verwandelt die Gefühle des Verlustes in bittersüßen Schmerz. Ehe der Prozess des Loslassens beginnt und in dem Maße, in dem wir festhalten, fühlen wir uns schlecht, was immer ein Zeichen von Schuld ist. Wenn wir festhalten, statt loszulassen, werden wir depressiv, und um uns wieder zu erholen, müssen wir unsere zerbrochenen Träume loslassen.

Wenn wir traurig oder schwermütig sind, kann es sehr schnell passieren, dass wir in Selbstmitleid verfallen, wenn wir nicht loslassen. Dann werden wir entweder in sehr hohem Maße unabhängig, um unsere Traurigkeit zu kompensieren, oder wir entwickeln eine Depression. Beides hat jedoch eine ebenso große Wirkung wie Aufopferung oder die Opferrolle – nämlich gar keine. Alle diese Rollen führen zu Zynismus und Bitterkeit, weil Rollen sich nie wirklich mit dem Problem befassen, sondern lediglich versuchen, es abzuwehren. Deshalb kann es passieren, dass wir uns nach außen hin sehr unabhängig geben, während wir uns insgeheim selbst leidtun. Das Maß, in dem jemand unabhängig ist, entspricht nahezu immer dem Maß, in dem er Verlust, Bedürfnis, Herzensbruch und Schuld verbirgt und kompensiert.

Die folgende Geschichte ist von Verlust erfüllt, der aber wegen des extrem hohen Maßes an Unabhängigkeit, mit dem er zugedeckt wurde, nicht erkennbar war.

Jerrys Geschichte

Jerry war die zweite Fokusperson im Seminar, was bedeutete, dass er versprochen hatte, ein leuchtender Stern in Beziehungen zu sein. Jerry war dreißig und hatte noch nie eine Beziehung gehabt, die länger als zwei Nächte gedauert hatte. Jerry war Gesundheits- und Outdoortrainer. Er erzählte, dass er in der Nacht zuvor einen schönen Platz am Fluss gefunden hatte, wo er sein Zelt aufschlagen konnte, beim Aufwachen am nächsten Morgen allerdings festgestellt hatte, dass er unmittelbar unter einer Hochspannungsleitung lag. Er sagte, ähnliche Dinge seien ihm seit seiner Kindheit immer wieder passiert, und auch sein damaliges Zuhause habe direkt neben einer Reihe von Hochspannungsleitungen gelegen. Das war natürlich der letzte Ort, an dem sich ein Gesundheitstrainer aufhalten wollte.

Meine erste Frage an Jerry lautete, wann in seinem Leben er Beziehungen die Tür gewiesen und sie ausgesperrt hatte. Er antwortete intuitiv, es sei im Alter von etwa fünf Jahren gewesen. Seine Mutter hatte ihn dabei erwischt, dass er sich selbst befriedigte, eine große Sache daraus gemacht, ihn beschämt und ihm Schuldgefühle eingeredet. Im Alter von siebzehn Jahren hatte ein Herzensbruch, der mit seiner ersten Freundin zu tun hatte, dazu geführt, dass er die Tür erneut zugeschlagen hatte. Seine letzte ernsthafte Beziehung im Alter von dreiundzwanzig Jahren, die auch wieder mit einem gebrochenen Herzen endete, hatte ihn dann dazu gebracht, Beziehungen endgültig aus seinem Leben auszuschließen. Im Alter von fünf Jahren hatte er 30 % seiner selbst abgeschnitten, im Alter von siebzehn Jahren nochmals 50 % dessen, was übrig geblieben war, und im Alter von dreiundzwanzig Jahren hatte er von diesem verbleibenden Rest noch einmal 80 % verloren. Ich wies ihn darauf hin, dass ihm somit nur noch 7 % seiner selbst geblieben waren. Das hieß, dass er bestenfalls eine siebenprozentige Beziehung haben konnte. Er warf mir ein angewidertes Lächeln zu.

Ich hatte zuvor bereits erklärt, dass wir traumatische Erlebnisse benutzen, um uns zu verstecken, unabhängig zu sein und uns angebotene Gaben zurückzuweisen, damit wir die Kontrolle behalten können. Jerry konnte das sofort nachvollziehen, denn als ich ihn fragte, warum er gewollt hatte, dass seine Mutter ihn erwischte, antwortete er, er habe sich wegen dem, was er tat, schuldig gefühlt und sich vor seiner sexuellen Energie gefürchtet. Er hatte sich erwischen lassen, um die Kontrolle zu behalten und nicht zum „Masturbations-Junkie" zu werden.

Nachdem Jerry einmal die falsche Richtung eingeschlagen hatte, war es ihm sogar sehr leicht gefallen, auf diesem Weg weiterzugehen. Sein Beruf als Gesundheitstrainer, in dem er andere Menschen darin unterrichtete, ein gesundes Leben zu führen, Sport zu treiben und Zeit in der Natur zu verbringen, war mit viel Arbeit verbunden, aber auch sehr befriedigend. Er war so beschäftigt, dass er sich manchmal fragte, ob er überhaupt Zeit für eine Frau hatte. Sobald es allerdings ein wenig ruhiger wurde, bedauerte er sich selbst und war traurig darüber, dass er keine Partnerin hatte. Im Laufe der Unterhaltung konnte er jedoch mühelos erkennen, dass es sich dabei nur um eine rationale Erklärung und eine Abwehrstrategie handelte. Gemeinsam entdeckten wir auch die Gaben, die er aus Angst zurückgewiesen hatte. Es waren die Gabe eines gesunden Sexuallebens und glücklicher Beziehungen sowie die Gabe, sich mit einem anderen Menschen von Herz zu Herz zu verbinden.

Jerry erkannte das ungeheure Ausmaß der falschen Entscheidungen, die er in der Vergangenheit getroffen hatte, und auch die Auswirkungen, die sie auf sein Leben gehabt hatten. Daraufhin führten wir eine Aufstellung durch, in der drei Teilnehmer mit seitlich ausgestreckten Armen die Türen verkörperten, die Jerry geschlossen hatte. Hinter jeder Tür stand eine Frau, die den Prozentsatz verkörperte, zu dem Jerry sich von sich selbst und von Frauen abgeschnitten hatte. Dann wählte Jerry Teilnehmer aus, die die Gaben der Sexualität, der Verbindung und des leuchtenden Sterns in Beziehungen verkörperten. Zum Schluss wählte er noch eine Frau aus, die als letzte in der Reihe für die wahre Liebe stand.

Nacheinander öffnete Jerry die drei verschlossenen Türen, um sich selbst, Frauen sowie die Gaben zurückzugewinnen, die hinter den Türen auf ihn warteten. Dann lief er zu der Frau, die die wahre Liebe verkörperte, schloss sie in die Arme und hob sie hoch in die Luft. Als ich Jerry einige Tage später wieder begegnete, strahlte er Wärme, Offenheit und Ansprechbarkeit aus. Er sah aus wie ein Mann, dem in Beziehungen eine glänzende Zukunft bevorstand.

Ödipale Schuld

Neben der Familienverschwörung gehört die ödipale Verschwörung zu den besten schulderzeugenden Fallen, die das Ego sich jemals ausgedacht hat. Der ödipale Komplex ist eine Verschwörungsfalle, die so gut aufgestellt ist, dass es so scheint, als könnten wir uns niemals daraus befreien. Obwohl manche Muster von der Seelenebene herrühren, wird er vornehmlich auf der Ahnenebene von Generation zu Generation weitergegeben. Auch Mangel an Verbundenheit und die dadurch entstehende Konkurrenz erzeugen die ödipale Verschwörung, die in so hohem Maße von Schuld erfüllt ist, dass wir sie nahezu vollständig verdrängen.

Wenn Verbundenheit verlorengeht oder ganz fehlt, wird die sexuelle Energie von der Liebe abgeschnitten, deren Element sie eigentlich ist und der sie sich auf natürliche Weise unterordnet. Dies setzt sexuelle Energien in der Familie frei. Sexuelle Anziehung fließt zwischen Eltern und Kindern und zwischen Geschwistern hin und her. Wenn es in der Familie keine klaren Grenzen gibt, kann dies Missbrauch oder Inzest zur Folge haben, führt in der Regel aber zu sexuellen Gefühlen, von denen wir nicht wissen, wie wir mit ihnen umgehen sollen. Diese Form der sexuellen Anziehung wird von der Gesellschaft mit einem hohen Maß an Schuld und Scham belegt. Zwar werden diese Gefühle meist verdrängt, aber Konkurrenz bleibt dennoch ein starker Faktor, der die Familie prägt. In der Gesellschaft hat dies zur Folge, dass Sexualität einerseits verdrängt und andererseits übertrieben wird. Die ödipale Verschwörung ist einer der beiden wichtigsten Faktoren für Herzensbrüche in der Kindheit. Wenn wir dem Elternteil des anderen Geschlechts näher sind und damit den Konkurrenzkampf gegen den gleichgeschlechtlichen Elternteil gewinnen, fühlen wir uns so schuldig, dass wir das Beweisstück beseitigen müssen. Das tun wir, indem wir dafür sorgen, dass der Elternteil, dem wir am nächsten stehen, sich durch Scheidung, Affären oder andere Vorfälle von uns entfernt, um emotionale Distanz zwischen uns zu schaffen. Dies kann zu Herzensbruch und Angst vor Erfolg führen, weil Erfolg gleichbedeutend damit wäre, den einen Elternteil zu besiegen, um den anderen für uns zu gewinnen. Es kann Konflikte, Dreiecksmuster in Beziehungen sowie Angst vor Nähe und Sex erzeugen. Weitere ödipale Symptome sind Leblosigkeit in Beziehungen, Abscheu vor dem Partner, Beziehungslosigkeit oder Kämpfe, um die Distanz zu unserem Partner aufrechtzuerhalten.

Die ödipale Verschwörung setzt sich von der unterbewussten Ebene mit unserer Familie bis zur unbewussten Ebene mit Gott fort. Zu den ödipalen Schattenfiguren, die ein so hohes Maß an Schuld bergen, dass sie zu Selbsthass führen, zählen der Versager, das Waisenkind, der Konkurrent, der Dieb, der Mörder und der Verräter. Obwohl wir sie kompensieren, schenken wir diesen Konzepten über uns selbst Glauben und behandeln uns entsprechend. Da sie größtenteils verdrängt werden, kommt die Strafe, die wir uns ihretwegen auferlegen, scheinbar aus dem Nichts. Wir tragen diese Schattenfiguren auf unterbewussten Ebenen in uns, und sie blockieren sowohl Partnerschaft als auch den Erfolg, den sie mit sich bringt.

Im Hinblick auf unsere Beziehung zu Gott glauben wir, seine Gaben gestohlen, ihn verraten und ihn ermordet zu haben, um unsere eigene Welt zu erschaffen, die er nicht betreten kann. Diese Überzeugung haben wir extrem tief im Unbewussten vergraben, und sie hindert uns daran, das große Glück und ein goldenes Leben zu erlangen. Zudem blockiert sie Meisterschaft, Erleuchtung sowie die höheren Stadien des Erwachens. Sie bewirkt, dass wir uns vor Gott fürchten, Gnade mit Misstrauen begegnen und glauben, alles aus eigener Kraft bewältigen zu müssen.

Ödipale Schuld zerstört die sexuelle Anziehung, die unser Partner auf uns ausübt. Die alten, unerledigten Geschichten aus der Kindheit und unsere Schuld in Bezug auf die sexuellen Gefühle, die wir gegenüber unseren Eltern empfunden haben, werden nun auf unseren Partner übertragen. Es ist, als ob wir das Gesicht des betreffenden Elternteils auf unseren Partner projizieren und uns dann sexuell von ihm abgestoßen fühlen. Dies kann zu Impotenz, Frigidität oder Paarbildung in der Familie führen, sodass ein Mitglied der Familie ausgeschlossen wird.

Solltest du Symptome der ödipalen Schuld bei dir feststellen, kann es eine große Erleichterung sein, mit deinem Partner darüber zu sprechen.

Die folgende kurze Übung hat sich in meiner Erfahrung als sehr wirksam erwiesen, wenn es darum geht, über die Festgefahrenheit der ödipalen Schuld hinauszugelangen. Da der ödipale Komplex mehrere Schichten in deinem Geist bilden kann, ist es gut, eine einfache Methode zu haben, um dich zu befreien. Wie jede Form von Schuld soll auch ödipale Schuld dich aufhalten.

Stelle dir vor, dass du gemeinsam mit deinem Partner im Morast ödipaler Schuld feststeckst. Du kannst dir auch vorstellen, dass du allein darin feststeckst, wenn ödipale Schuld verhindert, dass du in einer Beziehung bist. Stelle dir dann vor, dass dein Engel erscheint und dich aus dem Sumpf heraus- und auf die nächste Bewusstseinsstufe hebt, die jenseits des Morastes liegt.

Stelle dir dann vor, dass deine Familie zur Zeit deiner Kindheit im Sumpf ödipaler Schuld feststeckt. Rufe alle deine Engel herbei, damit sie deine Familie aus dem Sumpf heraus- und auf die nächste Stufe der Verbundenheit heben, die von neuer Natürlichkeit geprägt ist. Gib diese neue Stufe der Verbundenheit dann durch den Ahnenbaum deiner Familie sowohl auf der Seite deines Vaters als auch auf der Seite deiner Mutter weiter, um frei zu sein.

Schuld durch sexuelle Phantasien

Harry war die siebte Fokusperson im Workshop und jammerte darüber, dass er sich krank und erschöpft fühlte. Noch schlimmer als die Tatsache, dass er sich schlecht fühlte, war jedoch, dass er glaubte, die Beziehung zu seiner Freundin beenden zu müssen. Sie hatte ständig das Verlangen nach Sex, aber er hatte das Gefühl, einfach nicht die Energie aufbringen zu können, um sie glücklich zu machen. Jetzt fühlte sie sich zurückgewiesen, und er fühlte sich erschöpft und hatte ein schlechtes Gewissen. Es kam ihm so vor, als bestünde der einzige Ausweg aus dem Dilemma darin, die Beziehung zu seiner Freundin zu beenden.

Ich schlug vor, dass es vor einem derart drastischen Schritt vielleicht besser wäre, erst einmal zu überlegen, ob er die Beziehung denn fortsetzen wollen würde, wenn sein Problem gelöst wäre, da Menschen ein Problem oft als Ausrede fehlschöpfen, um eine Beziehung zu beenden.

„Das habe ich schon getan", erwiderte Harry. „Wenn ich mir vorstelle, dass ich die Beziehung beende, wird mein Leben danach sinnlos. Wenn ich mir vorstelle, dass ich die Beziehung fortsetze, habe ich ein gutes Gefühl. Noch lange so weitermachen kann ich aber auch nicht, weil es mich zu sehr auslaugt."

Ich fragte ihn, wann er die Tür zu seinem Herzen verschlossen hatte, und er sagte: „Mit siebzehn. Der Vater meiner Freundin hat uns dabei erwischt, wie wir rumgemacht haben. Ich habe mich dermaßen geschämt, dass ich die Tür zu meinem Herzen zu 90 % verschlossen habe."

Als ich ihn fragte, wie weit er bei diesem „Rummachen" denn schon gekommen war, sagte er, er sei noch nicht einmal bis zur „First Base"[2] gekommen. Ich bat ihn, sich vorzustellen, dass er seine Freundin einfach nur liebte und ihr das Gefühl geben wollte, liebenswert zu sein. Dann sollte er sich vorstellen, dass ihr Vater hereinplatzte. Harry sagte: „Ich fühle mich gut. Kein Problem."

Ich sagte ihm, dass er über das, was er mit seiner Freundin „tun" *würde*, auf eine Weise phantasiert hatte, die seine Haltung des Nehmens zeigte und

---

2 Anm. der Übersetzerin: „First Base" ist ein Begriff aus dem Baseball. Er bezeichnet die erste Station auf dem Baseballfeld, die ein Spieler (der so genannte „Runner") nach einem erfolgreich geschlagenen Ball erreichen muss.

dazu geführt hatte, dass er sich schuldig fühlte und sich schämte, als ihr Vater hereingeplatzt war. Das hatte dazu geführt, dass er Angst vor seinen eigenen sexuellen Phantasien bekommen hatte. Ich fragte Harry, wann er zum ersten Mal ein Gefühl der Angst empfunden hatte, und er antwortete: „Mit drei Jahren. Es hatte etwas mit meinem Vater zu tun. Ich hatte Angst vor ihm."

Ich wies ihn darauf hin, dass es sich um dasselbe Muster zu handeln schien, das auch seinem Erlebnis mit siebzehn Jahren zugrunde lag. Harry sah mich leicht verlegen an und gab zu, dass er vermutlich auch über seine Mutter phantasiert und von ihr hatte nehmen wollen. Ich fragte Harry, wie weit ihn das für den Rest seines Lebens aus seiner Mitte gebracht hatte, und er erwiderte: „Sechzig Prozent." Sechzig Prozent ist eine Zahl, die auf ein extrem hohes Maß an Aufopferung hindeutet, das eher früher als später zu Gefühlen der Erschöpfung führt.

Ich führte Harry zu dem Vorfall zurück, der im Alter von drei Jahren stattgefunden hatte, und bat ihn, sich vorzustellen, dass sein höheres Bewusstsein ihn, seinen Vater und seine Mutter in ihre gemeinsame Mitte als Familie zurückführte. Danach empfand Harry ein Gefühl so großer Erleichterung, dass er zu seiner Freundin ging, die ebenfalls am Workshop teilnahm, und sie beglückt umarmte. Diese liebevolle Verbindung ließ ihn nicht nur sein Herz zurückgewinnen, sondern bewirkte außerdem, dass er eine Schicht der ödipalen Verschwörung überwinden konnte, die im Alter von drei Jahren entstanden war.

Schuld und Verschmelzung

Schuld verwischt die Grenzen unserer natürlichen Individuation. Diese Muster der Schuld und der Verschmelzung haben ihren Ursprung in unserer Familie. Wir versuchen, Schuld durch Aufopferung wiedergutzumachen. Schuld beschmutzt unser Selbstgefühl und lässt uns auf unwahre Weise mit einem anderen Menschen verschmelzen. Das hat zur Folge, dass wir sowohl emotional als auch karmisch an andere Menschen gekettet sind. Das Muster aus Schuld, Aufopferung und Verschmelzung setzt einen Teufelskreis in Gang, der sowohl auf der Ahnenebene als auch auf der Seelenebene weitergegeben wird.

Die so erzeugte Verschmelzung ist paradox, weil sie in Wirklichkeit eine Form von Rückzug ist, die lediglich den Anschein von Verbundenheit erweckt. Man kann es damit vergleichen, dass man zwei Menschen in dieselbe Gefängniszelle steckt. Verschmelzung hat zur Folge, dass wir entweder versuchen, unabhängig zu sein, um dem Burnout zu entkommen, der aufgrund der Aufopferung schnell entsteht, oder dass wir uns weiter für andere Menschen aufopfern, um die Schuld zu kompensieren. Sowohl Aufopferung als auch Unabhängigkeit sind Rollen, die verhindern, dass wir empfangen, während sie gleichzeitig die dritte Rolle verbergen, die von verlorener Verbundenheit herrührt – die Opferrolle.

Verschmelzung ist ein Trick des Egos, der echte Liebe durch eine Falle ersetzt, die wie Liebe aussieht. Verschmelzung ist eine Form vorgetäuschter Verbindung. Sie ahmt Verbundenheit nach. Sobald wir lernen, dass alle Formen von Verbindung der Weg sind, der durch ein Problem hindurchführt, lässt das Ego die Verschmelzung auf uns los, die in unserer Kindheit entstanden ist, um uns aufzuhalten. Rollen und Verschmelzung aus der Kindheit spiegeln unseren unbewussten Hang wider, Nähe und Erfolg zu entfliehen und sie durch Unabhängigkeit und Verschmelzung zu ersetzen, was dazu führt, dass wir „gemeinsam allein" sind. Unsere Verschmelzung zeigt sich am deutlichsten daran, dass wir uns entweder aufopfern, indem wir hart arbeiten, aber nie empfangen, oder indem wir unabhängig sind. Unabhängigkeit soll Verschmelzung und Aufopferung abwehren, kann sie in Wirklichkeit aber nur verstärken.

Verschmelzung beruht auf Schuld. Es findet weder echte Verbindung noch echter Kontakt statt. Verschmelzung ist eine Falle. Verbindung mit einem anderen Menschen lässt Liebe, Fluss und Verbundenheit entstehen. Sie führt zu immer größerer Freiheit und Zugehörigkeit. Im Gegensatz zur Verschmelzung, die uns in Knechtschaft gefangen hält, verleiht sie uns sowohl Wurzeln als auch Flügel. Verschmelzung hat zur Folge, dass wir unweigerlich die Emotionen des Menschen fühlen, mit dem wir verschmolzen sind, was bewirkt, dass wir überreagieren, weil wir uns von seiner Not emotional überwältigt fühlen. Verbindung gibt uns dagegen die Möglichkeit, die Erfahrungen eines anderen Menschen empathisch wahrzunehmen. Unsere Verbundenheit mit ihm bewirkt jedoch, dass er durch die Liebe, die wir ihm entgegenbringen, und die Gnade, die durch unsere Verbindung einströmt, von Schmerz befreit wird.

Marks Geschichte – Teil 3

Bei einer meiner letzten Sitzungen mit Mark hatte ich es in einer Coaching-Sitzung erstmals mit Verschmelzung zu tun. Mark hatte in seiner Kindheit immer in einem sehr starken Autoritätskonflikt mit seinem Vater gestanden. Einen großen Teil davon hatten wir in unserer gemeinsamen Arbeit bereits transformiert, entdeckten dann aber, dass Mark in dem Maße, in dem er ein Problem mit seinem Vater hatte, auch ein *Thema* mit seiner Mutter hatte. Die Verschmelzung mit seiner Mutter hatte dazu geführt, dass er sich davor fürchtete, den nächsten Schritt zu gehen, und diese Angst hatte ihn komplett gelähmt. Mark hatte sich viele Male für seine Familie aufgeopfert und sich sogar zum Märtyrer gemacht, weil er versuchte, seine Mutter vor der Wut seines Vaters zu retten, indem er sich selbst zu deren Ziel machte.

Eine plötzliche Eingebung sagte mir, wie ich mit der Verschmelzung umgehen sollte. Ich bat Mark, sich vorzustellen, dass seine Mutter vor ihm stand. Dann bat ich ihn, sich vorzustellen, dass er alle Schnüre der Anhaftung zwischen sich und seiner Mutter sehen konnte. Er berichtete, der Raum zwischen ihm und seiner Mutter sei fast vollständig mit Schnüren der Anhaftung ausgefüllt. Als nächstes bat ich ihn, sich vorzustellen, dass ich das Schwert der Wahrheit in den Händen hielt. Ich hob es hoch über den Kopf, ließ es schwungvoll herabsausen und durchschnitt die Schnüre der Anhaftung zwischen Mark und seiner Mutter mit einem einzigen Hieb. In diesem Moment fiel Mark, der versucht hatte, vor seiner Mutter zurückzuweichen, rückwärts zu Boden. Ich half ihm wieder auf die Beine. Er hatte das Gefühl, von der unwahren Verbindung mit seiner Mutter befreit zu sein, und glaubte, den nächsten Schritt eigenständig gehen zu können.

Viele Jahre später fand ich heraus, dass das „Schwert der Wahrheit" eine uralte hawaiianische Heilmethode war, die benutzt wurde, um die Schnüre falscher Anhaftung zu durchschneiden.

Schuld und Zeit

Schuld nährt Zeit. In vollkommener Unschuld existiert allein das Zeitlose. Raum ist ursprünglich entstanden, weil das Ego sich des Urteilens bedient hat, um Schuld zu verbergen. Durch unser Urteil distanzieren wir uns von dem Menschen über den wir urteilen, und stellen uns gleichzeitig über ihn. Wir denken: „So bin ich nicht. Ich bin ein besserer Mensch." Zeit ist das Element, das anzeigt, wie lange wir brauchen, um die Entfernung zu überbrücken, die wir durch unser Urteil erschaffen haben. Unser Urteil ist das, was aus Zeit eine Zeitdauer macht, die sich linear fortbewegt. Das Ego zeigt uns die Schuld aus der Vergangenheit und verheißt uns, dass die Zukunft genauso sein wird. Das lässt Angst entstehen. Das Ego benutzt die Schuld aus der Vergangenheit und die Angst vor der Zukunft, um die Gegenwart zu verschleiern, damit wir nicht glauben können, dass es einen Ausweg gibt.

Die Gegenwart ist der leuchtende Moment strahlender Liebe und transzendenter Freude, in dem wir Zeitlosigkeit und Ganzheit wieder betreten können. In der Gegenwart finden wir die Pforte der Unschuld, die sich zur Ewigkeit und zum Himmel hin öffnet. Im gegenwärtigen Moment gibt es keine Schuld, und genau deshalb versucht das Ego, die Gegenwart mit Schuld aus der Vergangenheit und Angst vor der Zukunft zu überdecken. Die Gegenwart ist ein Ort der Initiation, an dem wir Zugang zu Bereichen unseres Geistes finden, die wir vor langer Zeit verloren haben.

In *Ein Kurs in Wundern*, der von Veränderung als einer Funktion der Zeit spricht, heißt es über die Vorstellung von Veränderung aus spiritueller Sicht:

> Veränderung ist eine Illusion, die diejenigen lehren, die sich nicht als schuldlos sehen konnten …
> Die Angst gehört NICHT zur Gegenwart, wenn jeder Augenblick klar und von der Vergangenheit getrennt dasteht, ohne dass sein Schatten in die Zukunft reicht. Jeder Augenblick ist eine reine, unbefleckte Geburt, in welcher der Gottessohn (die Menschheit) aus der Vergangenheit in die Gegenwart hervortritt. Und die Gegenwart DEHNT SICH EWIG AUS.

Sie ist so schön, so rein und so frei von Schuld, dass dort nichts als Glück ist. Es gibt keine Erinnerung an Dunkelheit, und seine Unsterblichkeit und Freude sind jetzt.

Ein Kurs in Wundern, 12. November 1966, Urtext

Der *Kurs* empfiehlt, Zeit so zu verwenden, wie der Heilige Geist es vorgeschlagen hat:

Fange an, dich in der Art zu üben, wie der Heilige Geist die Zeit GE-BRAUCHT, als Lehrhilfe zu Glück und Frieden. Nimm genau diesen Augenblick, JETZT, und stelle ihn dir als DIE GESAMTE Zeit vor, die es gibt. Hier kann dich nichts aus der Vergangenheit erreichen. Hier bist du vollständig freigesprochen, vollständig frei und gänzlich ohne Verurteilung.

Ein Kurs in Wundern, 12. November 1966, Urtext

Das Ego will, dass wir so lange wie möglich brauchen. Es hält uns auf, lenkt uns ab und schickt uns auf Umwege, weil Zeit das Haus des Egos ist und die Bausteine im Haus der Zeit aus Schuld bestehen. Das Ego benutzt Zeit, um Schuld zu verstärken. Dadurch erreicht es, dass wir uns noch schlechter fühlen, und es hält uns in der Hölle gefangen, indem es die Gegenwart zu einer Ansammlung von Ereignissen aus der Vergangenheit macht.

In Wirklichkeit existiert die Vergangenheit nur noch in dem Maße, in dem wir sie lebendig halten, um sie als Ausrede zu benutzen. Wir missbrauchen die Vergangenheit, um uns zu verstecken, um getrennt und unabhängig zu sein, um anzugreifen, um etwas Besonderes zu sein, um Recht zu haben, um zu schwelgen, um die Aufmerksamkeit auf uns zu lenken, um festzuhalten oder um Bedürfnisse erfüllt zu bekommen. Dies ist ein Missbrauch von Zeit, die in Wahrheit der Heilung und der Rückkehr zur Einheit dienen soll.

Die Geschichte eines Morgens

Sandra und Karen

Ich habe morgens einmal mit einer Frau namens Sandra gearbeitet, die ein großes Problem mit Geld hatte. Nachdem ich im Laufe unserer Arbeit auf unerwartet großen Widerstand gestoßen war, fragte ich sie, wie viel Prozent ihrer Energie gemeinsam mit mir daran arbeiteten, einen Durchbruch zu erzielen. Sie erwiderte: „Zwanzig Prozent." Als ich sie daraufhin fragte, wie viel Prozent ihrer Energie gegen uns arbeiteten, sagte sie: „Fünfzig Prozent." Als ich sie fragte, was denn mit den restlichen dreißig Prozent sei, erwiderte sie, sie wisse es nicht. Unsere erste Herausforderung bestand also darin, ihre gesamte Energie in eine Richtung zu lenken, damit Heilung überhaupt möglich wurde. Das gelang uns mit Hilfe einer Integrationsübung.

Anschließend untersuchten wir die Angst, die sie im Hinblick auf Geld lähmte, und das Elend ihrer Situation, das sich im Laufe unseres Gesprächs voll Bahn brach. Als wir zur Wurzel des Elends gelangten, fanden wir heraus, dass sie einen Wutanfall hatte, der die Form einer Verschwörung des Mangels angenommen hatte. Als wir der Sache weiter auf den Grund gingen, entdeckten wir, dass sie ihr ganzes Leben lang einen Wutanfall gehabt hatte, der sich größtenteils in Form von Elend zeigte. Wir arbeiteten weiter an ihrem Wutanfall und stellten fest, dass er von Dynamiken der falschen Geisteshaltung und des Rebellen angetrieben wurde. Außerdem fanden wir heraus, dass ihr Wutanfall in der Kindheit begonnen hatte und ihre Rebellion sowohl gegen ihre Eltern als auch gegen Gott verbarg. Nachdem ihre Eltern gestorben waren, richtete sich ihre ganze Wut jetzt gegen Gott.

Sie sperrte sich gegen jeden Durchbruch bei ihrem Geldproblem, weil sie dachte, Gott wolle, dass sie sich aufopferte und zu ihrem Beruf ohne Zukunft zurückkehrte, um ihren Lebensunterhalt bestreiten zu können. Ich erklärte ihr, dass dies ganz gewiss nicht Gottes Plan für sie sein konnte, dass es von ihrem Ego aber ganz schön gerissen war, ihr jedes Mal mit abstumpfender Aufopferung zu drohen, sobald sie auch nur in die Nähe eines Durchbruchs kam.

Dieses Durcheinander hatte wahrhaft epische Ausmaße. Sie glaubte, ihre einzige Möglichkeit, an Geld zu kommen, bestünde darin, dass sie einer abstumpfenden Arbeit nachging. Als wir der Sache auf den Grund gingen, entdeckten wir, dass sie den Glauben an Aufopferung als Abwehrstrategie benutzte, die mit ihrer Angst vor Erfolg und Nähe zu tun hatte. Zu guter Letzt war Sandra bereit, alles loszulassen, um den nächsten Schritt gehen zu können.

Später kam Karen, eine gute Freundin, vorbei. Im Laufe unserer Unterhaltung fand ich heraus, dass auch sie sich sehr elend fühlte. Ihr Hund war bei einem Unfall verletzt worden und fast gestorben, und es war immer noch nicht klar, ob er überleben würde oder eingeschläfert werden musste. Hinzu kam, dass sie Probleme in ihrer Beziehung hatte und sich große Sorgen um ihren Vater machte, der an Depressionen litt. Während unseres Gesprächs stellte ich fest, dass ihr eigenes Elend mit dem Elend zusammenhing, das sie von ihrem Vater „schluckte". Ich zeigte ihr, wie ungeeignet „Introjektion" war, um ihren Vater von seinen Depressionen zu befreien.

Karen war bereit, alle diese Dinge loszulassen, indem sie sie zum Handelsposten des Himmels brachte, der ein Sinnbild für das Loslassen ist. Im Gegenzug für alles, was sie geschluckt hatte, und für den Mechanismus der Introjektion selbst wurde ihr Liebe gegeben. Als sie diese Liebe vor ihrem geistigen Auge mit ihrem Vater teilte, stellte sie fest, dass sein Aussehen sich veränderte. Plötzlich erfasste ich intuitiv, dass ihr Hund bei ihr genau das tat, was sie bei ihrem Vater tat. Er introjizierte den Schmerz, in diesem Fall die Todesversuchung ihres Vaters. Daraufhin erforschte ich gemeinsam mit Karen, was sich unter diesem ganzen Thema verbarg, denn es sah ihr überhaupt nicht ähnlich, sich elend zu fühlen, weil sie eigentlich ein eher überschäumendes Temperament hatte. Als wir dieser Sache auf den Grund gingen, stellte sich heraus, dass ihr gesamtes Elend ein Abwehrmechanismus war, weil sie sich davor fürchtete, die Gabe der „Ernte" in ihrem Leben zu empfangen. Sie glaubte, sie sei viel zu jung, um so erfolgreich zu sein. Sie und ihr Vater waren die rechte und die linke Hand in der Firma ihres Onkels. Alle arbeiteten sehr hart und waren in hohem Maße unabhängig. Ich beschrieb ihr in phantasievollen Bildern die positive Wirkung, die ihre Ernte sowohl auf das Unternehmen ihres Onkels als auch auf ihr Liebesleben und auf die geistige Verfassung ihres Vaters haben würde. Ich bat sie, ihr Elend loszulassen, damit sie es durch die Gabe der Ernte ersetzen konnte, denn der einzige Zweck, dem ihr Elend diente, bestand darin, dass ihr Ego es als einen Abwehrmechanismus benutzte, um ihre Gabe von ihr fernzuhalten.

Das hatte zur Folge, dass Karen wieder guten Mutes war und sich auf den gemeinsamen Urlaub freute, den sie, Lency und ich geplant hatten.

Diese beiden heilsamen Erfahrungen wurden an nur einem Morgen und in einem kurzen Zeitraum von nur zwei Stunden gemacht, und danach hatten sowohl Karen als auch meine Klientin das Gefühl, dass ihre Lebenssituation eine neue, positive Richtung genommen hatte.

Schuld und der Rebell

Unter den dunkelsten Erfahrungen unseres Lebens, zu denen auch schmerzhafte traumatische Ereignisse gehören, lauert die Angst vor unserer Lebensaufgabe. Sie kann sich allerdings ebenso unter Geschäftigkeit, großem Druck und harter Arbeit verbergen. Angst vor unserer Lebensaufgabe kann uns dazu bringen, etwas zu suchen, hinter dem wir uns verstecken können. Dazu gehören Herzensbrüche oder Familienverschwörungen. Diese Dinge sind unsere Ausrede, uns nicht zeigen und die heiligen Versprechen nicht einhalten zu müssen, die Teil unserer Lebensaufgabe sind.

Ich habe herausgefunden, dass wir alle auf der tiefsten Ebene des Geistes solche Versprechen gegeben haben. Sie stellen unsere Aufgabe in diesem Leben dar. Zu unserer Lebensaufgabe gehört, dass wir glücklich sind, dass wir an unserer Heilung arbeiten und dass wir sowohl bestimmten Menschen als auch der Welt helfen, während wir zugleich den einmaligen Beitrag leisten, den in diesem Leben zu leisten wir versprochen haben. Die Erfüllung der heiligen Seelenversprechen erfüllt uns. Angst davor, diese Versprechen zu erfüllen, bekommen wir immer dann, wenn unser Ego erklärt, dass wir es unmöglich schaffen können, weil wir zu klein sind, um eine so große Aufgabe zu vollbringen, oder dass es unmöglich ist, weil es mit zu viel Arbeit verbunden ist und wir zu wenig Zeit zur Verfügung haben. Das Ego verspricht uns, uns zu helfen, indem es uns Ausreden liefert. Um unserer Lebensaufgabe aus dem Weg zu gehen, setzen wir Verschwörungen an ihre Stelle und zahlen einen bestimmten Preis des Schmerzes dafür, dass wir uns verstecken können. Das Ego bietet uns dann an, den Schmerz für uns zu dissoziieren, was nicht nur die Spaltung unseres Bewusstseins, sondern auch unsere Unabhängigkeit und unseren Mangel an Einfühlsamkeit uns selbst und anderen Menschen gegenüber verstärkt. Diese Verschwörungen werden zu einem Hindernis für Zugehörigkeit und Beziehungen, Erfolg und Gesundheit.

Unter den schmerzhaften Opferrollen, den Herzensbrüchen und der dissoziierten Unabhängigkeit verbirgt sich der Rebell. Wir rebellieren gegen uns selbst, Partnerschaft, Autoritätspersonen und den Himmel. Unsere Rebellion entspricht dem Maß, in dem wir in das Ego – das Prinzip der Trennung – investiert haben. Wir spalten uns nicht nur vom Himmel, sondern auch von unserer Ursprungsfamilie ab. Diese alten Spaltungen unseres Bewusstseins stellen nun einen Keil zwischen uns und unserem Partner oder zwischen uns und dem Wunsch nach einem Partner dar. Meist liegen sie sehr tief im Bewusstsein verborgen. Weil sie unseren Plänen nach größerer Unabhängigkeit gedient haben, sind sie zu einem Bollwerk des Rechthabenwollens und der Forderung nach „so wie ich will" geworden. Das rettet uns allerdings nicht vor Schuld oder Selbstbestrafung, denn alle Spaltungen in unserem eigenen Bewusstsein oder zwischen uns und anderen Menschen sind von Schuld erfüllt.

Schuld und Rebellion erzeugen einen Teufelskreis, in dem sie einander gegenseitig ernähren. Ich bin im Laufe meiner Arbeit bis auf die tiefsten Ebenen des Unbewussten vorgedrungen. Jede Spaltung, die wir erschaffen, erzeugt einen Teufelskreis aus Schuld, Rebellion und Autoritätskonflikt, der von der Schuld aufrechterhalten wird. Wenn eine Seite eines Teufelskreises geheilt wird, erschaffen die anderen, ungeheilten Anteile die fehlende Seite wieder neu. Deshalb ist es praktisch nur dann möglich, einen Teufelskreis zu heilen, wenn man sich dessen bewusst ist und mit Hilfe von Gnade den gesamten Teufelskreis auf einmal heilen kann.

Ich habe außerdem festgestellt, dass wir chronische Schuld oder Verschwörungen der Schuld als Waffe gegen das Einssein einsetzen. Wir benutzen unseren Selbstangriff, um gegen Gott zu kämpfen, so wie wir Schuld benutzen, um Liebe abzuwehren. Wenn wir Schuld benutzen, um gegen Gott zu kämpfen, dann gleichen wir einem Kind, das sich selbst verletzt, weil es darin eine Möglichkeit sieht, seine Eltern anzugreifen.

Schuld und Eigensinn

Wir erkennen nicht und verschließen die Augen vor der Tatsache, dass alles, was in unserem Leben geschieht, unsere eigene Entscheidung ist. Statt es anzuerkennen und unsere Macht zurückzugewinnen, haben wir unsere Verantwortung und unsere Macht weitgehend aus den Händen gegeben, weil wir auf diese Weise die Möglichkeit hatten, uns zu verstecken. Wir geben – manchmal auf äußerst schmerzhafte Weise – vor, Opfer zu sein, weil es uns eine gute Ausrede liefert, uns nicht zeigen, unsere Lebensaufgabe nicht erfüllen und unsere Bestimmung nicht annehmen zu müssen. Wenn wir unserer Bestimmung aus dem Weg gehen, geben wir das große Glück auf, das unser spirituelles Vermächtnis ist, und schreiben stattdessen dunkle Geschichten, die dann zum Drehbuch unseres Lebens werden. Wir tun es, um uns in dem damit verbundenen dunklen Glanz zu sonnen, um Beachtung zu finden, um etwas Besonderes zu sein und um unabhängig sein zu können. Unter diesen Dingen verborgen liegt die Rebellion, die verhindert, dass wir empfangen. Es gibt etwas, das uns wichtiger ist als das große Glück. Wir haben uns eine falsche Geisteshaltung zu eigen gemacht und handeln eigensinnig, ja, sogar trotzig ganz genau so, wie wir es wollen, ohne die Folgen zu bedenken. Mitunter rechtfertigen wir unsere vollkommene Missachtung des offenkundig richtigen Weges, indem wir das, was uns in der Vergangenheit zugestoßen ist, als Ausrede benutzen. Dies gilt besonders dann, wenn jemand uns beherrscht oder missbraucht hat.

Statt ein Problem zu heilen, das durch einen Täter an uns weitergegeben wurde, sorgt Eigensinn dafür, dass es fortbesteht. Auf der tiefsten Ebene ist das Problem durch eine Entscheidung entstanden, die wir getroffen haben, während wir vor uns selbst und vor unserer Lebensaufgabe davongelaufen sind. Der Täter hat uns als Ausrede gedient. Unser chronisches Elend soll beweisen, dass wir nichts gegen das Problem tun konnten, so sehr wir es auch versucht haben. Das Elend verbirgt unseren Wutanfall darüber, dass bestimmte Dinge nicht so gelaufen sind, wie wir es geplant hatten. Es verbirgt, dass wir die dunkle Geschichte tiefer Verzweiflung als Beschwerde darüber geschrieben haben, wie die Dinge jetzt sind. Es verbirgt auch unseren Wunsch, das Sagen zu haben. Unsere Gaben, unsere Lebensaufgabe und unsere Bestimmung warten jedoch noch immer auf uns, wenn wir bereit sind, unseren Autoritätskonflikt aufzugeben und der zu sein, der wir wirklich sind. Tun wir es nicht, wenden wir uns vom Leben ab. Eigensinnig Dinge zu tun, die eine selbstzerstörerische Wirkung haben, bedeutet, in Richtung Tod zu gehen. Frage dich, wie sehr du in eine Todesrichtung gehst, und triff anschließend eine neue Entscheidung.

Stefans Geschichte

Stefan war ein Geschäftsmann aus der Schweiz, der im Anschluss an ein Seminar in Deutschland zu einer Coaching-Sitzung zu mir kam. Was ich bemerkenswert fand, war die Tatsache, dass sein Thema sehr stark einer Geschichte glich, die bereits im Seminar erzählt worden war.

Stefan war ein gut organisierter und planvoller Mensch. Das Problem, mit dem er zu mir kam, betraf einen Angestellten, über den er sich immer häufiger aufregte. Stefan war derjenige, der in der Firma einen ordnenden und fokussierenden Einfluss ausübte. Weil dieser Angestellte der witzige, fröhliche, kreative und geniale Geist der Firma war, wollte Stefan einen Ausweg finden, statt ihn gleich zu feuern.

Im Laufe unseres Gesprächs fand ich heraus, dass Stefan bei seiner Frau zu Hause genau das war, was sein Angestellter in der Firma war – der spaßige, fröhliche, kreative, chaotische Typ. Ich erfuhr, dass Stefan erst seit zwei Jahren verheiratet war. Seine erste Frau hatte sich von ihm scheiden lassen, weil er in so hohem Maße dissoziiert war, dass er ihr positives Denken als Lösung für ihren Schmerz und ihre Depression vorgeschlagen hatte. Stefan bezeichnete sich in seiner ersten Ehe selbst als „sprechenden Kopf". Jetzt hatte er sein Herz geöffnet, hatte seither aber ständig Halsschmerzen. Ich erklärte ihm, dass der Hals symbolisch vor allem für Themen stand, die etwas mit Führungsstärke zu tun hatten.

Als wir der Sache näher auf den Grund gingen, fanden wir heraus, dass Stefan tief innen glaubte, dass seine Lebensaufgabe darin bestand, Führungsstärke im Hinblick auf Wahrheit und Glück zu zeigen, dass er aber auch sehr große Angst davor hatte. Stefan erzählte, dass er ein großes Bedürfnis nach Frieden und Harmonie hatte, wie sehr seine Eltern dauernd gestritten hatten und dass seine Mutter traurig und depressiv gewesen war. Ich machte Stefan klar, dass das genau der Erfahrung glich, die er mit seiner ersten Frau gemacht hatte. Weil er die Lektion bei seiner Mutter nicht gelernt hatte, musste er sie bei seiner ersten Frau wiederholen. Während ich in Stefans traurige Augen blickte, dachte ich bei mir, dass er jetzt die Traurigkeit in sich trug.

Als ich mit Stefan weiter an der Angst vor seiner Lebensaufgabe arbeitete, kam plötzlich eine ganze Schicht des Rebellen, den er in sich trug, zum Vorschein. Als ich ihn darauf hinwies, stahl sich das „erwischte" Lächeln eines Menschen in sein Gesicht, bei dem gerade ein bislang verborgener Bewusstseinsbereich zutage gefördert worden war. Stefan hatte seinen Rebellen unter seiner Familienverschwörung getarnt. Es war seine Art, den Schmerz und das Elend zu benutzen, um unabhängig zu sein. Als ich ihn darauf hinwies, zeigte sich erneut das verlegene Lächeln in seinem Gesicht. Äußerst amüsant wurde es, als ich anfing, ihn damit aufzuziehen, was für eine wunderbare Tarnung sein „schweizerisches Naturell" ihm bot und dass seine Gesetztheit das Chaos des Rebellen in ihm verbarg. Ich sagte ihm, dass seine schweizerische Maske so gut war, dass keiner sie jemals durchschauen würde. Stefan gluckste vor Lachen, während wir untersuchten, wie sein innerer Rebell ihn klein gehalten hatte. Er gestand ein, dass er seine Kleinheit benutzt hatte, um Gott, seiner Frau und sich selbst Widerstand zu leisten. Es zeigte sich ganz deutlich, dass sein Leben und das, was in seiner Familie und in seiner ersten Ehe geschehen war, mit seinem inneren Rebellen und seinem Kampf gegen Gott und gegen sich selbst zu tun hatte. Was ihn tief im Herzen berührte, war jedoch die Tatsache, dass er damit einen heimlichen Keil zwischen sich und seine jetzige Frau getrieben hatte. Das motivierte Stefan, seine Rebellion aufzugeben. Es zeigte sich, dass Stefan neben seiner Gabe der Führerschaft in Wahrheit und Glück ein sehr friedliebender Mensch war und dass es auch zu seiner Lebensaufgabe gehörte, diesen Frieden mit anderen Menschen zu teilen.

Ich erklärte Stefan, dass wir, wenn wir als Kind unsere Seelengaben nicht geben, um unsere Eltern zu heilen und zu befreien, selbst zum Opfer ihrer negativen Muster und Verhaltensweisen werden.

Wir forschten auf tieferen Ebenen weiter, weil es während unseres Gesprächs so schien, als würde Stefan durch starke unbewusste Abwehrmechanismen zurückgehalten. Das deutete darauf hin, dass darunter eine große Seelengabe verborgen lag. Als wir in noch tiefere Bereiche vorstießen, entdeckten wir die Seelengabe des *wunscherfüllenden Juwels*. Ich sagte Stefan, dass es die meisten Menschen zu sehr beschämte, eine solche Seelengabe zu haben, sodass sie lieber für wenig Lohn extrem hart arbeiteten, um sie zu verstecken, und alles taten, was in ihrer Macht stand, um sich anzupassen. Stefan sagte, das sei ja eine „coole Sache". Ich bat ihn, einmal zu überlegen, wie es gewesen wäre, wenn er diese Gaben mit seinen Eltern, seiner ersten Frau und seiner jetzigen Frau geteilt hätte, statt sich zu verstecken und den Rebellen zu spielen. Stefan konnte erkennen, dass dies sein Leben entscheidend verändert hätte.

Das motivierte Stefan, nicht nur Stress und Geschäftigkeit, sondern auch die Angst vor seiner Lebensaufgabe sowie den Rebellen loszulassen und stattdessen seine Gaben der Wahrheit und des Glücklichseins, seine Aufgabe des Friedens-bringers und die Gabe der Bestimmung – das wunscherfüllende Juwel – von ganzem Herzen anzunehmen. Er erkannte, dass er, wenn er den Rebellen auf-gab, alles haben konnte, was er sich wirklich wünschte. Daraufhin bat ich ihn, sich vorzustellen, dass er diese Gaben erst mit seinem Vater und seiner Mutter, dann mit seiner ersten Frau und schließlich mit seiner jetzigen Frau teilte. Als er ging, war Stefan von überschwänglicher Freude erfüllt. Er konnte es kaum erwarten, nach Hause zu kommen, um seine Liebe mit seiner Frau zu teilen. Bei rückwirkender Betrachtung schien das Problem mit seinem Angestellten sich vollständig aufgelöst zu haben.

Schuld heilen

Schuld ist eine Illusion, und weil sie eine Illusion ist, kann sie verwandelt werden. Quantenphysikern, Mystikern, vielen transpersonalen Psychologen, Buddhisten, *Ein Kurs in Wundern* und Advaita-Praktizierenden (Advaita ist der Glaube an die Nicht-Dualität) zufolge ist die ganze Welt der Erscheinungen eine Illusion. Wir entwickeln uns in diesen Illusionen weiter, bis wir glückliche Träume träumen. An jeder Stelle des Weges können wir plötzlich aus dem Traum erwachen. Je weiter unsere Entwicklung vorangeschritten ist, umso leichter fällt uns das Erwachen. Das höchste Ziel besteht darin, in den Himmel – das Bewusstsein des Einsseins – zu gelangen.

Schuld ist ein Versuch, den Traum aufrechtzuerhalten. Wir benutzen sie, um in das Ego zu investieren und uns von Gott zu entfernen. Schuld lässt den Tod und die Hölle real erscheinen. Sie entsteht durch Trennung. Jeder Verlust von Verbundenheit erzeugt Schmerz, Illusion, Verlust, Traurigkeit, Abhängigkeit, Angst, ein gespaltenes Bewusstsein, Bedürfnis, Widerstand, Verletzung, Gefühle der Verlassenheit, Aufopferung, dissoziierte Unabhängigkeit und Schuld. Alles, was einen dieser Fehler zu heilen vermag, die alle ein Zeichen dafür sind, dass wir die falsche Richtung eingeschlagen haben, stellt auch die Verbundenheit wieder her.

Die folgenden Prinzipien und Techniken der Heilung können Schuld auflösen und damit die Trennung beseitigen und Verbundenheit wiederherstellen.

Chronische Schuld überwinden

1. Verpflichte dich einem Weg der Heilung.
2. Wertschätze deine Zugehörigkeit zu anderen Menschen als wichtige Pflastersteine auf dem Weg nach Hause, statt die Schuld wertzuschätzen, die dich von anderen Menschen trennt.
3. Erkenne, welchem Zweck deine Schuld dient. Erkenne, dass sie dir in Wirklichkeit nicht dient. Lasse sie deshalb los, und bringe sie zum Handelsposten

des Himmels, der vierundzwanzig Stunden am Tag und an sieben Tagen in der Woche geöffnet hat.

4. Erkenne, dass du deine Schuld an deine Kinder weitergibst. Die Schuld und die Selbstbestrafung, die du dir damit auferlegst, wirken sich auf deine Beziehung zu allen Menschen aus, die du liebst. Mache diese Tatsache zu deiner Motivation, um deine Unschuld zu finden.

5. Erkenne, dass Schuld bewirkt, dass du dich selbst angreifst, und weil Angriff nicht vereinzelt ist, greifst du alle Menschen an, die du liebst. Entscheide dich für deine Unschuld, die das Fundament aller guten Dinge ist.

6. Erkenne, dass deine Unschuld eine der schönsten Gaben ist, die du den Menschen, die du liebst, und der Welt geben kannst.

7. Übergib deine Schuld der Liebe und dem Licht deines reinen Geistes. Beobachte, was geschieht, wenn die Unwahrheit deiner Selbstverurteilung ans Licht gebracht wird.

8. Bringe deine Schuld vor das höchste Gericht. Vor dem Gericht des Himmels, das keine Illusionen duldet, wird jede Klage gegen dich abgewiesen.

9. Sei vollkommen im *Jetzt*, denn es ist die einzige Zeit, die es gibt. Schuld fällt dann fort, weil sie aus der Vergangenheit herrührt.

10. Lerne, dass Schuld immer unwahr gewesen ist und es auch immer sein wird. Nur Unschuld ist wahr.

Wahres Lernen ist konstant und in seiner Veränderungskraft so stark, dass ein SOHN GOTTES seine Macht in einem Augenblick begreifen und die Welt im nächsten verändern kann.

Ein Kurs in Wundern, Textbuch, Seite 121

Liebe

Liebe ist das ursprünglichste Prinzip der Heilung, aus dem alle anderen Prinzipien der Heilung hervorgehen. Liebe dehnt uns aus und stellt unsere Verbundenheit wieder her. Sie ist eine Form des Gebens und Empfangens, die teilt, sich ausdehnt und nur das Beste für den geliebten Menschen will. Liebe bringt Freude und Glücklichsein, und sie löst Anhaftung auf, die eine Form von vorgetäuschter Liebe ist.

Verbundenheit

Verbundenheit stellt wieder her, was aufgrund von falschen Entscheidungen und traumatischen Erlebnissen verloren gegangen ist. Sie stellt die Verbindung dort neu her, wo wir sie verloren hatten. Verbundenheit in der Welt lässt Verbundenheit in unserem Geist entstehen. Verbundenheit will nichts nehmen und auch keine Bedürfnisse erfüllt haben. Wo Verbundenheit herrscht, dort werden Bedürfnisse ganz natürlich erfüllt, und es besteht keine Notwendigkeit zu nehmen, weil du gibst und empfängst, wodurch dein Verlangen erfüllt wird.

Es gibt eine einfache Übung, die wir benutzen können, um unsere Verbundenheit wiederherzustellen und Traumata aus der Vergangenheit aufzulösen. Sie kann benutzt werden, um Situationen in der Gegenwart zu verbessern. Stelle dir dazu vor, dass dein inneres Licht sich mit dem Licht des Menschen verbindet, dem du näher sein möchtest. Du kannst diese Übung auch mit deiner ganzen Familie oder mit einem traumatischen Erlebnis durchführen, das in deiner Familie oder in einer Beziehung stattgefunden hat. Stelle dir vor, dass dein inneres Licht sich in der traumatischen Situation mit allen an der Situation beteiligten Menschen verbindet. Stelle dir dann vor, dass ihr Licht zurückkehrt und sich wieder mit deinem Licht verbindet. Nimm wahr, ob sich die Situation oder die Szene nun anders darstellt. Wiederhole die Übung, indem du erneut dein inneres Licht aussendest, um dich mit ihrem inneren Licht zu verbinden, und dann beobachtest, wie ihr Licht zu dir zurückkehrt und sich wieder mit deinem Licht verbindet. Stelle dir dann vor, wie das innere Licht jedes an der Situation beteiligten Menschen sich mit dem Licht aller anderen daran beteiligten Menschen verbindet.

Nimm wahr, ob deine Gefühle oder deine Sicht auf die Szene oder die Situation sich verändert haben. Wenn eine Situation besonders traumatisch war oder es sich um ein zutiefst chronisches Problem handelt, zeigt Verbundenheit zunächst oft nur geringe Wirkung. Wenn du die oben beschriebene Übung der Verbindung jedoch immer wieder durchführst – du mit ihnen, sie mit dir, alle untereinander –, dann gewinnt die Situation an Gefühl und Nähe. Dadurch lösen sich Konflikte, Selbstgerechtigkeit, Widerstand und Schuld auf.

Annehmen

Schuld ist die Weigerung, etwas anzunehmen. Wir weisen einen Fehler, den wir gemacht haben, zurück und bestrafen uns dafür, womit wir ihn noch verstärken. Wenn wir unseren Fehler dagegen akzeptieren, wird er einfach losgelassen und in die richtige Perspektive gerückt. Wir können unsere Selbstverurteilung nicht auf andere Menschen projizieren und glauben, dass sie uns verurteilen. Wir können uns nur dann verletzt, zurückgewiesen, todunglücklich oder schuldig fühlen, wenn wir zurückweisen. Wenn wir etwas annehmen, dann lösen wir damit den Widerstand auf, der die Verletztheit und Festgefahrenheit von Schuld verursacht. So erzeugen wir neuen Fluss und das, wogegen wir Widerstand geleistet haben, wird losgelassen und im Kontext unseres Lebens in die richtige Perspektive gerückt. Annehmen ist eine Entscheidung, die wir treffen, denn es zeugt von Wahrheit und Reife, wenn wir es tun. Wenn wir annehmen, statt Widerstand zu leisten und zurückzuweisen, dann können wir die Auswirkungen eines traumatischen Erlebnisses in uns aufnehmen und integrieren, was automatisch zur Folge hat, dass wir unsere Macht zurückerhalten und auf eine höhere Bewusstseinsstufe gelangen, sodass eine natürliche Vorwärtsbewegung entsteht.

Vergebung

Vergebung ist der wichtigste „Schuldknacker". *Ein Kurs in Wundern* bezeichnet sie als Liebe auf der irdischen Ebene. Vergebung ist ein „Hingeben", das uns neu verbindet und uns aus dem Rückzug und dem Selbstangriff der Schuld herauszieht. Vergebung ist die Entscheidung, alle Menschen als unschuldig zu sehen. Sie erkennt, dass der Groll auf einer bestimmten Ebene entstanden ist, damit wir uns trennen und unseren eigenen Weg gehen konnten. Vergebung ist eine Entscheidung für die Verbindung anstelle von Trennung. Wahre Vergebung bringt das Verstehen, dass alle unschuldig sind und alles andere sich nur in unserem Geist abgespielt hat. Wir haben andere Menschen benutzt, um uns selbst zu bestrafen.

Es gibt eine Reihe von Übungen der Vergebung, die sich in meiner Erfahrung als sehr hilfreich erwiesen haben. Die nachfolgenden fünf Übungen stammen aus *Ein Kurs in Wundern*.

I. Betrachte die Person oder Situation, der zu vergeben du aufgefordert bist, und frage dich: „Würde ich mich dafür verurteilen?" Falls die Antwort nein lautet, seid ihr beide frei. Falls die Antwort ja lautet, willst du an deiner Schuld festhalten um einer heimlichen Belohnung deines Egos willen, *die dir ganz gewiss nicht dienen wird*.

II. Stelle dir vor, dass der Mensch, dem du vergeben möchtest, gemeinsam mit dem Menschen vor dir steht, den du auf der ganzen Welt am meisten liebst. Betrachte zuerst den Körper und die Persönlichkeit des Menschen, den du liebst, und nimm sein inneres Licht wahr. Verbinde dein Licht mit seinem inneren Licht. Betrachte dann den Menschen, dem du vergeben möchtest. Schaue über seinen Körper und seine Persönlichkeit hinaus und nimm auch sein inneres Licht wahr. Verbinde dein Licht und das Licht des Menschen, den du liebst, mit seinem Licht und lasse dich von Frieden erfüllen.

III. Vergib durch die Liebe Gottes: „Gott ist die Liebe, in der ich dir vergebe."

IV. Vergebung ist eine Entscheidung. Du entscheidest dich ganz einfach dafür, einem anderen Menschen zu vergeben. Auch wenn du das Gefühl inneren Friedens, das Vergebung bringt, anfangs nicht wahrnehmen kannst, wirkt deine Entscheidung dennoch auf unterbewussten und unbewussten Ebenen.

V. Wenn du die Straße entlang gingest und ein verwundetes Kind käme auf dich zu, würdest du es ignorieren oder es auf die Straße schubsen, um vorbeizukommen? Blicke in den Menschen hinein, dem zu vergeben du aufgerufen bist. Wie alt sind die verwundeten Kinder, die ihn dazu gebracht haben, so zu handeln? Würdest du diese Kinder fortstoßen, oder wärest du bereit, ihnen die Liebe zu schenken, die sie brauchen, um heranwachsen zu können? Wenn du ihnen deine Liebe schenkst, wachsen sie heran. Wenn sie das gegenwärtige Alter des betreffenden Menschen erreicht haben, verschmelzen sie wieder mit ihm und ermöglichen ihm damit ein höheres Maß an Ganzheit. Wenn der betreffende Mensch bereits verstorben ist, wird er (und wirst du) von diesem karmischen Muster befreit.

239

Jesus wurde einmal gefragt, wie oft wir vergeben müssen, und er sagte: „Siebzig mal sieben Mal."[3] Das hieß nicht einfach vierhundertneunzig Mal, denn zur Zeit Christi war dieser Ausdruck gleichbedeutend mit *Unendlichkeit*. Wir sind also aufgerufen, so oft zu vergeben, bis das Einssein wiederhergestellt ist. Mitunter braucht es dazu nicht mehr als einen einzigen aufrichtigen Akt der Vergebung. Manchmal sind auch viele Schichten unterbewusster, unbewusster und ursprünglicher Muster ineinander verschlungen, und die Situation macht es erforderlich, dass wir Schicht um Schicht vergeben, damit wir zu einem Gefühl inneren Friedens gelangen und die Situation sich entwickeln kann. Jeder Akt der Vergebung bringt einen kurzen Augenblick des Friedens, und wenn der Groll in Schichten im Bewusstsein gelagert ist, kann dann die nächste Schicht des Grolls zutage treten, um geheilt zu werden.

Geben

Geben bewirkt in jeder Situation eine Veränderung. Schuld verhindert, dass wir geben können. Es gibt jedoch kein Problem, das Geben nicht lösen kann. Was und wem sollst du geben, um die gegenwärtige Situation zu klären?

Die Gabe geben

Jedem Menschen, gegen den wir einen Groll hegen, sollten wir in Wirklichkeit helfen. Wir haben eine Seelengabe mitgebracht, die ihn verwandeln kann. Wenn wir die Gabe geben, bevor der Groll entsteht, legen wir das Trauma oder das Problem gleichsam an die Leine. Wir können uns vorstellen, in die Zeit unmittelbar vor dem Auftreten des Problems zurückzukehren, dort die Seelengabe zu öffnen, die wir in uns tragen, und sie mit dem betreffenden Menschen zu teilen. Das löst allen Schmerz und jedes Problem, das wir mit ihm haben, auf,

---

3 Anm. der Übersetzerin: In der deutschen Einheitsübersetzung heißt es bei Matthäus 18,21-22: „Da trat Petrus zu ihm und fragte: Herr, wie oft muss ich meinem Bruder vergeben, wenn er sich gegen mich versündigt? Siebenmal? Jesus sagte zu ihm: Nicht *siebenmal*, sondern *siebenundsiebzigmal*." In der English Standard Version und vielen anderen englischen Übersetzungen heißt es dagegen: „Then Peter came up and said to him, ,Lord, how often will my brother sin against me, and I forgive him? As many as seven times?' Jesus said to him: ,I do not say to you *seven times*, but *seventy times seven*.'"

sodass es nicht ausgelebt wird. Es löst auch die verborgene Schuld auf, die wir in uns tragen. Wir können die Gabe durch Nachdenken oder mittels unserer Intuition finden. Nachdenken heißt, dass wir ganz einfach die Gabe bestimmen, die es braucht, um den betreffenden Menschen von seinem Schmerz und seiner Schuld zu befreien. Intuition bedeutet, dass wir einfach unseren Geist für die Wahrheit öffnen und wahrnehmen, was uns in den Sinn kommt.

Deine Gefühle fühlen

Schuld ist eine Emotion. Es gibt eine sehr einfache Möglichkeit, über alle negativen Emotionen hinauszugelangen. Sie besteht darin, sie zu fühlen. Reagiere nicht auf deine Emotionen, weil sie eine Illusion sind. Fühle sie. Übertreibe sie. Nimm sie intensiv wahr. Eile durch sie hindurch, weil auf der anderen Seite gute Gefühle auf dich warten. Früher oder später gelangst du zu einem Gefühl inneren Friedens oder einem anderen positiven Gefühl. Beende die Übung erst dann, wenn es dir gelungen ist. Es ist immer gut, dabei um die Hilfe des Himmels zu bitten. Schuld kann dadurch regelrecht „weggebrannt" werden. Das hilft dir über deine Angst vor Schuld hinweg, und jedes Mal, wenn du die Übung durchführst, öffnet sie dein Herz und bringt deine männliche und deine weibliche Seite in stärkerem Maße ins Gleichgewicht.

Entscheidung

Du entscheidest dich ganz einfach dafür, nicht länger in Schuld zu investieren, weil du durch Einsicht erkannt hast, dass sie ein Fehler ist. Du entscheidest dich dafür, sie aufzugeben und stattdessen in dem Bereich deines Lebens voranzukommen, den du auf Eis gelegt hattest.

Kehre zu einem Zeitpunkt unmittelbar vor dem traumatischen Erlebnis oder dem Problem zurück. Entscheide dich dafür, den Weg des Himmels einzuschlagen, der deine Gaben, deine Lebensaufgabe und deine Bestimmung birgt. Das löst eine problematische Situation auf, bevor sie geschieht, und eine negative Situation, nachdem sie entstanden ist. Es ist die einfache Entscheidung, dich von den Verlockungen des Egos abzuwenden, die dich niemals glücklich machen können.

Wahrheit

Schuld ist eine Illusion. Sie ist nicht die Wahrheit. Entscheide dich für die Wahrheit. Wolle die Wahrheit von ganzem Herzen. Verpflichte dich der Wahrheit, denn Wahrheit birgt keine Schuld.

Du kannst dir auch vorstellen, dass du das Schwert der Wahrheit in der Hand hältst und die illusionäre Schuld durchtrennst. Das Schwert der Wahrheit schneidet nur das fort, was nicht die Wahrheit ist.

Dein höheres Bewusstsein

Die Aufgabe deines höheren Bewusstseins besteht darin, Probleme für dich zu transformieren. Lege deine Schuld in die Hände deines höheren Bewusstseins, damit es sie für dich heilen kann. Wenn sich unter der Schuld noch andere Emotionen oder noch tiefere Ebenen der Schuld verbergen, gib auch sie auf.

Loslassen

Stelle dir vor, dass du die Schuld, an der du anhaftest, aufgibst. Denke daran, dass jede negative Emotion auch Schuld birgt. Das Loslassen jeder Anhaftung an Schuld bringt dir Befreiung, Frieden, neuen Fluss und in immer höherem Maße auch dein Herz zurück. Stelle dir vor, dass du deine Schuld in die Hände deines Engels legst, damit er dich von ihr befreit, oder dass du sie beim Handelsposten des Himmels abgibst, der ein guter Ort ist, wenn es darum geht, dich von Fallen zu befreien. Vergiss nicht, dass es sich nicht nur um irgendeinen Handelsposten, sondern um den Handelsposten des Himmels handelt. Nimm wahr, was du im Gegenzug empfängst. Wenn du die Bedeutung einer Gabe nicht verstehst, frage einfach, was sie zu bedeuten hat.

Vertrauen

Vertrauen ist eines der wichtigsten Prinzipien der Heilung, denn Vertrauen vermag alles zu heilen. Vertrauen bedeutet, dass wir die Kraft unseres Geistes benutzen, um zu sehen, zu spüren und zu wissen, dass eine Sache einen positiven Ausgang nehmen wird. Wenn Vertrauen auf Schuld angewendet wird, beginnt es sie zu entwirren und führt zu einem neuen Verständnis der Situation. Schuld dient einzig und allein dem Zweck, uns in Selbstangriff gefangen zu halten. Das positive Wesen von Vertrauen lässt die Schuld zwar bestehen, erlaubt der Situation aber, sich zu entwickeln, und bringt Wahrheit und Fluss. Du musst die Kraft deines Geistes in eine bestimmte Richtung lenken. Du investierst sie entweder in Vertrauen oder in Sorgen. Sorgen sind ein Angriff auf andere Menschen und auf dich selbst. Entscheide dich für das Vertrauen.

Verbindung

Verbindung ist eine wunderbare Möglichkeit, Schuld aufzulösen, weil Schuld uns nicht nur trennen, sondern auch in der Trennung festhalten soll. Verbindung kann auf unterschiedliche Weise geschehen. Stelle dir vor, dass du dich von Geist zu Geist mit einem anderen Menschen verbindest. Wenn ihr eines Geistes geworden seid, löst sich die Schuld, die in der Trennung besteht, auf. Eine weitere Möglichkeit, dich zu verbinden, besteht darin, dir vorzustellen, dass die Schuld, die du empfindest, zwischen dir und dem Menschen steht, den du am meisten liebst. Verbinde dich mit diesem Menschen, bis nur noch Liebe übrig ist.

Um ein Wunder bitten

Alle Wunder stützen sich auf Liebe, Gnade und die Liebe des Himmels. Bitte um ein Wunder, das die Schuld auflöst, damit Wahrheit an die Stelle der Illusion tritt.

Integration

Wenn du Schuld mit einer positiven Eigenschaft wie Wahrheit, Licht, Liebe oder deinem höheren Bewusstsein integrierst, löst sie sich auf. Durch Integration löst sich alle Negativität auf, und an ihrer Stelle entsteht etwas, das von größerer Ganzheit geprägt ist. Unmittelbar danach kann allerdings bereits die nächste Schicht der Negativität oder Schuld zutage treten. Sollte dies der Fall sein, führe die Übung ganz einfach noch einmal durch. Du kannst dir dabei vorstellen, dass Schuld und Wahrheit sich auf positive Weise vereinigen.

Ein Kurs in Wundern schreibt speziell über die Integration von Schuld:

> Halte Schuld und Schuldlosigkeit nicht voneinander GETRENNT, weil dein Glaube, dass du BEIDE HABEN kannst, bedeutungslos ist.
>
> *Ein Kurs in Wundern*, 12. November 1966, Urtext

Der nächste Schritt

Alle Schuld soll uns daran hindern, den nächsten Schritt zu gehen, der immer eine Verbesserung bringt. Das Ego versucht uns aufzuhalten und will uns Steine in den Weg legen. Unsere Bereitschaft bewirkt, dass der nächste Schritt zu uns kommt. Wir können auch die Tür öffnen, die uns zum nächsten Schritt bringt. Uns ihm zu verpflichten oder ihn von ganzem Herzen zu wollen sind ebenfalls Möglichkeiten, die ihn herbeiführen. Wir verheimlichen vor uns selbst, worin der nächste Schritt besteht, damit wir ihn nicht gehen müssen. Entscheide dich einfach für den nächsten Schritt, denn dann wird er zu dir kommen.

Anderen Menschen helfen

Wie alle Formen von Selbstzentriertheit soll auch Schuld verhindern, dass wir die Hilferufe in unserer Umgebung hören. Wenn wir uns fragen, wer unsere Hilfe braucht und in welcher Form, auf den betreffenden Menschen eingehen und ihm in der Weise helfen, in der wir uns dazu aufgerufen fühlen, dann lösen wir die Schuld auf, die unser Ego benutzt, um uns in der Trennung festzuhalten.

Verstehen und Mitgefühl

Wenn wir zu vollem Verstehen gelangt sind, gibt es keine Schuld, und wir weisen weder uns selbst noch anderen Menschen irgendeine Schuld zu. Es gibt nur Mitgefühl. Ebenso stellt sich das Verstehen ein, das uns wieder miteinander verbindet, wenn wir vollkommen mitfühlend sind. Verstehen zeigt den Trugschluss der Schuld und beweist, dass alles nur ein Missverständnis war und dass es in Wirklichkeit nichts gibt, was der Vergebung bedürfte.

Unsere falschen Entscheidungen aufgeben

Schuld ist die Entscheidung, in Getrenntheit und Besonderheit zu investieren. Wir haben uns auf die Seite des Egos geschlagen, dessen einziger Zweck in der Welt der Zeit darin besteht, Schuld zu verstärken, um die Gegenwart in die Hölle zu verwandeln. Alle unsere traumatischen Erlebnisse beruhen auf falschen Entscheidungen. Wir verdrängen unsere Entscheidung für das Elend, und unser Verstand und unser Bewusstsein haben immer weniger, woran sie arbeiten können, weil wir so viele Dinge abgespalten haben. Wenn wir uns verpflichten, alles zu finden, was wir vor uns selbst verborgen haben, und jeden Fehler dann unserem höheren Bewusstsein übergeben, gibt es uns im Gegenzug unsere Reinheit und Freiheit zurück.

Die Vergangenheit loslassen

Wir können uns nur schuldig fühlen, wenn wir uns ständig mit der Vergangenheit befassen. Wenn wir die Vergangenheit loslassen und im Jetzt leben, können wir keine Schuld empfinden. Wir können uns nur schuldig fühlen, wenn wir die Vergangenheit in die Gegenwart tragen, um sie zu entstellen. Das erzeugt Angst vor der Zukunft, und so bedient sich das Ego der Zeit. Unser höheres Bewusstsein benutzt Zeit dagegen, um uns zu befreien, indem es uns in den gegenwärtigen Moment bringt, der uns für die Freude und die Macht der Zeitlosigkeit öffnen kann. Wir können die Vergangenheit loslassen und den gegenwärtigen Moment in die Hände unseres höheren Bewusstseins legen. Das gibt uns die Möglichkeit, uns an Gott, das Einssein und unsere Ganzheit zu erinnern. Wo es keine Vergangenheit gibt, dort herrschen Ganzheit und Frieden. Um das Loslassen der Vergangenheit zu üben, stelle dir vor, dass dieser Moment die einzige Zeit ist, die es gibt. Lasse zu, dass sie sich in die Ewigkeit ausdehnt.

Schlüsseldynamiken loslassen

Aller Groll, alle Urteile, alle Schuld und alle Probleme, die sie verursachen, dienen einem fehlgeleiteten Zweck. Wir entscheiden uns für etwas, das uns niemals glücklich machen kann.

Wofür benutzen wir diese Falle?

Auf welche Weise dient sie uns?

Was brauchen wir ihretwegen nicht zu tun?

Was erlaubt sie uns zu tun?

Was versuchen wir mit ihrer Hilfe zu bekommen?

Ist sie den Preis wert?

Funktioniert sie überhaupt?

Macht sie uns glücklich?

Worin können wir ihretwegen schwelgen?

Welche Ausreden liefert sie uns?

Wen versuchen wir zu besiegen?

Wofür bestrafen wir uns selbst?

Welche Angst haben wir durch diese Falle zu einer Realität gemacht?

Welche Angst wollten wir mit ihrer Hilfe verhindern?

In welcher Hinsicht haben wir Recht bekommen, weil wir in diese Falle getappt sind?

An wem außer uns selbst wollten wir uns mittels dieser Schuld und dieser Falle rächen?

Den Glanz der Schuld loslassen

Schuld und Dunkelheit ist ein gewisser Glanz eigen, der aber in Wirklichkeit nichts ist. Wenn er als das erkannt wird, was er ist, kann er daher einfach losgelassen werden. *Ein Kurs in Wundern* drückt es sehr prägnant aus.

> Jetzt braucht niemand mehr zu leiden, denn du bist zu weit gekommen, um der Illusion der Schönheit und Heiligkeit der Schuld nachzugeben. Nur die gänzlich Wahnsinnigen könnten auf Tod und Leiden, Krankheit und Verzweiflung schauen und sie derart sehen. Was die Schuld geschmiedet hat, ist hässlich, Angst erregend und sehr gefährlich. Sieh darin keine Illusion der Wahrheit und der Schönheit. Und sei dankbar, dass es einen Ort *gibt*, an dem Wahrheit und Schönheit auf dich warten. Schreite voran, um ihnen freudig zu begegnen, und lerne, wie viel dich für die einfache Bereitwilligkeit erwartet, nichts aufzugeben, *weil* es nichts ist.

Ein Kurs in Wundern, Textbuch, Seite 347

Verpflichtung

Verpflichtung heißt, dich einem Menschen oder einer Sache rückhaltlos zu geben. Wenn du Schuld zwischen dich und den betreffenden Menschen oder die betreffende Sache stellst und dich dann rückhaltlos verpflichtest, löst sich der Rückzugsaspekt deiner selbst, der Schuld ist, vollkommen auf. Verpflichtung ist ein wunderbares Allheilmittel. Schuld benutzt Rückzug, Aufopferung, Konflikte oder eine Form des Angriffs wie Groll, Urteil, Schuldzuweisung oder Missbrauch. Würden wir uns von ganzem Herzen geben, statt zu urteilen, würde sich unsere Schuld auflösen. Wir können uns einem Menschen, unserer Arbeit, dem nächsten Schritt oder sogar der Gleichheit mit einem Menschen verpflichten, um unsere Beziehung in ein neues Gleichgewicht zu bringen. Verpflichtung bringt uns unsere verborgenen und verlorenen Selbstanteile zurück, ohne dass wir dazu unser Unterbewusstsein oder unser Unbewusstes erkunden müssen. Verpflichtung heilt alte Spaltungen im Bewusstsein und gibt uns neue Macht und neues Selbstvertrauen. Verpflichtung bringt uns das nächste

Kapitel, das unser Ego mit aller Macht verhindern will. Wenn sich das nächste Kapitel zuerst gut anlässt, uns dann aber eine unglückliche Erfahrung bringt, die unsere nächste Lektion ist, dann sind wir trotzdem einen Schritt weiter als zuvor. Wir können uns einfach erneut verpflichten, um auch über die jetzige Herausforderung hinauszugelangen.

Frieden

Dies ist eine meiner Lieblingsübungen, die aus *Ein Kurs in Wundern* stammt. Sie zeigt uns, wie wir Frieden und damit auch Gleichgewicht und Ganzheit wiederherstellen können. Schuld soll Frieden zerstören. Die einfache Formel lautet wie folgt:

> Ich will diese Situation nicht als Zeichen der Sünde
> und des Todes sehen, noch sie zur Zerstörung nutzen.
> Ich will daraus kein Hindernis für den Frieden machen,
> sondern sie als Mittel zum Frieden benutzen.

Ich selbst habe diese Übung viele Male durchgeführt, um meinen inneren Frieden zurückzuerlangen.

Aufhebung

Auch dies ist eine Übung, die aus *Ein Kurs in Wundern* stammt und die ich häufig und gerne einsetze. Wenn die Wurzel eines Vorfalls aus mehreren Schichten zu bestehen scheint, vermag Heilung mitunter eher eine einzelne Schicht als das gesamte Thema auf einmal zu beseitigen.

Aufhebung, die zur Heilung eingesetzt wird, ist ganz einfach. Du übernimmst die volle Verantwortung für das, was geschieht, und übergibst es sofort dem Heiligen Geist, damit er es für dich ungeschehen macht. Ich habe bisher die Erfahrung gemacht, dass es noch nie länger als eine Nacht gedauert hat, um Bewegung in eine Sache zu bringen oder das Problem aufzulösen. Einmal habe ich sogar erlebt, dass es innerhalb von nur einer Stunde geschah.

Der Traum

In dieser Übung erkennen wir, dass das Leben ein Traum ist und dass wir für den Traum verantwortlich sind. Letzten Endes dient der Traum nur dazu, uns vom Einssein fernzuhalten. Wir wollen den Traum behalten, weil wir so tun wollen, als hätten wir uns selbst erschaffen und alles aus eigener Kraft geschafft. Wir träumen den Traum, um uns dem Einssein Gottes zu entziehen. Da wir selbst den Traum und seine Geschichten, die so real erscheinen, erschaffen haben, können wir allem, was er birgt, vergeben und uns dafür entscheiden, ihn loszulassen. So benutzen wir das, was der Traum birgt, nicht, um den Traum aufrechtzuerhalten oder uns daran zu hindern, die allumfassende Liebe zu erfahren.

Schlusswort

Heilung von Schuldgefühlen ist nicht einfach nur ein Buch. Es ist eine Lebensweise. Es ist ein Lebensweg, der dich aus dem Traum heraus zunächst in die Erfahrung tiefsten Friedens und dann zum Einssein zurückführen kann. Dich deiner eigenen Unschuld zu verpflichten bedeutet, dich der Unschuld aller Menschen zu verpflichten. Zudem gehst du den nächsten großen Schritt auf dem Weg zu Verantwortung, Eigenverantwortung und Zugehörigkeit. Wenn du das Maß deiner Zugehörigkeit, das sich unter deiner Schuld verbirgt, erkennen könntest, würdest du in die Ekstase des Einsseins eintauchen. Auf der Alltagsebene führt die Einstellung, dass es keine „bösen Buben" gibt, dich vom Konflikt zum Frieden, über das Bedürfnis nach Sündenböcken hinaus zu Inspiration und Lösung, aus dem engstirnigen Urteilsdenken hinaus zur Begabung und Macht, die von Unschuld – deiner eigenen und der aller Menschen – herrühren.

Im Zustand der Schuldlosigkeit ist das Leben von der Vorsehung bestimmt, und es gibt keine Angst davor, alles zu haben. Mit Christus zu lehren ist der Weg, auf dem wir allen Menschen helfen können, ihre Unschuld zu erkennen. Schuldlosigkeit ist der Weg, der uns Gott erkennen und das Einssein von neuem erfahren lässt.

> Selig seid ihr, die ihr mit mir lehrt. Unsere Macht kommt nicht von uns, sondern von unserem VATER. In der Schuldlosigkeit erkennen wir IHN, wie ER uns schuldlos kennt.
>
> *Ein Kurs in Wundern*, 12. November 1966, Urtext

Weitere Bücher aus dem Verlag Via Nova:

Heilung beginnt im Herzen
Die inneren Kräfte wecken, um Körper und Seele zu heilen
Chuck Spezzano

Hardcover, 240 Seiten, ISBN 978-3-86616-140-5

2. Auflage

Das neue Buch des bekannten Lebenslehrers Dr. Chuck Spezzano gibt dem Leser grundlegende Prinzipien und Methoden an die Hand, um sich von allen Formen von Krankheit und Schmerz zu befreien. Es ergründet nicht nur die Wurzeln dessen, was Krankheiten und Schmerzen erzeugt, sondern zeigt darüber hinaus praktische Wege, wie man die dem eigenen Herzen und Geist innewohnende Kraft nutzen kann, um Krankheiten zu heilen und Schmerz aufzulösen.

Wenn alle Menschen Freunde wären ...
Dein Beitrag für eine bessere Welt
Chuck Spezzano

Hardcover, 192 Seiten, ISBN 978-3-86616-168-9

Die Welt von heute krankt daran, dass viele Menschen nur auf ihr eigenes Wohl bedacht sind und für ihre Mitmenschen kaum einen Blick übrig haben. Spezzano macht deutlich, dass wir die Welt verändern können, wenn wir alle Menschen als Freunde betrachten. Er zeigt Wege und Möglichkeiten auf, wie wir unseren Freunden helfen und damit nicht nur ihr Leben, sondern auch unser Leben positiv beeinflussen können. Im ersten Teil wird das Prinzip der „Freunde, die Freunden helfen" anhand zahlreicher Beispiele aus der persönlichen Erfahrung des Verfassers ausführlich erläutert. Der zweite Teil bietet eine ganze Reihe von heilenden Prinzipien und Übungen, die dem Leser zeigen, wie er sich mit anderen Menschen verbinden kann, um ihnen – und damit zugleich sich selbst und der Welt – zu helfen.

Erfolg und Erfüllung liegen in deinen Händen
Nutze dein inneres Potenzial
Chuck Spezzano

Paperback, 352 Seiten, ISBN 978-3-86616-155-9

2. Auflage

100 Erfolgsrezepte für ein besseres Leben in allen Bereichen. Chuck Spezzano zeigt auch in diesem Buch wieder einmal mit großer Tiefgründigkeit und unnachahmlicher Direktheit auf, wie es jedem Menschen gelingen kann, falsche Entscheidungen zu erkennen, zu verwerfen und an ihrer Stelle neue und erfolgversprechendere Entscheidungen zu treffen, so dass Erfolg in allen Bereichen des Lebens entsteht. Das vorliegende Buch soll dir Erfolg in jedem Bereich schenken, auf den du seine Prinzipien anwendest: Geld, Beruf, Gesundheit, Kreativität, Beziehungen. In dem Maße, in dem dein Verständnis für die hier beschriebenen Prinzipien wächst, wird auch Erfolg dir immer vertrauter werden und in jedem Bereich immer müheloser zu erreichen sein. Möge das vorliegende Buch dich sowohl von den Fesseln des Nichtwissens als auch von der Angst vor Erfolg befreien und dir das zurückbringen, was rechtmäßig dir gehört.

Dem Leben wieder vertrauen

Prinzipien der Heilung von Missbrauch und seelischen Verletzungen
Chuck Spezzano

Taschenbuch, 128 Seiten, ISBN 978-3-86616-190-0

Missbrauch und andere traumatisierende Erfahrungen können einen Menschen völlig aus der Bahn werfen – und das manchmal für den Rest seines Lebens. Chuck Spezzano hat sein neues Buch diesem sehr aktuellen Thema gewidmet. Er zeigt aus seinem langjährigen, reichen Erfahrungsschatz an Wissen äußerst einfühlsam Möglichkeiten und Wege auf, wie Betroffene die destruktiven Muster überwinden können, die sie in ihrem tiefen Leid gefangen halten und verhindern, dass ihre seelischen Verletzungen heilen können. Einfache, aber sehr effektive Übungen können erfolgreich dazu beitragen, den betroffenen Menschen neuen Lebensmut und neue Lebensfreude zu schenken und ihnen verloren gegangenes Vertrauen wieder zurückzu - geben.

Karten des Lebens

Lebensgeschichten erkennen und heilen
Chuck Spezzano

100 künstlerisch gestaltete farbige Karten mit Begleitbuch,
224 Seiten, ISBN 978-3-86616-028-6

Die Drehbücher oder Geschichten, die unser Leben bestimmen, schreibt jeder Mensch selbst. Die Karten des Lebens – das neue Karten-Set des bekannten Lebenslehrers Chuck Spezzano – zeigen die Geschichten, die wir in unserem Leben erzählen, ganz gezielt auf. Es können fröhliche und kraftvolle, aber auch dunkle und zerstörerische Geschichten sein. Wir schreiben sie oft in Sekundenbruchteilen, tragen sie und ihre Folgen aber ein Leben lang mit uns. Negative Geschichten aus der Vergangenheit zu heilen und positive, lebensbejahende Geschichten zu stärken ist ein Herzensanliegen von Chuck Spezzano und ein Eckpfeiler seiner Arbeit. 100 wunderschöne, von der deutschen Künstlerin Petra Kühne einfühlsam gestaltete Karten sowie ein Begleitbuch, das die tiefere Bedeutung jeder einzelnen Karte erklärt und Beispiele für verschiedene Befragungsmöglichkeiten enthält, geben dem Leser ein ideales Werkzeug an die Hand, mit dessen Hilfe er seine Lebensmuster erkennen, negative und destruktive Muster heilen und dadurch zu mehr Glück und größerer Fülle im Leben gelangen kann.

Wie Sie herausfinden, wann Ihre Beziehung wirklich zu Ende ist und was Sie tun können, um sie zu retten

Chuck Spezzano

2. Auflage

Taschenbuch, 120 Seiten, ISBN 978-3-86616-108-5

Heute sind (vor)schnelle Trennungen an der Tagesordnung, weil jeder glaubt, er könne beim nächsten Partner das Glück finden, das der gegenwärtige Partner ihm scheinbar nicht geben kann. Die Chance, in einer bestehenden Beziehung zu echter Partnerschaft zu gelangen, wird so oftmals voreilig und leichtfertig vergeben. Der erfahrene und weltweit bekannte Beziehungsexperte macht im vorliegenden Buch klar, was eine Beziehung zerstört und was sie zu stärken vermag. Er vermittelt Prinzipien der Heilung, die dazu beitragen können, eine Beziehung aus dem gefährlichen Fahrwasser einer drohenden Trennung herauszuführen, und er zeigt eine „narrensichere" Methode auf, die es einem oder beiden Partnern ermöglicht, zweifelsfrei festzustellen, ob ihre Beziehung wirklich zu Ende ist oder nicht.

Die befreiende Kraft der Vergebung

Eine Anleitung, um wirklich verzeihen zu können
Jim Dincalci

Paperback, 256 Seiten, ISBN 978-3-86616-198-6

Manchmal sind es nur kleine Dinge, die man nicht verzeihen kann, manchmal traumatische Ereignisse, die das ganze Leben überschatten. Aber immer, so betont der amerikanische Psychologe und Vergebungsexperte Jim Dincalci, vergiften sie das eigene Leben. Vergeben bedeutet darum freiwerden. Aber wie? Dincalci hat dazu ein Vergebungsprogramm entwickelt, das wirklich hilft: um die Blockaden auf dem Weg der Vergebung zu lösen, um die inneren Helfer zu entdecken, die stärken, und vor allem: um sich auch selbst vergeben zu lernen.

Dem Geheimnis der Gedanken auf der Spur

Das Gehirn wächst mit seinen Herausforderungen
Prof. Dr. Gela Weigelt

Paperback, 160 Seiten, 70 farbige Fotos, ISBN 978-3-86616-191-7

Nicht nur die Leber, auch das Gehirn wächst mit seinen Aufgaben und Herausforderungen. Die Neurowissenschaften zeigen uns, wie Gedanken im Gehirn als In-Formationen „entstehen". Die moderne Physik beweist, dass es eine Quantenwelt „hinter" dem Gehirn gibt, in der diese Informationen enthalten sind, und die Spiritualität liefert die zeitlosen Erkenntnisse über die „wahre Natur" der Gedanken. Dieses Buch bietet eine Synthese aus Wissenschaft und Spiritualität. Zahlreiche farbige Bilder erläutern den Text und führen so zu einem tiefen Verständnis des Geheimnisses um die Gedanken, die in unseren Gehirnen auftauchen.

Spiritualität ist die Zukunft

Eine neue Weisheitskultur für das 21. Jahrhundert
Copthorne Macdonald

Paperback, 320 Seiten, ISBN 978-3-86616-170-2

In diesem Buch beschreibt der Schriftsteller und Gelehrte C. Macdonald umfassend, übersichtlich und überzeugend die Umbruchsituation, in der sich Individuen und Menschheit heute befinden. Er zeigt wesentliche historische und aktuelle Wirkungskräfte und Zusammenhänge auf und vermittelt tiefgründige Kenntnisse über unsere kosmische, globale und psychisch-mentale Realität. Aus diesem Verstehen im Zusammenhang dieser „Tiefenerkenntnis" entwickelt er eine realistische Vorstellung, wie die heutige Welt, Gesellschaft und Wirtschaft bis 2050 integral transformiert werden sollte, gekennzeichnet durch materielle Nachhaltigkeit, wirtschaftliche Gerechtigkeit, lebendige lokale und globale Kulturen und genügend Freizeit für ein erfülltes Privatleben.

Die Vision vom göttlichen Menschen
Eine spirituelle Weg-Begleitung in das neue Jahrtausend
Barbara Schenkbier

Paperback, 424 Seiten, 21 ganzseitige Bilder, ISBN 978-3-928632-68-3
Prachtband: Geb., 424 Seiten, Einband Kunstleder mit Goldaufdruck,
21 ganzseitige Bilder, Zweifarbendruck, ISBN 978-3-928632-18-8

Das Buch ist ein umfassendes Standardwerk, das den Durchbruch einer neuen Evolutionsstufe im Bewusstsein des Menschen vorbereiten hilft. Aufbauend auf wissenschaftlichen Erkenntnissen und der mystischen Tradition aller Religionen führt es zu einem tieferen Wissen über das menschliche Bewusstsein, um dann den Weg zum göttlichen Menschen zu beleuchten. Alle wichtigen Schritte werden beschrieben, wesentliche Übungen aus einer neuen Sicht heraus dargestellt und die Transformationsstufe zu einem neuen Bewusstsein geschildert. Beim Lesen und Anwenden der beschriebenen Wahrheiten eröffnet sich dem Leser eine neue Sicht auf den Sinn des Lebens. Alle, die den geistigen Weg beschreiten, werden ihn besser verstehen, ihn bewusster, mutiger und konsequenter weitergehen. Das Buch ist aus der eigenen spirituellen Erfahrung der Autorin heraus geschrieben und eröffnet den Blick in eine Zukunft, die die evolutionäre Schöpferkraft selbst schaffen wird.

HOLOS – die Welt der neuen Wissenschaften
Ervin Laszlo

Hardcover, 208 Seiten, ISBN 978-3-928632-94-2

In den Wissenschaften findet eine Revolution statt. Es ist keine technologische Revolution – es ist eine Revolution des Weltbildes. Prof. Laszlo verfolgt diese Entwicklung und macht sie jedem zugänglich, der an den neuesten Erkenntnissen darüber teilhaben möchte, wer und was wir sind, was die Welt ist, die uns umgibt, und auf welche Weise wir in Beziehung zueinander und zu dieser Welt stehen. Der Leser erfährt in einfacher Sprache, was Wissenschaftler bereits wissen und vor welchen Rätseln sie im Hinblick auf den Kosmos, das Quantum, den lebenden Organismus und das menschliche Bewusstsein immer noch stehen. Dann erforscht der Verfasser diese Welt, indem er Fragen stellt, auf die er nun zuversichtliche, wenn auch überraschende Antworten geben kann – Fragen, bei denen es um Ursprünge und Bestimmung des Universums und um Ursprung und Evolution des Lebens und des Bewusstseins geht –, um dann die größten der „großen Fragen" zu stellen: Fragen der Unsterblichkeit, zum Bewusstsein im Kosmos und zu einem Bewusstsein, das eine wissenschaftlich basierte Schau als den Geist Gottes erfassen kann.

Die Kunst gesund zu leben
Mein Programm für Ernährung, Bewegung und Balance
Prof. Franz Decker

Paperback, 256 Seiten, 42 Grafiken, ISBN 978-3-86616-157-3

Ein 12-Schritte-Lebensprogramm für mehr Lebensqualität und Gesundheit. Es ist heute nicht leicht, gesund zu leben. Viele Menschen sind müde, energielos, ausgebrannt, schlecht gelaunt, zu dick und kränkeln. Moderne „Krankheiten befallen uns nicht aus heiterem Himmel, sondern entwickeln sich aus täglichen kleinen Sünden wider die Natur" (Hippokrates). Wir brauchen deshalb die Kunst, gesund zu leben. Gesundheit und Vitalität bis ins hohe Alter sind heute mehr als je zuvor von der Entscheidung für eine gesunde Lebensweise, eine bewusste Denk- und Lebensmentalität abhängig. So kann man modernen Lebenskrankheiten vorbeugen und ein erfülltes Leben führen. Das Buch zeigt den Weg zu einer solchen neuen Lebenskunst mit Lebensqualität und Lebens-Balance. Es enthält zahlreiche Tipps, Übungen, Mentaltrainings-Situationen und Erfahrungen, welche die Wirksamkeit des 12-Schritte-Lebensprogramms verstärken.